4

最新 精神保健福祉士養成講座

一般社団法人 日本ソーシャルワーク教育学校連盟　編集

精神保健福祉制度論

中央法規

刊行にあたって

　このたび、新カリキュラムに対応した社会福祉士と精神保健福祉士養成の教科書シリーズ（以下、本養成講座）を一般社団法人日本ソーシャルワーク教育学校連盟の編集により刊行することになりました。本養成講座は、社会福祉士・精神保健福祉士共通科目13巻、社会福祉士専門科目8巻、精神保健福祉士専門科目8巻の合計29巻で構成されています。

　社会福祉士の資格制度は、1987（昭和62）年に制定された社会福祉士及び介護福祉士法により創設されました。後に、精神保健福祉士法が制定され、精神保健福祉士の資格制度が1997（平成9）年に創設されました。それから今日までの間に両資格のカリキュラムは2度の改正が行われました。本養成講座は、2019（令和元）年度の両資格のカリキュラム改正に伴い、刊行するものです。

　新カリキュラム改正のねらいは、地域共生社会の実現に向けて、複合化・複雑化した課題を受けとめる包括的な相談支援を実施し、地域住民等が主体的に地域課題を解決していくよう支援できるソーシャルワーカーを養成することにあります。地域共生社会とは支援する者と支援される者が一体となり、誰もが役割をもって生活していくことができる社会です。こうした社会を創り上げる担い手として、社会福祉士や精神保健福祉士が期待されています。

　そのため、本養成講座の制作にあたって、❶ソーシャルワーカーとしてアセスメントから支援計画、モニタリングに至るPDCAサイクルに基づく支援ができる人材の養成、❷個別支援と地域支援を一体的に対応でき、児童、障害者、高齢者等のさまざまな分野を横断して包括的に支援のできる人材の養成、❸「講義─演習─実習」の学習循環をつくることで、実践現場に密着した人材養成をする、を目的にしています。

　社会福祉士および精神保健福祉士になるためには、ソーシャルワークに必要な五つの科目群について学ぶことが必要です。具体的には、①社会福祉の原理・基盤・政策を理解する科目、②複合化・複雑化した福祉課題と包括的な支援を理解する科目、③人・環境・社会とその関係を理解する科目、④ソーシャルワークの基盤・理論・方法を理解する科目、⑤ソーシャルワークの方法と実践を理解する科目です。それぞれの科目群の関係性と全体像は、次頁の図のとおりです。

　これらの科目を本養成講座で学ぶことにより、すべての学生がソーシャルワークの基盤を修得し、社会福祉士ならびに精神保健福祉士の国家資格を取得し、さまざまな領域でソーシャルワーカーとして活躍され、ソーシャルワーカーに対する社会的評価を高めてくれることを願っています。

社会福祉士養成教科書の全体像

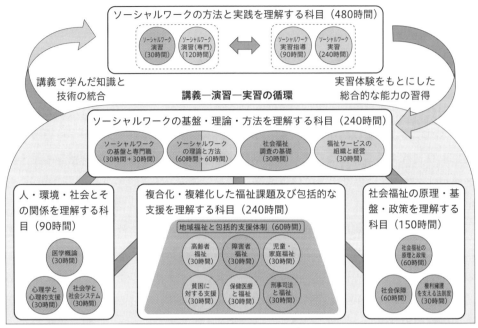

出典：厚生労働省「（別添）見直し後の社会福祉士養成課程の全体像」（https://www.mhlw.go.jp/content/000604998.pdf）より本連盟が改編

精神保健福祉士養成教科書の全体像

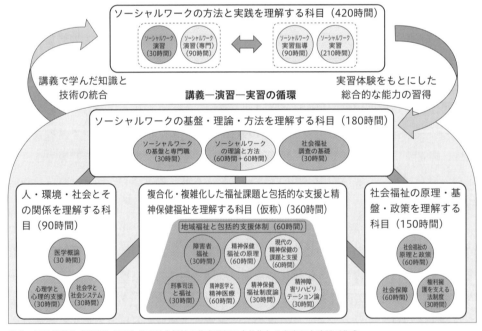

出典：厚生労働省「（別添）見直し後の社会福祉士養成課程の全体像」を参考に本連盟が作成

2020（令和2）年12月1日

一般社団法人日本ソーシャルワーク教育学校連盟
会長　白澤政和

はじめに

　近年、私たちを取り巻く環境は、時代の流れとともに大きく変化している。心身の健康をいかに維持し増進していくかという課題を社会全体が背負っているといえるだろう。

　実際、人口構造の変化（総人口の減少、高齢化、少子化、出生率の低下）に加え、家族と地域社会の変化（単独世帯の増加、共働き家庭の増加、未婚化・非婚化の進行、過密化・過疎化の進行）によって、個々の生活にほころびが生じてきている。我が国ではこの流れを加速するかのように、1990年代より産業構造と雇用形態の変化（非製造業・サービス産業化、非正規雇用の拡大）が顕著となり、人々を多様に分断するようになってきた。その狭間で、不登校、いじめ、児童虐待、ひきこもり、家庭内暴力、ドメスティック・バイオレンス（DV）、自殺、孤独死、高次脳機能障害、障害者や高齢者への虐待、認知症等といったさまざまなメンタルヘルスの現在的課題が目立つようになった。

　メンタルヘルスとは、世界保健機関（WHO）によると、「人が自身の能力を発揮し、日常生活におけるストレスに対処でき、生産的に働くことができ、かつ地域に貢献できるような満たされた状態（a state of well-being）」を指す。しかし、能力の発揮やストレスへの対処ができず、結果として、生産的に働く（社会に居場所を有する）ことができない人々は増大し、その状況に派生して精神科を受診する者は増加の一途にある。また、それらの者が再び地域や社会に貢献できるように、さまざまな制度がこの10年で目覚ましく施行されてきたが、世間では十分に知られておらず、メンタルヘルスの課題を有した人々には活用されていない感がある。

　本科目「精神保健福祉制度論」では、そのようなメンタルヘルス課題を抱えた人々の法制度の体系について理解することを趣旨としている。主に精神障害者に関する、精神保健及び精神障害者福祉に関する法律（精神保健福祉法）、心神喪失等の状態で重大な他害行為を行った者の医療及び観察等に関する法律（医療観察法）等の医療に関する制度や、生活支援に関する制度、生活保護制度や生活困窮者自立支援制度等の経済的支援に関する制度の概要と課題の理解を促していくことを目的としている。また、それらの制度に規定されている精神保健福祉士の役割について理解していくことが求められている。とりわけ、2010（平成22）年に精神保健福祉士法が改正され、「精神保健福祉士は、精神保健及び精神障害者の福祉を取り巻く環境の変化による業務の内容の変化に適応するため、相談援助に関する知識及び技能の向上に努めなけれ

ばならない」といった「資質向上の責務」の文言が追加された。この変化し続ける社会のなかで、最新の法制度を知ることにより、個々が、法律の成り立ちや限界および課題について考えたり、今後出会っていくであろう障害者に適切に制度を活用できることを目指している。

　そもそも本科目は、2020（令和2）年度までは「精神保健福祉に関する制度とサービス」（60時間）、「精神障害者の生活支援システム」（30時間）で教授する科目となっていた。新カリキュラムでは、学習内容の充実・整理を行った結果、「障害者福祉」（30時間）と「精神障害リハビリテーション論」（30時間）と法制度部分のみを整理した「精神保健福祉制度論」（30時間）に見直された。そのため、本科目「精神保健福祉制度論」が、単なる制度や施策の枠組みの理解にとどまることを避けたいと編集委員らは考え、当事者を思い浮かべながら本書を読み進めることができるように工夫した。たとえば、第1章では、手始めに精神保健福祉に関する制度やサービスの対象となる事象を社会的事故と称して説明し、個人の問題というよりも社会問題として自分に近づけて考えられるようにした。また、特徴的なメンタルヘルス課題を有した人々の2事例を挙げ、精神障害者に関する制度活用の流れをイメージできるようにもした。また、各章にそれぞれ数か所設けているアクティブ・ラーニングでも、できるだけ身近に自分の生活に引き寄せてさらなる学習ができるように意図して各執筆者に作成してもらっている。なお、「障害」「障がい」「障碍」とさまざまな表記の方法があるが、本書においては、制度・サービスを活用する基盤にある根拠法令等が「障害」の表記を用いているため、すべて「障害」の表記に統一している。

　法制度を生きた・活かせるものにするには、その具体的詳細を“知る”必要があるが、編集委員の著書では、その要点として、Why（どのような理由で？）、What（何に対して？）、Who（対象は？）、Where（手続きはどこで？）、When（いつから申請？）、How many（どれぐらいの人が？）、How much（程度は？）、How was（どんな感じになるの？）が必要だと述べている（青木聖久編著『精神障害者の経済的支援ガイドブック』）。まさに本書が、法制度を真に活用するための理解の一歩につながればと願っている。

　近年の制度や施策の課題も直近のものを取り上げ、具体的な数値等もできる限り掲載した。新カリキュラムに基づいた本書の上梓により、メンタルヘルス課題を有した人々にアプローチする際の法制度や実態を体系的に学べるようになったのではないかと編集委員として自負している。本書をご一読いただいている皆さまに、実践力のある精神保健福祉士を目指していただきたい。

編集委員一同

目次

第3章　精神障害者の生活支援に関する制度

本書では学習の便宜を図ることを目的として、以下の項目を設けました。

・学習のポイント……各節で学習するポイントを示しています。
・重要語句…………学習上、特に重要と思われる語句を色文字で示しています。
・用語解説…………専門用語や難解な用語・語句等に★を付けて側注で解説しています。
・補足説明…………本文の記述に補足が必要な箇所にローマ数字（ⅰ、ⅱ、…）を付けて脚注で説明しています。
・Active Learning……学生の主体的な学び、対話的な学び、深い学びを促進することを目的に設けています。学習内容の次のステップとして活用できます。

第1章

精神障害者に関する
制度・施策の理解

　本章では、精神障害者に関する制度・施策について、知るというレベルではなく、理解するというレベルを目指すものである。ただし、精神障害者に関する制度や施策は、多岐にわたる。これらのことを踏まえ、精神障害者のライフサイクル、暮らしの連動性等に鑑み、体系的な理解を志してもらいたい。また、政策、法令・条例、施策のつながり、さらには、成り立ち等にも着眼することにより理解が深まる。

　一方で視点を変えると、なぜこれらの制度や施策を理解する必要があるのか。それは、ソーシャルワーカーたる精神保健福祉士にとって、生活支援の実践において不可欠となるからである。このことを念頭に置き、理解することが重要となる。

精神障害者に関する制度・施策の体系

学習のポイント

● 社会保障が精神障害者に果たす機能と役割を体系的に理解する
● 精神保健福祉の特性や制度および施策の仕組みを把握する
● ライフサイクルと精神障害者に関する制度や施策との関係について学ぶ

1 社会保障と精神保健福祉

1 社会保障が果たす役割と機能

「社会で安心して暮らしを営みつつ、未来を志向できる」。これこそが、人々が望んでいる状態ではないだろうか。仮に、リスクの心配ばかりをしていると、極端な話、外出すらできなくなってしまう。

このことに関連して、大沢は社会保障の意義について、以下のように述べている。「普通の道を歩いているはずが、実は綱渡りだった。それが普通の道に見えているのは、色々な制度や人によって支えられているからです[1]」。その制度とは、まさに社会保障のことであり、制度や施策を精神障害がある人（以下、本人ということもある）や、精神障害がある人の家族（以下、家族ということもある）につなぐ人のうち、代表的な専門職が精神保健福祉士だといえる。では、精神保健福祉士は社会保障をいかに理解すべきか。そのことについて、精神障害がある人の暮らしに引き寄せ、整理したのが以下の四つ（4段階）である。

❶第1段階：国民の所得再分配とリスク分散

社会生活をするなかでは、**図1-1**の社会保険のところに示しているように、負傷・疾患・障害等のリスクに遭遇する可能性がある。これらの事柄への備えとして、被保険者が一定の保険料を支払い（負担）、保険事故が生じたときに、保険給付を受ける（給付）というのが、社会保険の仕組みだといえる。ちなみに、社会保険は社会保障の代表的なものの一つである。また、私保険であれば、基本的に、この給付と負担の二

★**保険事故**
社会保険では、保険事故という言葉を用いる。それは、あらかじめ保険に加入しておくことによって、事前に決められた事故（負傷・疾患・障害・老齢・死亡等）が生じたときに、保険給付を行う、というものである。

---

i　厚生労働省編『厚生労働白書 平成24年版』pp.29-33, 2012.、厚生労働省編『厚生労働白書 平成29年版』pp.8-9, 2017. には、社会保障の機能として、❶生活安定・向上機能、❷所得再分配機能、❸経済安定機能、の三つが示されている。

図1-1　インターフェースで生じる社会的事故

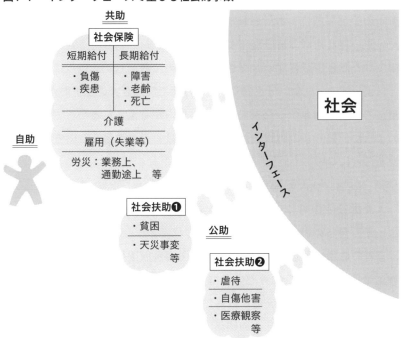

出典：筆者作成

者間のバランスによって成り立つことになる。

　ところが、社会保障では、たとえ給付内容が同じでも、負担にあえて差を設けることによって、国民の公平性のもと、暮らしの安定を図ろうとする。それは、所得状況によって保険料に差を設ける、というものである。なぜか。それは、所得再分配として、所得の格差を社会保障で縮小するためである。

　また、なかには医療機関をほとんど利用したことがない者がいる一方で、30年間にわたり、精神科をはじめ、複数の診療科を受診し、多くの保険給付を受けている者もいる。このことは一見、不公平に映るかもしれない。だが、この状況への対応こそが社会保障の役割だといえる。それは、リスク分散として、国民の暮らしを社会全体で支える機能を果たしているからである。

❷第2段階：個人の暮らしの安心および安全と安定

　このように、社会保障が存在することによって、仮に精神疾患を発症したとしても、あるいは、精神疾患が長期化し、失業したとしても、経済状況に応じた保険料負担のもと、経済的給付を受けることができれば、暮らしの安心を図ることができる。それはセーフティネット、つまり、社会的安全装置としての機能だといえる。

★セーフティネット
サーカスの綱渡りにたとえれば、転落して大けがを負わないように、あらかじめ安全なネットを社会全体に張りめぐらすことによって、人々の暮らしを国が守っておく、というものである。

また、当然、暮らしは経済面だけでは成立しない。そこで、生きがいを求めて、果敢に一般就労にチャレンジする精神障害がある人もいる。その際、たとえば障害基礎年金2級として、月額約6万5000円の給付を受けることは意義深い。なぜなら、この金銭を基礎的収入に充てることによって、足らない分を働く、という新たな働き方の選択肢が芽生え、自らの障害と向き合った未来志向の生き方が考えられるからである。このように、暮らしの選択肢が増えることは、人々の暮らしの安定につながることになる。

❸第3段階：個人の機会の平等

人々は社会保障に支えられ、経済的および精神的に安定することによって、自らの可能性に向き合うことができる。精神障害がある人が、障害者の雇用の促進等に関する法律（障害者雇用促進法）によって、一般企業に障害者枠で就労機会を得たり、公共交通機関の運賃の割引によって、外出機会が増えること等は、まさに未知の可能性に向けた機会獲得だといえる。また、その結果、活動の幅が広がることは、精神障害がある人の子にも影響する。それは、その子がさまざまな場に行くことや、多くの人と交流することにつながったり、親以外の人に相談するという選択肢を知ることができたり、さらには、生活の楽しみ方の会得にもつながるからである。そのことが、ひいては、その子自身の人間形成、さらには、後の進路選びにも影響するといえる。

ゆえに社会保障は、精神障害がある人自身が多くの機会を得られるとともに、子や孫への貧困の連鎖の解消、さらには、多様な個人の可能性を広げることにも意義が認められるのである。

❹第4段階：社会全体の経済の持続と成長

以上のことから、社会保障は、❶人々の暮らしを支えることに加えて、❷精神障害がある人や家族が社会で活躍できる可能性を生み出すことにつながる。このことは、従来の「支える側と支えられる側」という二分法の関係から、共生保障の考え方として宮本がいう、支える側を支え直し、支えられる側に参加機会を広げることに通ずる[2]。それは、当事者だからこそ得られた力を社会で活かす・社会で生かされる当事者のあり方への追求として捉えることができよう。このように、個々人の力が社会で活かされる状況こそが、社会全体の経済の持続とともに、成長へとつながることになろう。

さらには、社会保障はスタビライザー機能として、消費促進、つまり、個人消費の落ち込みを抑制する効果もある。ところが、人々が国を信頼

できないと、預貯金に走り消費をしない、いわゆるデフレ経済に陥ってしまいかねない。そのためにも、国は国民に対して尊厳をもって接し、国民は「いざとなれば、セーフティネットがある」と国に対して信頼を寄せることによって消費が継続され、その結果、経済の持続と成長が図られることになる。

これらのことからも、社会保障は、国と国民とをつなぐ信頼関係に基づく存在でなければいけないのである。

2 社会保障におけるコンセンサスと精神保健福祉の特性

社会保障は、図1-1 に示しているように、❶自助、❷共助、❸公助の組み合わせから成り立つといわれている。その場合、この三つは並列ではなく、❶誰もが自らの健康を維持するという自助が基本となる。ただし、一人では到底健康を保てない。そのことから、❷国が介在し、国民相互や世代間の共助が求められ、その代表的なものが社会保険である。そのうえで、❸自助や共助では対応できない部分を、国が責任をもって国民の安心した暮らしを保障するのが、公助としての社会扶助だといえる。[3]

❶コンセンサスを得やすい社会保険

人々は社会生活を送るなかで、図1-1 の社会保険のところに示しているように、けがをする（負傷）、病気になる（疾患）、その結果、障害を有することがあり得る。一方で、年を重ねると、高齢者になる（老齢）。あるいは、生計を中心となって支えていた者が、傷病や障害を負うことによって、失業に至ることもある。

これらの保険事故が、ひとたび起こってしまうと、本人はもとより、家族の生活が破綻することさえある。社会保険の特徴は、多くの国民が身近に感じやすいことにある。そのことから、国民のコンセンサスを得やすいといえる。したがって、国民にとっては保険料という経済的負担を伴うものの、保険給付の必要性をイメージしやすいことになる。このような考え方のもと、社会保険は防貧的役割を果たす社会保障として、成り立っているのである。

❷国の責任としての社会扶助

社会保険に比べ、コンセンサスを得にくいものが、図1-1 に示している社会扶助❶の、貧困、天災事変等である。これらは身近な問題として認識しづらいことになる。そのことから、社会連帯としての共助の考え方のもと、保険料負担の痛みを伴い、いざというときの保険事故に備

えて、という論理が成り立ちにくいのである。

一方で、視点を変えると、国は、社会保険の仕組みからこぼれ落ちる人や、予期せぬ事故まで、緻密な社会保険の仕組みをつくることが難しい側面もある。実際、2020（令和2）年に世界を席巻した新型コロナウイルス感染症（COVID-19）は、まさに象徴的な出来事である。そのようなことからも、社会保障の理念に基づき、国が責任をもって社会扶助として給付をするほうが適している、という捉え方ができる。そこで、公助として位置づけられるのが社会扶助だといえよう。

❸誰しも共通する社会的事故と精神障害の特性

とはいえ、前述した社会保険における保険事故、社会扶助における貧困や天災事変は、誰もが遭遇し得る社会的事故として、一定程度の予測はできる。ちなみに、社会的事故とは、社会保障の概念について説明するときに使われる用語である。たとえば菊池は、「生活困窮者自立支援制度」の改正等について審議した衆議院の厚生労働委員会において、社会保障法学の学識者の立場から以下のように述べている。「伝統的に社会保障は、一つには困窮の原因となるべき一定の社会的事故ないし要保障事由の発生に際してなされる、二つ目に所得の保障ないし経済保障を中核として捉えられてきた[4]」。また、西村は、「『社会保障』は、通常、一定の社会的事故（老齢、障害、家計維持者の死亡、失業、傷病、労働災害・通勤災害など）が生じた場合の収入・所得（労働者であれば賃金）の喪失・中断、扶養の喪失などに備える制度であり、主として所得保障と医療・福祉サービスの提供をその内容とする」と述べている[5]。

ただし、社会的事故は予測の程度、国民のコンセンサスの如何に限ったものではない。つまり、社会で起こり得るものは、社会的事故として捉えることができるのである。ここまで紹介してきた、負傷、疾患、障害、老齢、貧困等の社会的事故は、精神障害がある人にとっても例外ではない。それは、誰しも共通する社会的事故として、である。

そのようななか、大切なことは、ここからである。精神障害がある人は、精神障害に起因して、虐待や犯罪の被害者になることがある一方で、加害者になることもあるのである。もちろん、犯罪等は許されるものではない。被害者やその関係者の悲しみや無念を思うといたたまれない。

一方で、視点を変えると、社会的事故としてこれらの事柄を捉えたとき、精神保健福祉の特性として捉えることができるのである。また、これらの犯罪は、社会保険はもとより、同じ社会扶助の貧困や天災事変に比べ、よりいっそう、コンセンサスを得にくいばかりか、差別や偏見に

Active Learning
あなた自身の未来の暮らしを想像したとき、社会的事故として、どのようなことが起こり得るかについて考えてみましょう。

もつながっていることを精神保健福祉士は理解する必要があろう。

2 ▶ 制度や施策の仕組み

1 給付と負担の関係

　社会保険、社会扶助は、給付と負担の関係、さらには運用プロセスをみると、「社会保険原理」「公的扶助原理」「社会手当・サービス原理」の三つに分類することができる。特徴は、社会保険原理が保険方式の運用になっていることに対して、公的扶助原理と社会手当・サービス原理は税方式での運用となっていることにある。

❶保険方式

社会保険原理

　図1-2の左側に示しているように、社会保険は、各制度ごとに財布が作られており、その財布ごとに制度の運用をしなければいけないことになる。なかでも、その中心に位置づくのが、保険料である。たとえば、国民年金の加入者は、老齢や障害という保険事故に備えて保険料を支払うことによって、一定の要件を満たしたときに、保険給付を受けることができる。ただし、状況によっては保険料を支払えない者もいる。そのことから、財源のすべてを保険料に頼ってしまうと、社会情勢が悪化するとたちまち、保険料を大幅に上げなければいけないことになる等、不

図1-2　「各制度単位の財布」の社会保険と「国全体の財布」の社会扶助

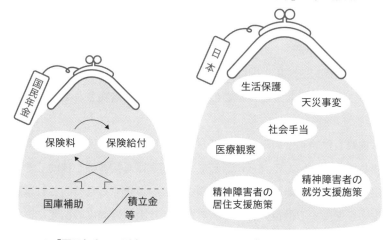

Ⅰ「国民年金」の財布　　　　Ⅱ「国全体」の財布

出典：筆者作成

安定な運用を強いられることになる。

　具体的には、思春期頃に発症することが多い統合失調症には、20歳前に罹患する者が少なくない。その場合、**国民年金制度**は20歳以上60歳未満の人が加入することになっていることから、本人は、国民年金の未加入時に発症していることになる。したがって、このような状況にある者は保険料を支払っていない。ところが、一定の障害状態要件を満たせば、障害基礎年金を受けられるのである。では、その財源はどこから捻出されているのか。それは、ほかの被保険者からの保険料、積立金、さらには、国庫補助から充当し、給付と負担の二者関係を支えているのである。

　一方で、難解なのはここからである。このように障害基礎年金を受給することになった者は被保険者でなくなるのか。それは違う。障害基礎年金を受給中の者は、受給権者であるとともに、国民年金の被保険者になる。その際、基本的に保険料は**法定免除**となる。そして、その者が将来的に老齢基礎年金を受給する場合、これらの保険料免除期間中の分は2分の1として年金額の計算に算入される。つまり、国庫補助として、国が半分の保険料を支払っている扱いになっているのである。

❷税方式

　かたや、社会扶助は税方式となる。**図1-2**の右側に示しているように、制度ごとではなく、税金という国全体の財布の中から個別の社会的事故に対して、給付の決定や運用がなされるのである。したがって、給付と負担の関係でいえば、負担は国民から集められた税金であり、給付は個々の社会的事故ごとになされることになる。

　しかし、運用プロセスをみると、公的扶助原理と社会手当・サービス原理では異なっている。

① 公的扶助原理

　1950（昭和25）年、国は「**社会保障制度に関する勧告**」において、以下のことを明言しており、この考え方は現在も踏襲されているといえる。

　「（前略）保険制度のみをもってしては救済し得ない困窮者は不幸にして決して少なくない。これらに対しても、国家は直接彼等を扶助しその最低限度の生活を保障しなければならない。いうまでもなく、これは国民の生活を保障する最後の施策であるから、社会保険制度の拡充に従ってこの扶助制度は補完的制度としての機能を持たしむべきである[6]」。

　このことを制度化したものが、**生活保護**である。生活保護は、前述の

勧告にもあるように、最低限度の生活を謳っていることから、世帯単位の個別的な実態を測定することになっている。具体的には、保護の補足性の原理として、資産活用、能力活用、親族の扶養、他法優先等の可能性を探り、生活保護基準額との差額を限定的に給付する、というものである。このようにして、その世帯の状況を調べることを、資力調査（ミーンズテスト）という。

　このように、「公的扶助原理」に基づく生活保護は、資力調査によって自身および家族のプライバシーを開示することが求められることになる。その結果、これらのことをスティグマと捉え、生活保護の受給要件があるにもかかわらず、申請しない者も少なくないという課題が挙げられるのである。

②　社会手当・サービス原理

　一方で、公的扶助原理と同じように税方式を用いながらも、利用する側の抵抗感が少ないのが、社会手当・サービス原理である。なぜなら、社会保険原理のように事前に加入し、保険料の支払いを求められることはなく、また、公的扶助原理のように、資力調査がない。そのことから、社会手当・サービス原理は、基本的に社会的事故の対象として認められることによって、制度の利用が可能となるのである。

　たとえば、学童期に発達障害による日常生活の制限が一定程度認められれば、社会手当として、特別児童扶養手当が受けられることになる。また、精神障害がある人が、地域生活を送るにあたって、一般就労を目指す場合は、就労移行支援事業所等を利用することができるのである。ただし、社会手当・サービス原理では、公的扶助原理のような厳格な基準ではないものの、所得状況等によって、制度や施策の利用の制限や利用料が発生することがある。[ii]

❷ 制度やサービスの供給主体と実行のプロセス

❶法令および通知

　これまで述べてきた制度や施策を、根幹的に規定しているのが法律である。その法律は、国会で定められることになる。精神障害がある人に関する施策としては、精神障害者保健福祉手帳や自立支援医療が挙げら

---

ii　丸山は、社会保障の四つの原理として、「社会保険原理」「扶養原理」「公的扶助原理」「社会手当・サービス原理」を挙げている。ちなみに、扶養原理は恩給等がその対象となる。丸山桂「社会保障制度の体系」駒村康平ほか『図解入門ビジネス 最新 社会保障の基本と仕組みがよ〜くわかる本 第2版』秀和システム，pp.26-28，2012.

れ、それらは、精神保健及び精神障害者福祉に関する法律（精神保健福祉法）や障害者の日常生活及び社会生活を総合的に支援するための法律（障害者総合支援法）に規定されている。また、精神障害がある人の暮らしを日常的に支えている経済的な施策としては、障害を事由にした年金給付が挙げられ、それは国民年金法や厚生年金保険法に障害年金として規定されている。

ただし、法律は、必要な施策を細部にわたって規定しているわけではない。実際、精神保健福祉士は障害年金の相談を受けるにあたって、目の前の精神障害がある人の障害状態がどの程度の基準を満たす必要があるかについて知る必要がある。その際、大まかな基準は国民年金法施行令別表に掲載されている。この国民年金法施行令は、政令に当たる。ちなみに、政令は全大臣の署名によって国会ではなく政府が決める。

また、障害基礎年金を受給している者が、更新手続きにおいて、障害状態が該当しないと診査結果が下され、支給停止になることがある。ところが、後に障害状態の変動があり、障害状態に再び該当することがある。その場合、国民年金法施行規則第35条に「支給停止事由消滅の届出」のことが明記されている。そこには、速やかに、診断書をはじめとする必要書類を添付して、届書を日本年金機構に提出しなければならないことが記されているのである。この国民年金法施行規則は省令にあたる。ちなみに、省令は、各省の内部で決められることになっている。

これらの法律、政令、省令の三つを指して法令と一般に総称されるが、最も厳格な手続きで定められるのが法律だといえる。政令や省令は、法律に比べると手続きが簡易である。しかし、決定に程度の差はあるにせよ、法令変更は国民の暮らしに迅速に対応することは難しいといえる。また、より細かな事柄を詳細に明記しづらい側面もある。

そこで、実際的に運用されているのが通知である。その一つとして、障害基礎年金の認定診査において、障害を第1節から第19節まで分類して、どのような状態に該当すれば、1級・2級・3級となるかを定めているのが、「国民年金・厚生年金保険 障害認定基準」（以下、認定基準）という通知である。ちなみに、認定基準の第8節には、「精神の障害」として、精神・知的・発達障害のことが明記されている。[7]

❷条例

条例とは基本的に、地方自治法第14条により、都道府県や市町村という地方公共団体が、法律が特別に委任した事項について、議会の議決を経て定めることができるものである。

　たとえば、神奈川県相模原市は「相模原市医療費助成条例」（昭和49年条例第13号）を定めた。そして、平成16年3月26日条例第9号による改正により、精神障害者保健福祉手帳1・2級所持者を条例の対象に加えている。ちなみに、このように精神障害者保健福祉手帳1・2級所持者に医療費助成を実施している自治体は、都道府県格差が顕著である。なお、医療費助成は、第4章第3節に詳述しているので参照いただきたい。

❸政策・施策

　このように、法令や条例は、精神障害者の暮らしに大きく影響を及ぼしている。しかしながら、法令や条例をつくるにあたっては、その意図と方向性が明確に示されることが重要となる。図1-3に示しているように、家にたとえるならば、設計図が政策にあたる。西尾は政策について、「政府がその環境諸条件またはその対象集団の行動に何らかの変更を加えようとする意図のもとに、これに向けて働きかける活動の案」としている[8]。ただし、ここでいう政府とは、中央政府（国）に限らず、地方政府（地方自治体）も含んでいる。また、政策を具体化し、実現していくためのものが施策となる[9]。

　しかしながら、施策を現実のものとして機能させていくためには、どこに位置づくかによって、効力が大いに異なることになる。そこで、中央政府の政策を、より実効性のあるものにするためには法令に具現化する必要がある。また、地方政府が実効性のあるものにするためには、条例を制定し、そこに施策を組み込むことが大切だといえる。図1-3でいえば、法令や条例は、家そのものだといえる。たとえば、図1-3には、障害者総合支援法という家（法律）にある六つの部屋に、一般就労に向けた就労移行支援、居住支援のためのグループホーム、精神科医療を継続的に受けやすくするための自立支援医療等が入っている。つまり、精神障害がある人の暮らしに必要な施策が、障害者総合支援法という家の中に組み込まれていることが肝要なのである。

　すべての始まりは、人ありきでなければいけない。そのうえで、図1-3にあるように、必要な❶政策を吟味しながら作成し、❷法令・条例を制定し、そのなかに具体的な❸施策をきちんと位置づけることが重要

ⅲ　条例は、日本国憲法第94条で、「法律の範囲内で条例を制定することができる」と定められている。また、条例は「地方の法律」という捉え方ができ、地域の実情に合った内容や特色を出すことで、住民主体の政治が行われるように認められたものである。林雄介『新版 絶対わかる法令・条例実務入門』ぎょうせい，pp.75-80，2017.

図1-3　政策、法令・条例、施策の関連

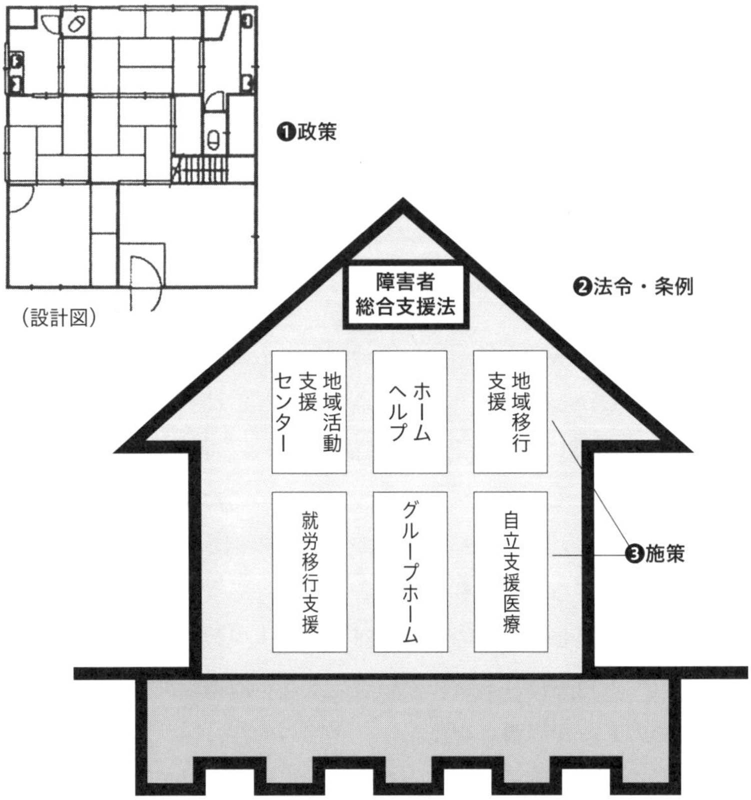

❶政策

（設計図）

障害者
総合支援法

❷法令・条例

地域活動支援センター

ホームヘルプ

地域移行支援

就労移行支援

グループホーム

自立支援医療

❸施策

出典：筆者作成

だといえよう。

3 ライフサイクルと精神障害者に関する制度や施策の体系

1 ニーズ発信者の主体の変遷

　人々の暮らしはライフサイクルによって、求められる制度や施策の内容が変わるとともに、中心的に発信する人も異なる。このことについて、本節では医療・生活保障を中心にして述べることにする。

❶家族がニーズ主体となった医療・生活保障

　疾患が未成年の段階で判明すると、多くの場合、親をはじめとする家族がニーズ主体者となり、本人は医療機関の小児科や精神科を受診し、診察、薬剤の投与等の現物給付を基本的に受けることになる。またその後、本人の障害が暮らしに継続的に支障があることが認められれば、社会手当として、特別児童扶養手当等を利用することができる。加えて、

家族は本人の親なきあとを案じ、心身障害者扶養共済制度の利用を検討することがある。

これらは、家族がニーズ主体となるなかで、利用に至っていることが特徴だといえる。要するに、本人が若年の場合、家族が家計を中心的に支えているとともに、家族がイニシアティブをとりながら医療・生活保障を検討することになるといえる。

❷精神障害がある人がニーズ主体となった医療・生活保障

ところが、仮に父親が48歳のときに、本人が18歳で精神疾患を発症し、25年が経過すると、状況は大きく変わる。青年期だった本人は壮年期（43歳）になり、壮年期だった父親は高齢期（73歳）を迎えることになる。この段階では、当然のことながら、本人がニーズ主体となる。たとえば、本人が健康保険の加入中に、うつ病を発症したとする。その際、業務外の傷病により療養が一定期間必要となれば、傷病手当金が支給されることがある。また、業務との因果関係が認められれば、労働者災害補償保険から、療養補償給付を受けられることになる。

一方、生活保障としては前述の社会手当に代えて、障害年金等が求められる。また、青年期と異なり、壮年期になると精神科以外の医療機関の受診機会も増え、医療費助成の必要性がより高まることになる。さらに、年月が経過すると、本人が介護保険の対象年齢となり、生活保障の制度を、障害者総合支援法ではなく、基本的に介護保険法から利用することになるのである。加えて、医療保険についても、75歳以上になれば、後期高齢者医療制度に移行することになる。

2 精神障害者の医療・生活保障に関する制度の構造

❶医療・生活保障に関する制度や施策

これまで述べてきたことを体系的に表したものが、図1-4である。医療・生活保障はライフサイクルのなかで、利用すべき制度や施策が変遷することになる。とはいえ、社会生活を送るなかでは、負傷、疾患、障害等は、どの年代であっても、当たり前に発生する。その際、保険方式か税方式かというように、仕組みは違えども、社会的事故に備えて、図1-4に示しているように、制度や施策がリスクに備えて存在することが意義深いといえる。

そのようななか、人は突然、嵐が到来したかのように、精神疾患の発症に直面することがある。その際、利用する制度や施策が、自立支援医療、任意入院・医療保護入院・措置入院等となる。また、重大な他害行

図1-4　精神障害者に対する生活保障の体系

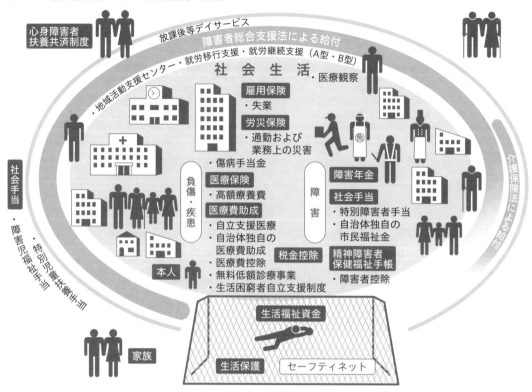

出典：青木聖久編著，越智あゆみ・風間朋子・高橋裕典『精神障害者の経済的支援ガイドブック——事例とQ&Aから理解する支援の意義と実務』中央法規出版，p.28, 2015. を加筆修正

為としての社会的事故が起こったときには、医療観察制度を使うこともある。ただし、前述したように、これらの制度は、社会的コンセンサスを得づらいといえる。

　そして、自助、共助を駆使しながらも、それでは対応できず、最後の砦として、サッカーでいえば、ゴールキーパーのような役割を果たすのが、生活保護（医療扶助・生活扶助・住宅扶助等）である。また、その手前には、生活福祉資金、生活困窮者自立支援制度、無料低額診療事業が存在する。これらの制度や施策は、貧困状態にはあるものの、生活保護の受給に至らない人々を支援する位置づけとなっている。

❷ソーシャルワーカーとして医療・生活保障の社会資源を活用

　精神保健福祉士は、精神障害がある人が利用可能な制度や施策を体系的に理解できてこそ、ソーシャルワーカーとして医療や生活保障の社会資源を活用できることになろう。それは、目の前の人と社会との関係性（インターフェース）に目を向けた、ソーシャルワーカーたる精神保健福祉士としての使命であり、社会からの期待である。その場合、単に制

度のことを知っているレベルでは、ソーシャルワーカーとして物足らない。制度や施策を構造的に理解するとともに、目の前の精神障害がある人の思いに寄り添うことによって、本当の意味で制度や施策をつなぐことができるのである。また、制度間の隙間に着眼する視点も重要となる。さすれば、制度がもつ問題点にも目が向き、政策や条例づくりへの参画というようなソーシャルアクションの視点にもつながってこよう。

　精神保健福祉士はまず、精神障害がある人が、ごく当たり前に暮らせるように、既存の制度や施策の活用を精一杯目指す。ただし、前述したように、知っているというレベルでは、本人や家族にきちんと、制度の中身を伝えることができない。ゆえに、制度が存在することの意味や内容の理解、法令や条例をはじめとする制度間の優先順位、さらには、制度間のつながり等の理解が求められるのである。そのうえで、既存の制度がなければ、あるいは、不具合が見つかれば、創出するということにも取り組むことが求められる。

　精神保健福祉士が見つめるべき対象および時間軸は、今と未来である。偶然に、目の前の人が何とか制度につながった、で終わらせてはいけない。まだ出会えていない、未来の精神障害がある人や家族にも目を向け、足（人々のニーズ）に靴（制度や施策）が合わなければ、オーダーメイドした靴を作ることが求められるのである。[11]制度や施策について、精神保健福祉士が理解することの意味はここにある。ぜひ、このことを念頭においたうえで、以降の内容の理解に努めてもらいたい。

Active Learning

精神障害がある人がよりよい地域生活を送るために、あなたがソーシャルアクションを展開するならば、どのような目的のもと、いかなる内容とするかについて考えてみましょう。

◇引用文献
1）大沢真理・宮本太郎・武川正吾「座談会：本来の全世代型社会保障とは何か」『世界』第904号，pp.68-81，2018.
2）宮本太郎『共生保障──〈支え合い〉の戦略』岩波書店，pp.46-54，2017.
3）香取照幸『教養としての社会保障』東洋経済新報社，pp.44-61，2017.
4）「第196回国会厚生労働委員会第12号」（平成30年4月24日）会議録，2018.
5）西村健一郎「雇用の面からみた社会保障のあり方」『日本労働研究雑誌』第674号，pp.76-80，2016.
6）「社会保障制度に関する勧告」社会保障制度審議会，1950.
7）「国民年金・厚生年金保険　障害認定基準」（昭和61年3月31日庁保発第15号）（平成29年12月1日改正）
8）西尾勝『行政学』有斐閣，pp.208-209，1993.
9）松下啓一『政策条例のつくりかた──課題発見から議会提案までのポイント』第一法規，pp.2-16，2010.
10）青木聖久『追体験　霧晴れる時──今および未来を生きる精神障がいのある人の家族15のモノガタリ』ペンコム，p.207，2019.
11）青木聖久『精神障害者の生活支援──障害年金に着眼した協働的支援』法律文化社，pp.224-225，2013.

◇参考文献
・椋野美智子・田中耕太郎『有斐閣アルマ Basic はじめての社会保障──福祉を学ぶ人へ　第16版』有斐閣，2019.
・荒木誠之編『社会保障法』青林書院，1988.
・菊池馨実『社会保障の法理念』有斐閣，2000.

精神障害者に関する制度の成立過程とその特徴

学習のポイント

● 精神障害者の医療や福祉制度の策定過程の変遷を学ぶ
● 精神障害者に関する制度の成立過程の特徴を学ぶ
● 精神保健福祉制度の成立過程を精神保健福祉士の視点で学ぶ

1 社会の障害者観により奪われる尊厳

1 100 年前と現代

「我邦十何万の精神病者は実に此病を受けたるの不幸の外に、此邦に生まれたるの不幸を重ぬるものと云うべし。精神病者の救済・保護は実に人道問題にして、我国目下の急務と謂わざるべからず」。

これは、1901（明治 34）年に東京府巣鴨病院（東京都立松沢病院の前身）の院長となった呉秀三らが出版した『精神病者私宅監置ノ実況及ビ其統計的観察』（1918（大正 7）年）に記された文章である。本書は、精神病者監護法に基づき私宅監置された精神障害者の実態を数年かけて全国調査した報告書である。

当時、不幸といわれた状況は、その後果たして解消されたのだろうか。

精神保健福祉士を目指す者においては、社会への関心が欠かせない。時事を掴み、その背景について思い考えることは重要な学習であり、本科目の習得に結びつくことであるから強く推奨したい。

2017（平成 29）年 12 月に大阪府寝屋川市で監禁致死事件が、2018（平成 30）年 4 月に兵庫県三田市で、監禁事件が発覚した。ともに障害のある人が自宅で家族に 15 年以上の長期間にわたり監禁されていた。

2018（平成 30）年 1 月には、1996（平成 8）年に母体保護法に改正されるまで存在した旧優生保護法（1948（昭和 23）年制定）により、同意なく優生手術を受けさせられた当事者らが国に賠償を求める訴訟を仙台地方裁判所に起こした。旧優生保護法の目的として「優生上の見地から不良な子孫の出生を防止する」（第 1 条）という障害者差別につながる条文があった。2016（平成 28）年 7 月には神奈川県立の入所型障害者支援施設「津久井やまゆり園」で、障害者ら 45 人が元職員により

殺傷される衝撃的な事件が生じ、語られた動機には優生思想がうかがえた。

100 年が経過した今の時代にあってなお、非合法な「私宅監置」の現代版ともいえる状況が存在する。このことは、障害がある人々の暮らしや命すら守られていない状況が現代も変わらずに存在しているあかしであり、支援に携わる者を含め社会のあり方が問われているといえる。

同じ時代を生きる者として、社会とのつながりを遮断され、15 年以上も自宅敷地内のプレハブ小屋に監禁される状況を、障害ゆえに命を奪われる状況を、果たして想像できようか。遅々とした変化にとどまるのはなぜか？　どのようにしたら変革できるのか？　法制度・施策の推移を学び、考え理解することが本節のミッションとなる。

2 法制度のあり方と人権尊重

2018 年 12 月、世界人権宣言が採択されて 70 周年を迎えた。本宣言は、第二次世界大戦により多くの人権が守られなかった反省のうえに成立した。以下に、第 1 条を記す。「すべての人間は、生れながらにして自由であり、かつ、尊厳と権利とについて平等である。人間は、理性と良心とを授けられており、互いに同胞の精神をもって行動しなければならない」。

我が国は 2017（平成 29）年 5 月に日本国憲法制定 70 周年を迎えた。日本国憲法第 11 条には基本的人権が、第 13 条には幸福追求権が、第 14 条には平等権が、第 25 条にはいわゆる生存権が規定されている。障害がある人もない人も、世界人権宣言や日本国憲法で規定されている権利を等しく享受する。しかし、実際には障害者に不利な状況が多くあるため、1975 年には障害者の権利宣言が、そして我が国では 1993（平成 5）年に心身障害者対策基本法が改正され、障害者基本法が成立している。さらに、ほかの者との平等を実現するため、障害者の権利に関する条約が 2006 年 12 月に採択された。我が国は 2014（平成 26）年 1 月に条約を批准し、遵守するべき状況に今ある。

さて、法律や制度と聞くと、難しく堅苦しいイメージが先行し苦手意識をもつ者も多くいるのではないだろうか。または、自身とは縁遠いところで政治家や一部の人によってつくられる決まりごとや約束ごとのイメージかもしれない。しかし、日頃は意識しなくても、我々市民が営む日々の暮らしは、種々の法制度と無関係ではない。

「社会あるところ、そこに法あり」とは、法にまつわる出典不明の古いラテン語のことわざである。人々の生活において、個々人相互に生じ

Active Learning

各自で日本国憲法第11条、第13条、第14条、第25条の条文を学習しておきましょう。

Active Learning

あなたの生活において活用している法制度を挙げてみましょう。

る矛盾や対立を発展させず集団としての社会生活を維持するために、種々の社会規範（定められたルール等）があり、なかでも物理的強制力を有するのが法律である。施策とは、法律・制度等の実施の形態である。

　国民一人ひとりが権利を保障された暮らしを実現できることが望まれるが、そのときの国民の価値観、社会の情勢等により、力関係でできあがるのが法制度ともいえるため、一部の人々の人権が侵害され、社会から疎外される状況がつくられることも起こり得る。

　障害者の権利に関する条約は長年におよぶ世界中の当事者や関係者の取り組みの結果、採択された。採択の瞬間、国連本部の会場は、当事者たちが歓喜に沸き歴史的な瞬間が刻まれたという。私たちが学ぶ多くの法制度・施策は、それを求める当事者や関係者の訴えや運動によってつくりあげられてきた。そのように成立した法制度に対し、専門性が求められる業務や専門家の職域が生まれる状況があることも理解したい。

■3 精神保健福祉士の専門性から法制度を捉える視点のもち方

　対人援助職の専門性といわれる価値と知識・技術のなかで最も重要なのは「価値」である。高い知識と技術を有しても、その活用目的すなわち価値基準を間違えば、良質な支援どころか、権利侵害に転じてしまう。

　精神保健福祉士の専門性の一つである「価値」は、国家資格化以前の精神科ソーシャルワーカー（psychiatric social worker：PSW）時代に到達した「札幌宣言」に明文化されている。本宣言は、1982（昭和57）年に採択され、「精神障害者の社会的復権と福祉のための専門的・社会的活動を進める」ことを謳っている。この専門性の観点から、種々の法制度について、成立過程を含め、どのように捉えるかが重要となる。

　精神障害（者）に関する法制度は、医療や福祉に限らず、多岐におよぶ。暮らしを支える仕組みを考えるとき、個別の法制度では完結しておらず、各法制度の関係性を視野に入れる必要がある。第2章以降では、精神保健及び精神障害者福祉に関する法律（精神保健福祉法）、心神喪失等の状態で重大な他害行為を行った者の医療及び観察等に関する法律（医療観察法）、障害者の日常生活及び社会生活を総合的に支援するための法律（障害者総合支援法）などいくつかの法制度について詳説してい

ⅰ　2020（令和2）年、日本精神保健福祉士協会総会において、精神保健福祉士の活動がメンタルヘルス領域全般に広がっている状況を鑑み、psychiatricの表記を改め、MHSW（mental health social worker）と呼称することが決定された。なお、精神保健福祉士の表記は変わらない。

く。一方で、民法に規定される成年後見制度や消費者契約法などについては権利擁護に関する科目で学ぶことになる。本科目は学習便宜上、法制度のなかでも「精神保健福祉制度」を中心に学ぶ限定的なものであることも理解しておきたい。そのことを踏まえ、精神障害者に関する制度の成立過程と特徴を概観する。

2 精神障害者に関する制度の成立過程

　障害者に対する制度・施策を評価する「ものさし」となる基準がいくつか挙げられる。時間軸（過去と現在）における状況、同時代の障害のない市民の生活、社会経済状況が同程度の他国の状況、障害当事者等のニーズとの比較である。過去との比較では、人口や政治・文化・社会経済・生活が大きく変化しているなか、我が国の精神障害者の置かれている悲惨な状況は今も散見される。他国との比較では遅れを指摘されることが多い。障害者のニーズには応えきれていないことが多くある。障害のない市民との比較では、住まい・教育・雇用など各分野でさまざまに不平等、不利益な状況が多い。そのような状況をつくっている法制度の成立のプロセスをみていくこととする。

対象としてきた政策の変遷

❶社会防衛・治安の対象

　公的に精神病者という用語が初めて用いられたのは1894（明治27）年に警察庁から発布された精神病者取扱心得である。1899（明治32）年には行旅病人及行旅死亡人取扱法が制定され、路頭に迷う身寄りのない精神障害者の保護について定められた。明治・大正時代は、「病者」と呼ばれつつ、治療の対象というより社会防衛や治安の対象とされていた。

　相馬事件を背景に、精神障害者が監禁状態に置かれることなどに関心が高まり、1900（明治33）年に精神病者監護法が制定された。精神病者監護法は、不法監禁を防ぐために監護義務者を定め、診断書をもとに警察経由で地方長官の許可を得て私宅に精神病者を監置することなどを認め、監置や身体的拘束が必要な者と対象を規定していたのである。呉らは私宅監置の実態調査を行い悲惨な現状を明らかにし、官立の精神病院を設置すべきと訴えた。また、同時期に内務省に設置された保健衛生調査会が行った全国の患者実態調査を受け、精神病院法が1919（大正

★相馬事件
旧相馬藩主相馬誠胤が精神病に罹患し、1879（明治12）年以後父親に監禁され幽閉の身となった。誠胤の臣下が陰謀による不法監禁と訴え10年以上争った。この事件による精神障害者の処遇に関する社会的関心の高まりは精神病者監護法制定の契機にもなった。

8）年に制定された。

精神病院法には、内務大臣が道府県に官立精神病院の設置を命じることができ、建築・設備費の2分の1、運営費の6分の1を国庫補助することなどが規定された。しかし、精神病院法制定後も財政状況等により官立精神病院の設置は進まず、むしろ代用病院の設置が増えていった。病院不足から生じる需要により私宅監置は廃止されず残った。入院を要する者には、「罪を犯した者で司法官庁が特に危険があると認めた者」という要件の規定があり、社会防衛や治安目的が残存していた。

❷医療および保護の体制整備のもとに強化された収容

第二次世界大戦後は、新憲法体制下で国の責任に基づき公衆衛生や医療を進めることとなり、保健所法の制定（1947（昭和22））年により保健所が公衆衛生活動の拠点となった。これまで警察行政の対象であった精神障害者の対策は、ようやく公衆衛生行政の対象に移行され、1950（昭和25）年に精神衛生法が制定された。これにより精神病者監護法および精神病院法が廃止となった。本法律から以下のように「精神障害者」という用語の定義が記載されている。

> この法律で「精神障害者」とは、精神病者（中毒性精神病者を含む。）、精神薄弱者及び精神病質者をいう。[ii]

精神衛生法の目的は以下のとおりである。

> 精神障害者の医療及び保護を行い、且つ、その発生の予防に努めることによって、国民の精神的健康の保持及び向上を図ることを目的とする。

主な内容は、精神病院等の施設以外の収容禁止や私宅監置制度の廃止のほか、精神衛生相談所、訪問指導、精神衛生審議会の新設、精神衛生鑑定医制度、保護義務者制度、都道府県知事の命による措置入院制度および保護義務者の同意による同意入院制度の新設などである。

薬物療法の普及や作業療法等の進展もあり、強制的な入院による収容体制を省みて、早期発見や早期治療、社会復帰など一連の医療提供が展開できるように、精神衛生法は累次改正が行われていた。

この時期、北欧では知的障害者の大規模施設における画一的な処遇を省みてノーマライゼーションの思想と実践が始まり、アメリカでは精神

---

ii　1954（昭和29）年の改正時に「覚せい剤、麻薬若しくはあへんの慢性中毒者（精神障害者を除く。）又はその疑のある者」への精神衛生法の準用が規定され、1963（昭和38）年には「、麻薬若しくはあへん」が削除された。

疾患および知的障害者に関する特別教書（ケネディ教書*）が公表され、イギリスでも精神保健医療改革が始まっていた。国内では福祉六法体制が整備された頃である。

精神衛生法の全面的な改正を求める動きのなか、1964（昭和39）年に精神疾患のある青年が駐日アメリカ大使を刺傷する事件（ライシャワー事件*）が起き、国務大臣が辞任に至る事態を受け、精神障害者を危険視する声が高まった。治安強化を検討する立場と反対する立場の対立のなか、1965（昭和40）年の第12次精神衛生法改正は一部改正に留まった。しかし、それでも改正の意義はいくつかみられた。改正の主要事項は、❶保健所を精神保健行政の第一線機関に位置づけ、精神衛生相談員を配置、❷都道府県に精神保健に関する技術的中核機関として精神衛生センターを設置、❸通院医療費公費負担制度の導入、などである。

❸人権擁護と社会復帰支援の対象へ

地域生活を可能とするための社会復帰施設や経済的支援策、地域精神保健にかかわる支援体制整備を主眼とした第12次改正を機に、入院中心のありようを改革しようとする機運が高まった。精神疾患は治らず隔離収容しかないとの悲観論から脱し、薬物療法やリハビリテーションにより、地域生活に向け社会復帰が可能であるとの対象観変化がみられた。しかし総じてみると、強制入院など病院への収容体制の強化や、いわゆる「経済措置*」の増加も背景に民間病床が急増し、病床規模の拡大とともに人権侵害を生む土台ができ、病院内不祥事が増えた。

この時代、国内では大学紛争、反精神医学運動のエネルギーが高まっていた。国外ではイタリアのバザーリア法制定など脱施設化の動きが高まる一方、地域精神保健福祉体制が未整備なままで退院後の無支援状態を生む状況もあった。国際障害者年や国連・障害者の十年、自立生活運動（IL運動）など他障害の自立運動からの刺激やパワーも国内に流入してきた時代である。

入院中心の医療から地域中心の医療へと、社会復帰の強調とともに、精神障害者の人権擁護の強化という観点から、精神衛生法の改正に対する関心が高まった。しかし、実際に改正の重要な鍵を握ったのは、1984（昭和59）年に重大な人権侵害事件として報道された「宇都宮病院事件」と、事件に対する国内外の動きであった。国際的にみると、1970年代から1980年代にかけて、患者の権利章典や患者の権利に関するリスボン宣言などインフォームド・コンセントに関しても確立していく時期である。1991（平成3）年には、国連総会で「精神病者の保

★ケネディ教書
アメリカ第35代大統領のジョン・F・ケネディ（Kennedy, J. F.）が、1963年に議会に提出した意見書。入院治療から地域内ケアへの移行など、精神障害者対策の改革と拡充が国策上急務と訴えたもの。

★ライシャワー事件
精神衛生法の全面改正が準備されていた1964（昭和39）年、駐日アメリカ大使ライシャワー（Reischauer, E. O.）が統合失調症の19歳の青年に刺され負傷した事件。

★経済措置
1961（昭和36）年の厚生省公衆衛生局長通知において、措置対象者の選択で低所得者を優先とされた。1963（昭和38）年の同局長通知でさらに拡大運用が可能となり、生活保護受給入院患者の措置症状者はすべて適応とされた。

護および精神保健ケア改善のための諸原則」が採択されている。

　国際的に人権感覚が特に医療において高まった時代に、我が国では宇都宮病院事件が発生し、政府の対応から認識の甘さが露呈した形となった。度重なる病院不祥事等は、精神医療の構造的問題であり法改正が不可欠と考える法律家たちが中心となって宇都宮病院事件を告発し、精力的に行動したことが、従来と異なる法改正へのうねりをつくった。

　日本政府は、国連人権連盟から、精神病院内の人権侵害事件は、国際人権B規約に違反し義務不履行状態にあると指摘され、対応を批難された。政府の反論に対し、国際的な調査団まで派遣して局面を変えたのは、法律家や関係者とともに動いた障害者インターナショナル（DPI）の当事者パワーである。結果、1987（昭和62）年に精神衛生法を精神保健法に改正する法律が成立し、法改正の趣旨に、人権擁護と社会復帰が明記された。法の目的は以下のとおりである。

> 精神障害者の医療及び保護を行い、その社会復帰を促進し、並びにその発生の予防その他国民の精神的健康の保持及び増進に努めることによって、精神障害者等の福祉の増進及び国民の精神保健の向上を図ること

　改正内容には、❶任意入院制度の創設、❷精神保健指定医制度の導入、❸応急入院制度の創設、特に人権擁護に関する仕組みとして❹精神医療審査会の設置、❺入院時告知制度の創設、❻患者等の処遇改善請求・退院請求の創設、❼定期病状報告の創設、❽精神科病院に対する厚生大臣等による報告徴収・改善命令の規定の設置、また社会復帰に関しては❾精神障害者社会復帰施設に関する規定の設置、などが盛り込まれた。

　附則に施行後5年の見直し規定があったため、1993（平成5）年に法改正がなされた。1993（平成5）年の主な改正事項は、①精神障害者地域生活援助事業（グループホーム）の法定化、②精神障害者社会復帰促進センターの設置、③保護義務者の名称を保護者に変更、④精神障害者の定義規定の変更（医学上の用語に合わせた見直し）、⑤仮入院期間の短縮、などである。

❹地域生活者として福祉サービスの利用対象へ

　この時期は、世界保健機関（World Health Organization：WHO）が国際障害分類（International Classification of Impairments, Disabilities and Handicaps：ICIDH）を発表し、国

ⅲ　「精神分裂病、中毒性精神病、精神薄弱、精神病質その他の精神疾患を有する者」

際障害者年や国連・障害者の十年等の動向があった。国内では蜂矢英彦医師による「疾病と障害が共存」する精神障害論の構築があり、1993（平成 5 ）年に成立した障害者基本法には精神障害がほかの 2 障害と並べられ、法的に障害者の位置づけを得た。

　その後、1995（平成 7 ）年に精神保健法から改正された精神保健福祉法により、ほかの 2 障害と同様に福祉サービスの対象と位置づけられた。2000（平成 12）年には社会福祉法により苦情処理や権利擁護の仕組みが整えられ、利用者中心の選択契約方式による良質な福祉サービス提供が謳われるなど、大きな転換が生じた。2003（平成 15）年には選択契約方式の支援費制度が開始となったが、精神障害者は対象に含まれなかった。

　2004（平成 16）年に「入院医療中心から地域生活中心へ」とのスローガンとともに公表された精神保健医療福祉の改革ビジョンに、ようやく地域生活の主体者と位置づけられた。障害者自立支援法（2005（平成 17）年）と、その後の障害者総合支援法（2012（平成 24）年）により、サービス利用の仕組みは 3 障害共通となった。また、2006（平成 18）年 12 月に、「精神病院の用語の整理等のための関係法律の一部を改正する法律」が施行され、偏見がつきまとってきた「精神病院」という用語が「精神科病院」に改められた。しかし、入院中心の政策に長く位置づけられていたために、精神障害者の地域生活支援のための社会資源は質・量ともに不足している。2001 年に WHO が発表した国際生活機能分類（International Classification of Functioning, Disability and Health：ICF）では、障害の環境要因に着目されたが、まさに資源不足が疎外状況を生む環境要因でもある。

❺揺らぎ続ける対象者観

　障害者自立支援法の成立に伴い、福祉サービスに関する規定の一部は精神保健福祉法から移行された。過去には、他障害と同様に「精神障害者福祉法」の創設を求める運動も全国精神障害者家族会連合会（全家連）を中心に存在した。改正の度に接ぎ木をしてきたように成り立っている精神保健福祉法にとって好機と捉える向きもあったが、抜本的改正が行われることはなかった。精神保健福祉法は入院手続きを中心とする法となって現行に至っている。

　福祉サービスの対象となる一方、精神障害者が医療と司法にまたがって対象となる医療観察法（2003（平成 15）年）が制定された。2001（平成 13）年に発生した大阪教育大学附属池田小学校事件が直接の契機と

★「精神障害者福祉法」の創設を求める運動
全家連による取り組み。1970（昭和45）年制定の「心身障害者対策基本法」に精神障害者が含まれなかったことに対し、医療面が中心の精神衛生法とは別に身体障害者等と同様の福祉の実現を求めたもの。1993（平成 5 ）年の障害者基本法成立に連動していった。

★全国精神障害者家族会連合会（全家連）
ライシャワー事件を受け治安対策強化への流れに反対し、1965（昭和40）年に家族や専門家の協力で結成された全国組織。毎年、全国大会の開催や月刊誌の発行など、精神保健福祉施策の向上のためのさまざまな活動に取り組んだ。いったん解散し、2007（平成19）年に公益社団法人全国精神保健福祉会連合会（みんなねっと）を新組織として再スタートした。

★処遇困難者専門病棟

★**処遇困難者専門病棟**
精神保健法成立の頃、人権擁護と社会復帰の促進から進む病院の開放化に反して、重症度の高い患者の処遇が困難であると、専門病棟を設置する方向の研究や検討が国や精神科病院協会などで進んでいた。1991（平成3）年に公衆衛生審議会は、試行的な専門病棟整備の必要性について「処遇困難患者対策に関する中間意見」を公表した。処遇困難は治療環境の貧しさにも要因があり、患者側の要因のみではないとし、他害や犯罪行為に対して医療が果たせる役割は限定的だとの反対意見がこれを封じてきた。

いわれるが、以前からの保護者制度の廃止要望の運動、それに伴う精神障害者が起こす事件の責任、それらを背景にした「処遇困難者専門病棟」設置要望など、相反する議論が連綿と続いていたことが背景にある。

障害者の権利に関する条約の批准に向けて国内法を改正する過程の最中、2013（平成25）年の精神保健福祉法改正時に、強制入院のあり方の検討が行われた。家族や当事者、関係者の悲願であった保護者制度の廃止は実現をみた。しかし、財政や人材等のさまざまな理由で、社会的に責任をとる仕組みは結論が出せず、保護者制度に代わる現在の同意者の仕組みが創設され、新たな課題がつくられた。その積み残し課題の検討過程の最中に先述の「津久井やまゆり園」の事件が起きた。加害者が措置入院の経験を有していたことが強調され、精神障害者への強制入院および退院後の仕組みに関する検討が行われた。管理的側面が強化される方向で提案された精神保健福祉法の改正法案は、当事者や関係者等の反対により、改正趣旨を退院後の地域生活支援に修正を迫られ、再提案されたが、国会の会期に伴い廃案となった。措置入院経験者の退院後支援の仕組みは、法律による規定はされなかったが、厚生労働省からの通知に基づき各自治体の取り組みに委ねられた。詳細は後章に譲る。

3 ▶ 精神障害者に関する制度における課題

概観したように、社会における精神障害者の位置づけは現代も揺れ続けている。根底には、精神障害者への危険視や差別と、監視や管理的役割を精神科医療に求める社会のあり方がある。ともに生きる社会が実現していないからこそ、態度変容にまでつながらない知識レベルの普及啓発にとどまる。ともに生きる環境の創出は我々の役割であり課題である。

精神疾患および精神障害は誰にも身近なものであり特別なことではない。障害がある人もない人も、唯一無二の人生を自己実現していく権利主体であり、精神保健福祉士は同じ時代に生きる者の一人として尊重し、精神疾患や精神障害がある人の経験に学びながら、必要に応じ支援に携わる。

いずれの法制度制定時にも、大きく影響を与える事件や国内外の障害者運動等があり、それらを背景にした対立意見や相克する動きが認められた。対立意見や相克する動きについて知ることは、各時代における精神障害者の捉え方の理解を助ける。学生諸子には関心をもち自己学習し

てほしい。現状は歴史のうえに成り立ち、歴史を学ぶことで動く方向（動向）が読め、先を見通していく力が養われる。法律や制度をつくるのは人であり、動かすのも人である。血の通った仕組みとするために、原点である専門性に立ち返り、何のために、誰のために、と迷い考え続ける力を養いたい。そのためにも、いくつか課題点を記しておきたい。

1 障害をどう捉えるか

2011（平成 23）年に改正された障害者基本法の障害者等の定義（第2条）は以下のとおりである。

（定義）

第2条　この法律において、次の各号に掲げる用語の意義は、それぞれ当該各号に定めるところによる。

一　障害者　身体障害、知的障害、精神障害（発達障害を含む。）その他の心身の機能の障害（以下「障害」と総称する。）がある者であって、障害及び社会的障壁により継続的に日常生活又は社会生活に相当な制限を受ける状態にあるものをいう。

二　社会的障壁　障害がある者にとって日常生活又は社会生活を営む上で障壁となるような社会における事物、制度、慣行、観念その他一切のものをいう。

Active Learning

あなたの身近な生活圏域における社会的障壁について考えてみましょう。

この社会的障壁を、我々はどのように解消していくのか。法制度上で可能なことは何か。

2 精神障害者の生活を支援する法制度の遅れをどう取り戻すか

社会復帰施設の法定化以前、多くの家族や支援者が、身銭を費やし、障害者の居場所や施設を創ってきた。それが今の法規定上の資源の土台となっている。不足に対してはいつの時代も開発や開拓が求められる。しかし、予算措置は支援に関する制度・施策の充実と関係する。

WHO は、世界では 4 人に 1 人が何らかの精神疾患に罹患すると示す。それほど、ありふれた疾病である。また、同じく WHO は、メンタルヘルス（精神面の健康）抜きに健康は語れない、としている。にもかかわらず、精神科医療に関する予算は他科の医療と比べ非常に貧しく、人員にいたっては低い配置基準でよいとされている。また、医療法においても、他科の医療とは別に規定されていることが多く、政策上の差別

ともいえる。全体的に低予算のなかで、医療観察法関連は非常に大きな割合を占める。一方で、低予算の医療と比べようがないほど、精神保健福祉の予算はさらに低予算であり、国民の関心が低いあかしでもある。

　精神障害者が不利益を被っている問題として、自治体による制度・施策の運用格差がある。たとえば、障害年金や精神障害者保健福祉手帳の判定などである。強制入院である措置入院や医療保護入院の判断基準も自治体により大きく異なる。医療機関を含む社会資源の偏在も同様だ。

　呉が唱えた「此邦に生まれたるの不幸」に加えて「この地域に暮らす不幸」や、「この支援者に出会った不幸」を重ねる状況は看過できない。

　社会情勢や医学や諸科学の発展によって、また当事者や関係者のソーシャルアクションによって、法制度は改正を積み重ねていく。その結果、申請主義の福祉利用において、煩雑な内容を把握し、理解することが困難な利用者や家族が生まれやすくなる。病状や障害ゆえに相談に出向くことが困難な状態のときもある。適切な相談対応に恵まれず、再度の意欲を失うことや不信感を募らせる場合もある。情報提供のあり方や相談体制の整備は大きな課題となっている。安心な地域生活を送るため、アウトリーチや多職種チームによる地域包括ケアがますます求められてくる。各分野・領域の制度・施策について、適切な支援に結びつく活用方法、改善課題など、次章以降の詳説について学習を深めていきたい。

◇参考文献
　・白石大介『精神障害者への偏見とスティグマ――ソーシャルワークリサーチからの報告』中央法規出版，1994.
　・蜂矢英彦・岡上和雄監，安西信雄ほか編『精神障害リハビリテーション学』金剛出版，2000.
　・日本精神科病院協会監，高柳功・植田孝一郎編著『精神保健福祉法の最新知識――歴史と臨床実務』中央法規出版，2002.
　・新宮一成・角谷慶子編『精神障害とこれからの社会』ミネルヴァ書房，2002.
　・福岡県弁護士会精神保健委員会編『触法精神障害者の処遇と精神医療の改善』明石書店，2002.
　・中島直「精神障害者と触法行為をめぐる日本精神神経学会の議論」http://www.kansatuhou.net/04_ronten/08_01nakajima.html
　・日本精神保健福祉士協会・日本精神保健福祉学会監『精神保健福祉用語辞典』中央法規出版，2004.
　・金子努・辻井誠人編著『精神保健福祉士への道――人権と社会正義の確立を目指して』久美，2009.
　・大谷實『新版 精神保健福祉法講義』成文堂，2010.
　・富田三樹生『精神病院の改革に向けて――医療観察法批判と精神医療』青弓社，2011.
　・池原毅和『精神障害法』三省堂，2011.
　・立岩真也・杉田俊介『相模原障害者殺傷事件――優生思想とヘイトクライム』青土社，2016.
　・浅野弘毅『精神医療運動史――精神医療から精神福祉へ』批評社，2018.
　・太田順一郎・中島直編『相模原事件が私たちに問うもの』批評社，2018.
　・後藤基行『日本の精神科入院の歴史構造――社会防衛・治療・社会福祉』東京大学出版会，2019.

第3節 精神障害者に関する制度 活用の流れ──事例から

学習のポイント

● 事例を通じて本科目を学ぶ意味を考える
● さまざまな制度・サービスが、実際のケース（事例）と密接につながり、支援に必要な知識であることを知る

「精神保健福祉制度論」を学ぶにあたって

　実際の支援に携わるとき、さまざまな支援の可能性や選択肢をどれだけ思い浮かべることができるか。支援を必要とする人に、よりよい制度やサービスをいかに適切に説明し、どのように利用者の意思決定につなげていくことができるか。当事者のニーズを満たすには十分ではない制度や施策はどこに存在するのか。──本章本節は、次章からさまざまな制度や施策について学んでいく知識が、実際のケースの支援にどのように関連しているかについて、理解を促すための導入部分に当たる。

　精神保健福祉士として出会うことの多い精神疾患を発症した人の事例（事例1）と、近年の社会状況で生じることが増えているメンタルヘルスの課題を抱えた人の事例（事例2）を取り上げる。

> 事例1

統合失調症を患ったAさん

　Aさんは、小学校・中学校の頃は活発で、友人も多く、サッカー部の活動に積極的に取り組んでいた。しかし、高校に入り中学校までの仲間と離れたことにより学校になじめず、内向的で無口になった。大学受験も失敗し、自宅浪人をすることになった。予備校に秋頃より通い始めたが、あるとき予備校から帰宅した際に自分のなかでずっと張っていたものが切れてしまったような感覚があり、かばんを壁に投げつけて自宅で叫び暴れた。数日前から頭痛に悩まされていたこともあり、家族に近隣の脳神経外科に連れて行かれたが、

特に異常はないと言われた。

　数日後、早朝に「着替えて出発しろ」「歩け」といった声が聞こえ、その声に従って雑居ビルに不法侵入しライターで小火を起こしたところ、警備員がやってきた。その後警察に引き渡され、親が駆けつけ、精神科病院に医療保護入院になった（→ポイント１）。

　３か月の入院期間を経て退院し、その後は自宅療養をしながら３浪して、やっとの思いで某私立大学に入学し、一人暮らしを始めた。しかし、大学１年生のときに入部したサッカー部の合宿で夜に一睡もできず、帰宅したあとも頭が冴えて目がチカチカし始めたため、連絡すると飛んできてくれた両親とともに最寄りの精神科病院を受診し、二度目の入院となった。その後、統合失調症と診断された。何度か、そのような入退院を経るうちに、大学も退学せざるを得なくなった。定期的な受診をする以外は自宅にひきこもりの生活を30代後半まで送っていた。その後、自分のよき理解者であった父親が急死し、Ａさんはそのショックから再入院となった。

　入院中に生活保護の申請をして、退院後はグループホームからデイケアに通うことになった（→ポイント２）。現在は、地域の精神障害者が集うフットサルサークルに顔を出すことを勧められ、参加を考えている。就労を目指すための事業所でも働こうとも考えている（→ポイント３）。

【ポイント１】Ａさんが、利用するかもしれなかった入院プロセスはほかにどのようなものがあっただろうか。
【ポイント２】Ａさんの今後の経済的基盤はどのようなものが考えられるだろうか。その手続きはどうしたらよいだろうか。
【ポイント３】Ａさんが、地域生活で利用できるであろう居住・就労の制度やサービスはどのようなものがあるだろうか。

事例2

震災後にメンタルヘルス不調と生活困窮に陥ったＢさん

　Ｂさんは、地方都市の中小企業で働く30代の男性で、妻と就学

前の子ども2人がいた。夜遅くまで働くこともあり仕事は大変だったが、地域の消防団活動にも取り組み、充実した日々を送っていた。その生活は、Bさんの地域を襲った震災によって一転する。

　家は全壊して住める状況ではなくなった。子どもたちのことを考え、Bさんは避難所に一人で残り、妻と子どもは妻の実家に身を寄せた。Bさんは、震災後は復興に向けて精力的に働き続けた。震災後の仮設住宅での単身生活で、震災前からあった寝酒の量が次第に増えていった（→ポイント1）。

　その後、仕事の下請け受注が減少したこともあり、リストラの対象になって解雇されてしまう。妻の実家に身を寄せるよう家族は勧めたが、そこでは仕事が見つからないと言い張った。別居したまま被災地で求職活動を始めた。しかしながら、なかなか仕事が見つからず、日雇いの仕事などで食いつなぐことになり、仕事がない日には朝から飲酒することが増えた。妻とは電話口での口論が絶えなくなり、音信不通になっていった。

　一念発起して、仕事を求めて大都市に出た。ネットカフェに寝泊まりしながら公共職業安定所（ハローワーク）に通ったが、条件に合う仕事は見つからなかった。その頃より、死んだほうがましだと思うようになる。わずかなお金はアルコールにつぎ込み、その後、路上生活を余儀なくされた（→ポイント2）。

　ホームレス支援団体の支援を得ることで、シェルター入所を経て都内で単身生活を開始することになった。現在は、ハローワークと精神科診療所、アルコール依存症の自助グループに通いながら、今後どのように生活再建をすべきか考えている（→ポイント3）。家族には連絡したいが、できずにいる。

【ポイント1】地域でBさんの相談にのれる体制はどのようなものがあるだろうか。
【ポイント2】Bさんのような状況にいる人への支援施策はどのようなものがあるだろうか。
【ポイント3】Bさんが希望をもって生きていけるための道筋は、どのように組み立てていったらよいだろうか。

　事例1は、精神保健福祉現場で比較的出合うことの多い事例である。

　ポイント1では、両親が駆けつけなかった場合は措置入院になるかもしれない。放火事件として、心神喪失等の状態で重大な他害行為を行った者の医療及び観察等に関する法律（医療観察法）の対象になる場合もあるかもしれない。精神保健及び精神障害者福祉に関する法律（精神保健福祉法）にあるさまざまな入院の可能性について熟知しておく必要がある。ポイント2では、生活保護の受給に加え障害年金の申請も必要になるだろうし、入院中の高額療養費等の知識も必要である。ポイント3では、障害者の日常生活及び社会生活を総合的に支援するための法律（障害者総合支援法）のサービスや障害者が活用できる居住支援について知っておく必要があるだろう。

　事例2は、近年、精神保健福祉領域でも対応を積極的にしていくべき現在的課題をもった人の事例であった。ポイント1では、仕事の能率が落ちていくことの防止のためにもアルコール依存についての早期の心理教育等が必要であり、保健所をはじめ、地域包括支援のなかで困りごとを引き出せる相談支援体制が必要であった。ポイント2では、自殺予防対策や生活困窮者自立支援制度が関連してくる。ポイント3では、意思決定を促す支援や支援計画をともに考え希望につなげていく支援計画を立案していく視点が必要となるだろう。

　本科目では、上記の事例のような多様なメンタルヘルスの課題を抱えた人々の支援を行うために必要な、制度・施策、医療に関する制度、生活支援に関する制度、経済的支援や生活困窮への支援について論じている。

　制度の先にはニーズをもった人がいることを意識しつつ、包括的に精神保健福祉にかかわる制度やサービスの体系を学んでほしい。

第2章

精神障害者の
医療に関する制度

　本章で学習する精神障害者の医療に関する制度は、本科目の中心的柱である。精神障害者の生活には医療が欠かせない。しかし、精神科医療のあり方は、社会における障害者観とともに変遷を重ねてきている。それぞれの時代における精神科医療のあり方を決定してきた要因は何か、そこに精神保健福祉士はどうかかわったのか。諸外国との差異は何によるのか。制度のつくられ方や財源、そして福祉、雇用、介護など他制度との関連など、学習を深めてほしい。医療に携わる多職種との協働において、精神保健福祉士の価値や倫理を礎に、どのように存在意義を明らかにし、役割を果たすのか。そうした視点で医療に関する制度について理解を深めることが重要となる。

精神保健福祉法の概要と精神保健福祉士の役割

学習のポイント

● 精神保健福祉法の概要について学ぶ
● 精神障害者の権利擁護について考える
● 精神保健福祉法における精神保健福祉士の役割を理解する

1 精神保健福祉法の概要

　ここでは、精神保健及び精神障害者福祉に関する法律（精神保健福祉法）について、その概要を理解する。

　精神保健福祉法は、「第1章　総則」「第2章　精神保健福祉センター」「第3章　地方精神保健福祉審議会及び精神医療審査会」「第4章　精神保健指定医、登録研修機関、精神科病院及び精神科救急医療体制」「第5章　医療及び保護」「第6章　保健及び福祉」「第7章　精神障害者社会復帰促進センター」「第8章　雑則」ならびに「第9章　罰則」の九つの章（第1条〜第57条）から構成されている。押さえておくべきことは、このあと展開する。

1 精神保健福祉法の成立過程、改正法案提出の背景およびその後の経緯

　1987（昭和62）年に精神衛生法から改正された精神保健法は、5年後の見直し後、1993（平成5）年に精神障害者が「障害者」として明確となった障害者基本法成立を受け、1995（平成7）年に精神保健福祉法に改正された。同時に精神障害者保健福祉手帳制度が創設され、ようやく福祉サービスの利用対象と位置づけられた。その後、1999（平成11）年改正、2005（平成17）年改正、2010（平成22）年改正と続き、同年12月10日に「障がい者制度改革推進本部等における検討を踏まえて障害保健福祉施策を見直すまでの間において障害者等の地域生活を支援するための関係法律の整備に関する法律」（いわゆる“つなぎ法”と呼ぶ）が公布された。

　現行の精神保健福祉法は、精神障害者の地域生活移行促進のため、精

神障害者の医療に関する指針の策定、保護者制度の廃止、医療保護入院を家族等のうちいずれかを同意要件とすることへの変更、精神科病院への退院後生活環境相談員設置義務づけおよび地域援助事業者との連携の努力義務化、精神医療審査会委員として「精神障害者の保健又は福祉に関し学識経験を有する者」の規定の追加、精神医療審査会に対し退院等の請求をできる者として本人のほかに「家族等」の規定の追加等を行うとして、2013（平成 25）年 6 月に改正、2014（平成 26）年 4 月に施行（一部は 2016（平成 28）年 4 月施行）された。2014（平成 26）年 3 月、精神保健福祉法第 41 条第 1 項の規定に基づき、「入院医療中心の精神医療から精神障害者の地域生活を支えるための精神医療への改革」という基本理念の実現に向け、精神障害者に対する保健・医療・福祉に携わるすべての関係者が目指すべき方向性を定める指針として、「良質かつ適切な精神障害者に対する医療の提供を確保するための指針」（平成 26 年厚生労働省告示第 65 号）が策定された。

　2016（平成 28）年 7 月に発生した神奈川県相模原市の障害者支援施設での大量殺傷事件を契機に、厚生労働省において、措置入院患者の退院後支援のあり方等に関する検討が行われ、2017（平成 29）年 2 月に精神保健福祉法の一部改正法案として第 193 回国会に提出された。当時の改正法案の概要は、国および地方公共団体が配慮すべき事項等の明確化、措置入院者が退院後に医療等の継続的な支援を確実に受けられる仕組みの整備、精神障害者支援地域協議会の設置等である。本改正法案は、参議院を通過したが、衆議院解散により同年 9 月廃案となった。その間、国は 2018（平成 30）年 3 月 27 日、各自治体が可能な範囲で積極的な支援を進められるよう、現行法に基づく「地方公共団体による精神障害者の退院後支援に関するガイドライン」を、そして、警察官通報数などの大きな地域差を踏まえ、「措置入院の運用に関するガイドライン」を併せて発出した。その後、改正法案の再提出について検討されたが、2020（令和 2）年 10 月現在、改正法案は提出されていない状況である。

2 精神保健福祉法の構成内容

●第 1 章 総則（第 1 条～第 5 条）＜法律の目的＞

① 精神保健福祉法の目的（第 1 条）

　精神保健福祉法の目的は、❶精神障害者の医療および保護を行うこと、❷障害者の日常生活及び社会生活を総合的に支援するための法律（障

害者総合支援法）とともに、精神障害者の社会復帰の促進および自立と社会経済活動への参加の促進のために必要な援助を行うこと、❸精神障害の発生の予防や、国民の精神的健康の保持および増進に努めることにより、精神障害者の福祉の増進および国民の精神保健の向上を図ることである。

② 国および地方公共団体の義務（第２条）

国および地方公共団体の義務として、❶障害者総合支援法の規定による自立支援給付および地域生活支援事業と相まって、医療施設および教育施設を充実するなど、精神障害者の医療・保護ならびに保健および福祉に関する施策を総合的に実施することにより精神障害者が社会復帰し、自立と社会経済活動への参加ができるように努力すること、❷精神保健に関する調査研究の推進および知識の普及を図る等精神障害者の発生の予防その他国民の精神保健の向上のための施策を講じることの二つを規定している。

③ 国民の義務（第３条）

❶国民は、精神的健康の保持および増進に努めること、❷精神障害者に対する理解を深め、精神障害者がその障害を克服して社会復帰をし、自立と社会経済活動への参加をしようとする努力に対し、協力するように努めることを国民の義務として規定している。

④ 精神保健福祉法の対象（精神障害者の定義）（第５条）

精神保健福祉法が対象とする精神障害者の範囲は「統合失調症、精神作用物質による急性中毒又はその依存症、知的障害、精神病質その他の精神疾患を有する者」である。この定義は、精神障害者を「精神疾患を有する者」として医学的概念で示しており、保健医療施策における捉え方がなされている。

❷第４章　精神保健指定医、登録研修機関、精神科病院および
精神科救急医療体制（第18条～第19条の11）

精神科病院（第19条の７）および精神科救急医療の確保（第19条の11）

都道府県は、精神科病院を設置しなければならない（精神科病院設置義務規定）。また、精神障害の救急医療が適切かつ効率的に提供される

---

i　世界保健機関（World Health Organization：WHO）による国際疾病分類（International Classification of Diseases：ICD）第10版（ICD-10）の「精神および行動の障害」や精神疾患の診断・統計マニュアル（Diagnostic and Statistical Manual of Mental Disorders：DSM）を準用している。

ように、夜間または休日において精神障害の医療を必要とする精神障害者またはその家族等その他の関係者からの相談に応ずること、精神障害の救急医療を提供する医療施設相互間の連携を確保することその他の地域の実情に応じた体制の整備を図るよう努めるものとする（精神科救急医療の確保）。

❸第6章　保健および福祉（第45条〜第51条）

精神障害者保健福祉手帳（第45条）

　手帳が交付される対象は法第5条に規定される精神障害者であるが、知的障害者は療育手帳制度があるので対象外となっている。具体的内容は精神保健福祉法施行規則と精神障害者保健福祉手帳制度実施要領に定められている。手帳の概要は**表2-1**、精神障害の程度と等級は**表2-2**のとおりである。

　精神障害者保健福祉手帳の交付により、❶税制上の優遇措置（所得税・住民税・相続税等の障害者控除、自動車税等の減免等）、❷生活保護の障害者加算における障害程度の判定、❸公共施設の入場料や公共交通機関の運賃等の割引、❹各種の精神保健福祉サービスを受ける場合の参考資料になることなどのメリットがある。ただし、自治体を含む運営主体の判断により地域差等があるのが現状である。

あなたが暮らす自治体（都道府県と市町村）では、精神障害者保健福祉手帳を利用してどのような優遇サービスが受けられるのか調べてみましょう。

表2-1　精神障害者保健福祉手帳の概要

対象	「精神障害」のため長期にわたり日常生活、社会生活に制約がある人。ただし、初診から6か月以上を経過していること。
等級	障害の程度に応じて1・2・3級に区分（表2-2参照）
申請	精神障害者の居住地（居住地を有しない場合は現在地）を管轄する市町村長を経由して行い、その際、申請書と診断書（障害年金受給者は診断書の代わりに障害年金証書の写し等）と写真を居住地の市町村に提出。申請は初診日から6か月以上経過していなければならない。
その他	手帳の交付：都道府県知事および指定都市市長 判定：都道府県（指定都市）の精神保健福祉センター 有効期限：2年

出典：筆者作成

表2-2　精神障害の程度と等級

障害等級	精神障害の状態
1級	日常生活の用を弁ずることを不能ならしめる程度のもの
2級	日常生活が著しい制限を受けるか、または日常生活に著しい制限を加えることを必要とする程度のもの
3級	日常生活もしくは社会生活が制限を受けるか、または日常生活もしくは社会生活に制限を加えることを必要とする程度のもの

出典：精神保健福祉研究会監『四訂 精神保健福祉法詳解』中央法規出版、p.522, 2016. を参考に作成

　　第9章　罰則（第52条〜第57条）

　雑則は、審判の請求、後見等を行う者の推薦等、大都市の特例、事務の区分、権限の委任、経過措置が盛り込まれている。

　罰則は、精神障害者の権利擁護に係る違反行為について、精神科病院の管理者、精神保健指定医、地方精神保健福祉審議会の委員、精神医療審査会の委員、特定医師等の職務上精神障害者に関する秘密を知り得る職にある者に対し、秘密保持の義務を課した規定や懲役刑を含む重い罰則を定めていることに特徴がある。

3　入院形態

　精神保健福祉法の入院形態には、**表2-3**のとおり任意入院、措置入院、緊急措置入院、医療保護入院、応急入院の五つがある。任意入院以外は非自発的入院（強制入院）であることに特徴がある。

❶任意入院（第20条〜第21条）＜自発的入院＞

　1987（昭和62）年の精神保健法成立時に創設された精神障害者本人の同意に基づく入院形態である。精神科病院の管理者は、精神障害者を入院させる場合、本人の同意に基づいて入院が行われるように努めなければならない（精神科病院管理者の努力義務規定）。任意入院を行う場合、入院中の権利事項等について書面（**表2-4**）で説明を行い、患者から入院同意書を得なければならない。また、任意入院者から退院の申出があった場合は退院させなければならない。ただし、精神保健指定医による診察の結果、医療および保護のため入院を継続する必要があると認めたときは、72時間（特定医師の診察による場合は12時間）に限り退院制限を行うことができる。

　2006（平成18）年10月から、任意入院患者から入院後1年経過時および2年ごとに同意書提出を求め、書面によって入院に係る同意の再確認を行い、精神科病院において入院患者の隔離および身体的拘束等の行動制限に関し一覧性のある台帳を整備することとされた。また、都道府県知事（指定都市市長）は条例により、改善命令等を行った精神科病院の管理者に対し任意入院患者の定期病状報告を求めることができるよ

ⅱ　特定医師の診察による退院制限の特例措置制度は、2005（平成17）年の改正により創設された。なお、医療保護入院の際の診察（第33条第4項）、応急入院の際の診察（第33条の7第2項）においても同様に、精神保健指定医に代わり特定医師の診察により、12時間を限り、特例措置を行うことが認められることとなった。精神保健福祉研究会監『四訂 精神保健福祉法詳解』中央法規出版, p.219, 2016.

表2-3　精神科病院の入院形態

	自発的入院	非自発的入院			
対象	入院を必要とする精神障害者で、入院について本人の同意がある者	入院させなければ自傷他害のおそれのある精神障害者		入院を必要とする精神障害者で、自傷他害のおそれはないが、任意入院を行う状態にない者	
形態	任意入院	措置入院	緊急措置入院	医療保護入院	応急入院
条	第20条	第29条	第29条の2	第33条	第33条の7
要件等	精神保健指定医の診察は不要	精神保健指定医2名以上の診察の結果が一致した場合に都道府県知事が措置	上記かつ、急速を要することが条件で、精神保健指定医の診察は1名で足りるが、入院期間は72時間以内に制限	精神保健指定医（または特定医師）の診察および家族等のうちいずれか1名の同意が必要（入院期間は特定医師の場合は12時間に制限）	上記かつ、急速を要し、家族等の同意が得られない者が対象。精神保健指定医（または特定医師）の診察が必要で、入院期間は72時間以内（特定医師の場合は12時間）に制限

出典：筆者作成

表2-4「入院（任意入院）に際してのお知らせ」の概要

1	患者本人の同意に基づく任意入院であること
2	手紙やはがき等の発受信は自由であること（ただし、危険物等の同封の疑いのあるときは除外）
3	人権擁護の行政機関の職員、弁護士との電話および面会は自由であること
4	原則として開放処遇であるが、治療上必要な場合に限り開放制限もあり得ること
5	治療上必要な場合には行動制限もあり得ること
6	退院は自由であること、ただし精神保健指定医または特定医師の診察によって必要があると認められた場合には入院継続もあり得ること
7	入院や処遇に納得がいかない場合は、都道府県知事に対して退院や処遇の改善について請求できること
8	都道府県の連絡先（電話番号を含む）
9	病院名、管理者（病院長）の氏名、主治医の氏名（入院継続の場合は、精神保健指定医または特定医師等の氏名）

出典：日本ソーシャルワーク教育学校連盟編『新・精神保健福祉士養成講座⑥ 精神保健福祉に関する制度とサービス 第6版』中央法規出版，p.212，2018. を基に加筆修正

うになった。

❷措置入院（第29条）＜非自発的入院＞

　2名以上の精神保健指定医が、精神障害のために自身を傷つけまたは他人に害を及ぼすおそれ（自傷他害のおそれ）があると認めた場合に都道府県知事（指定都市市長）の権限により行われる入院形態である。国、都道府県および地方独立行政法人が設置した精神科病院または指定病院に入院させることができる。措置入院は、一般人の申請や警察官、検察官等の通報を都道府県知事（指定都市市長）が受理・調査し、必要な場合に精神保健指定医の診察の実施を経てその要否が決定される。なお、

★**指定病院**

措置入院患者の入院に対応するため、都道府県知事（指定都市市長）が一定の基準に適合する民間の精神科病院を指定したものをいう（第19条の8）。国の設置基準に合致した民間の精神科病院を指し、都道府県の設置する精神科病院に代わる施設（代用病院）として指定できる。

通報（申請）として、❶一般人の申請、❷警察官の通報、❸検察官の通報、❹保護観察所の長の通報、❺矯正施設の長の通報、❻精神科病院の管理者の届出、❼心神喪失等の状態で重大な他害行為を行った者の医療及び観察等に関する法律（医療観察法）の対象者に係る通報がある。

❸緊急措置入院（第29条の2）＜非自発的入院＞

急速を要し、通常の措置入院の手続きを踏むことができない場合、72時間に限り、1名の精神保健指定医の判定により入院させることができる入院形態である。

措置入院費（第30条）──措置入院および緊急措置入院の費用負担

措置入院および緊急措置入院に要する費用は都道府県が負担する（医療保険制度の給付が優先）。医療保険の自己負担分については公費負担となり、公費負担の内訳は国が4分の3、都道府県（指定都市）が4分の1である。

❹医療保護入院（第33条）＜非自発的入院、家族等の同意＞

❶精神保健指定医による診察の結果、精神障害があるため入院の必要があり、かつ、任意入院ができない状態にある者、または、❷都道府県知事による精神保健指定医の診察に基づき医療保護入院のために移送された者で、家族等のうちいずれかの者の同意があるときに、本人の同意がなくとも、その者を入院させることができる入院形態である。

なお、医療保護入院について、精神科病院の管理者に対して、医療保護入院者の退院後の生活環境に関する相談および指導を行う者（精神保健福祉士等）の設置の義務（第33条の4）、地域援助事業者の紹介の努力義務（第33条の5）、退院促進のための体制整備（第33条の6）を定めている。2013（平成25）年の精神保健福祉法の改正に伴い、医療保護入院に際して市町村長が行う入院同意について定めた市町村長同意事務処理要領が一部改正され、家族等がいない場合またはその家族等の全員がその意思を表示することができない場合に、市町村長が医療保護入院の同意の判断を行うこととなった。

精神科病院の管理者は、医療保護入院者の入院届（入院診療計画書を添付）および退院届を10日以内に最寄りの保健所長を経て都道府県知事（指定都市市長）に提出しなければならない（第33条第7項、第

★地域援助事業者
入院患者本人や家族からの相談に応じ必要な情報提供等を行う相談支援事業者等をいう。一般相談支援事業、特定相談支援事業、居宅介護支援事業、その他の地域で精神障害者の保健福祉について必要な情報の提供と助言等の援助ができる者と定められている。障害福祉サービスでは相談支援専門員、介護サービスでは介護支援専門員（ケアマネジャー）を位置づけ、これらの者を配置している一般相談支援事業者や居宅介護支援事業者等を「地域援助事業者」として位置づけている（施行規則第15条の5）。

---

iii 2013（平成25）年の精神保健福祉法の改正によって、保護者制度が廃止され、医療保護入院における保護者の同意要件を外し、「家族等（配偶者、親権者、扶養義務者および後見人または保佐人）」のうち、いずれかの同意を要件とすることとなった（2014（平成26）年4月施行）。以降の家族等についても同じ。

33条の2）。

❺応急入院（第33条の7）＜非自発的入院＞

　急速を要し、その家族等の同意を得ることができない場合に、精神保健指定医の診察の結果、精神障害者であり、かつ、直ちに入院させなければその者の医療および保護を図るうえで著しく支障がある者と認められた場合、本人の同意がない場合でも、72時間に限り応急入院指定病院に入院させることができる入院形態である。

4 入院の方法（移送制度等）

●移送制度──医療保護入院等のための移送（第34条）

　「緊急に入院を必要とする状態にあるにもかかわらず患者本人が入院の必要性を理解できないために、結果的に入院が遅れ、自傷他害の事態に至る場合もあった。他方、家族等の依頼を受けた民間警備会社が強制的に精神障害者を移送する等患者の人権の観点から問題視される事例も発生していた[1]」という背景から、都道府県知事（指定都市市長）は、精神保健指定医の診察の結果、緊急に入院を必要とするにもかかわらず、精神障害のため本人の同意に基づいた入院が行われる状態にないと判定された精神障害者を医療保護入院および応急入院させるため、応急入院指定病院に移送できる制度が1999（平成11）年の改正により新設された。都道府県知事（指定都市市長）は日頃から地域保健活動や事前調査等を十分行い、精神障害者の人権に配慮した運用をする必要がある。移送の手順は、「精神障害者の移送に関する事務処理基準」において示されている。

5 人権擁護（退院請求、精神医療審査会、精神保健指定医制度、精神科救急）

　ここでは、退院請求を含めた入院中の処遇・権利、精神医療審査会、精神保健指定医制度、精神科救急を含めた精神医療における権利擁護について考える。

❶精神科病院における処遇等

　精神保健福祉法において、精神科病院の管理者は、入院中の者につき、その医療または保護に欠くことのできない限度において、その行動について必要な制限を行うことができる（第36条第1項）、精神科病院に入院中の者の処遇について、厚生労働大臣が定める基準を遵守しなければならない（第37条第2項）と規定されている。処遇にあたって、患

者の自由の制限が必要とされる場合、その旨を患者にできる限り説明して制限を行うよう努めるとともに、その制限は患者の症状に応じて最も制限の少ない方法により行わなければならない。

入院中の者の処遇については、「精神保健及び精神障害者福祉に関する法律第37条第1項の規定に基づき厚生労働大臣が定める基準」（昭和63年厚生省告示第130号）において、入院処遇における、❶通信・面会、❷患者の隔離、❸身体的拘束、❹任意入院者の開放処遇の制限について基本的な考え方等が示されている。入院患者に対して、信書の発受の制限、都道府県および地方法務局その他の人権擁護に関する行政機関職員ならびに患者の代理人である弁護士との電話の制限、前述の者に加え患者またはその家族等その他関係者の依頼により患者の代理人となろうとする弁護士との面会の制限は、どのような場合でも行うことができない。患者の隔離は、患者の症状からみて、本人または周囲の者に危険が及ぶ可能性が著しく高く、隔離以外の方法ではその危険を回避することが著しく困難であると判断される場合、その危険を最小限に減らし、患者本人の医療または保護を図ることを目的として行われる。

身体的拘束は、患者の生命を保護することおよび重大な身体損傷を防ぐため行われる。身体的拘束を行うにあたっては、患者に対し理由を知らせるよう努めるとともに、身体的拘束を行った旨およびその理由ならびに開始した日時および解除した日時を診療録に記載しなければならない。

任意入院者は、開放処遇を原則とする。しかし、病状から開放処遇を制限しなければ、医療または保護を図ることが著しく困難であると医師が判断する場合は、開放処遇を制限することができる。制限開始後おおむね72時間以内に精神保健指定医による診察を行わなければならない。

医療保護入院は入院から12か月ごとに、措置入院は入院から3か月後、それ以後は入院から6か月ごとに、定期病状報告を最寄りの保健所長を経て都道府県知事（指定都市市長）に行わなければならない（第38条の2）。こうして不当な入院を防ぐ措置をとっている。

---

iv 精神保健指定医が必要と認めなければ行うことができない行動制限として、患者の隔離と身体的拘束が定められている。

v 異物同封のおそれがあると判断される場合に、異物を取り出したうえで患者に信書を渡すことは含まれない。

❷退院等の請求（第38条の4）

　退院請求および処遇改善請求とは、精神科病院に入院している患者が、自身の入院や病院の処遇について、退院や処遇の改善の指示をするよう、都道府県知事（指定都市市長）に請求することができる制度である。患者自身のほか、家族等や代理人である弁護士も請求できる。ただし、精神科病院に入院中の患者が請求する場合で、弁護士を選任することが困難な場合は、弁護士でない者を代理人とすることができる。請求方法は書面を原則とするが、精神科病院に入院中の患者が請求する場合で、当該患者が口頭（電話を含む）による請求の受理を求めるときはそれを認めるものとする。退院請求および処遇改善請求は患者の権利であり、その窓口が次の精神医療審査会となる。

❸精神医療審査会（第12条）

　入院患者の人権に配慮した処遇の確保を図るため1987（昭和62）年の精神保健法への改正で新設され、都道府県（指定都市）に設置が義務づけられた審査機関である。審査会の業務は、精神科病院に入院している患者の人権を擁護し、その適正な医療および保護を実現するために、❶精神科病院の管理者から、医療保護入院の届出、措置入院・医療保護入院の定期病状報告の入院における必要性の審査、❷入院患者またはその家族等からの退院請求・処遇改善請求があった場合の入院の必要性、処遇の妥当性の審査等を行い、その結果を都道府県知事（指定都市市長）に通知する。その責務を全うするために都道府県（指定都市）の実施する精神科病院の実地指導と適切な連携をとることとされている。また、審査にあたっては、退院請求または処遇改善請求をした者および入院している精神科病院の管理者の意見（代理人を含む）を聞かなければならない。ただし、精神医療審査会が請求受理以前6か月以内に意見聴取を行っている等、これらの者の意見を聞く必要がないと特に認められたときはこの限りではない。

　精神医療審査会の委員は、精神障害者の医療に関し学識経験を有する者（精神保健指定医：2名以上）、精神障害者の保健または福祉に関し学識経験を有する者（精神保健福祉士や保健師等を想定：1名以上）、法律に関し学識経験を有する者（1名以上）から都道府県知事が任命し、任期は2年（条例により3年まで延長可）である。委員5名で構成される合議体で精神医療審査会の案件を取り扱い、合議体において決定された内容が精神医療審査会の結果となる（第13条、第14条）。合議体の審査は非公開であるが、審査結果報告後は、精神障害者の個人情報以外

★指定都市
地方自治法に定められた大都市制度で、政令で指定された人口50万人以上の市のこと。政令指定都市ともいう。

の情報については公開を原則とする。2013（平成 25）年の精神保健福祉法の改正に伴い、精神医療審査会運営マニュアルが改正され、精神障害者の人権擁護の観点から審査の迅速性を確保するため、合議体を構成しない委員を合議体での審査の前提となる意見聴取や診察を行うための予備委員としておくことができることとなった。

❹精神保健指定医（第18条）

　精神保健指定医制度は、1987（昭和62）年の法改正で、患者の人権に十分配慮したうえで患者本人の意思によらない入院医療や一定の行動制限の判定を行うことができる医師について定められたものである。厚生労働大臣は、指定の要件に該当する医師のうち第19条の4に規定する職務を行うのに必要な知識および技能を有すると認められる者を、精神保健指定医に指定する。精神保健指定医の要件は、❶5年以上診断または治療に従事した経験を有すること、❷3年以上精神障害の診断または治療に従事した経験を有すること、❸厚生労働大臣が定める精神障害について、措置入院者、医療保護入院者または医療観察法入院対象者につき、厚生労働大臣が定める程度の診断または治療に従事した経験を有すること、❹厚生労働大臣の登録を受けた者で厚生労働省令で定めた研修の課程を修了していること、等である。精神保健指定医は5年ごとに精神保健指定医研修を受けることが義務づけられ、特段の理由がなく研修を受けなかった場合、精神保健指定医としての効力を失う（第19条）。**表2-5**のように、精神保健指定医は、措置入院の判断等の人権上適切な配慮を要する業務をはじめとした医療機関等における職務と、精神科病院への立入検査等の権限の行使に関する業務等の都道府県知事の適正な権限行使を担保する公務員としての職務を行うこととされている。

❺特定医師（第21条第4項）

　医療機関および診察する医師が一定の要件を満たしている場合に限り、緊急やむを得ない場合に、12時間を限度として、精神保健指定医の診察がなくとも、特定医師の診察により、任意入院者に対する退院制限、医療保護入院または応急入院を行うことができる。特定医師は措置入院に関する診察以外の業務（任意入院患者の退院制限、医療保護入院・応急入院の入退院に関する決定）について、「やむを得ない場合」という限定付きではあるが、精神保健指定医と同様に行うことができる。ただし、この場合は「12時間に限って」という制限が設けられている。特定医師の要件は、❶4年以上診断または治療に従事した経験を有し、❷2年以上精神障害の診断または治療に従事した経験を有すること、と

表2-5　精神保健福祉法における精神保健指定医の職務

医療機関等における職務（第 19 条の4第1項）
・任意入院者の退院制限における、入院継続の必要があるかどうかの判定
・措置入院者の自傷他害のおそれの消失に伴う届出における、入院継続の必要があるかどうかの判定
・医療保護入院または応急入院を必要とするかどうかの判定
・任意入院が行われる状態にないかどうかの判定
・入院中の患者に対し、行動の制限を必要とするかどうかの判定
・定期報告事項に係る措置入院者の診察
・定期報告事項に係る医療保護入院者の診察
・一時退院させて経過をみることが適当かどうかの判定

公務員としての職務（第 19 条の4第2項）みなし公務員
・措置入院および緊急措置入院における、入院を必要とするかどうかの判定
・措置入院等における移送に係る行動制限を必要とするかどうかの判定
・医療保護入院等における移送に係る行動制限を必要とするかどうかの判定
・都道府県知事が行う措置入院の解除か入院継続かの判定
・医療保護入院および応急入院のための移送を必要とするかどうかの判定
・措置入院、医療保護入院の定期報告に対し、精神医療審査会が必要であると認めた場合の診察
・精神科病院への立入検査、質問および診察
・改善命令に関して、精神科病院に入院中の任意入院者、医療保護入院者または応急入院者の入院を継続する必要があるかどうかの判定
・精神障害者保健福祉手帳の返還を命じる際の診察

出典：筆者作成

施行規則に定められている。

❻精神科救急

　精神障害者の多くは、地域生活の維持のため疾病治療や病状管理が欠かせない。従って、身体疾患の合併や急性増悪時に安心してかかることができる精神科救急医療は重要となる。

① 精神科救急医療体制整備事業

　国は1995（平成7）年に都道府県が運営する精神科救急ベッド確保事業への補助を開始し、2008（平成20）年度から精神科救急情報センター機能強化を目的に精神科救急医療体制整備事業を新設し、精神科救急医療体制整備事業実施要綱を策定した。これにより国と都道府県から精神科救急医療の実施に必要なスタッフやベッドの確保に対する公費が助成されている。

　2012（平成24）年に施行された改正精神保健福祉法に、精神保健指定医の公務員業務への参画義務と併せ、都道府県に精神科救急医療体制整備の努力義務が規定された。住民に責任をもつ地方自治体が主体となり整備が進むこととなったといえる。同年には、2011（平成23）年に

厚生労働省が開催した「精神科救急医療体制に関する検討会」での検討結果に基づき「精神科救急医療体制の整備に関する指針」が公表された。また、2013（平成25）年の精神保健福祉法の一部改正時に、「良質かつ適切な精神障害者に対する医療の提供を確保するための指針[vi]」を定めなければならないという規定が新設され（第41条）、精神障害者の居宅等における保健医療サービスおよび福祉サービスの提供に関する事項に、在宅の精神障害者の急性増悪等に対応できるよう、精神科救急医療体制を整備することが記載された。

　このように、精神科救急医療体制整備に関する対策は重ねられてきているが、医療機関や地域による捉え方や実態に格差があり、いまだ整備途上である。高齢化を背景に増加する身体合併症の対応や、依存症等も含む自殺対策の観点などから改善課題が挙げられている。また、精神科治療歴のある者による重大な犯罪行為が生じたことから、精神科救急医療体制の充実強化に対し、社会的な関心や要請が向けられる状況がある。

② 精神科救急医療体制整備事業の内容と課題

　精神科救急医療体制整備事業の実施主体は都道府県および指定都市で、事業の一部は適当と認められた団体に委託が可能である。原則は一般救急医療体制のなかで行うこととされているが、精神科医療施設の分布状況は地域偏在も大きく、地域実情に応じた体制整備の構築が認められている。事業の柱は以下の5点である。

> ・精神科救急医療体制連絡調整委員会[★]（必置）
> ・精神科救急情報センター[★]
> ・搬送体制
> ・精神科救急医療確保事業[vii]（都道府県知事または指定都市市長が指定）
> ・身体合併症救急医療確保事業[viii]

★精神科救急医療体制連絡調整委員会
精神科救急医療圏域ごとの状況について事業の評価・検証を行い、体制機能の整備を図り、関係者間の相互理解を深め、外来と入院を区分した受け入れ体制の構築など、地域実情に応じた連携体制の検討を行う。そのため、以下の3点の取り組みを行う。❶都道府県等精神科救急医療体制連絡調整委員会、❷圏域ごとの精神科救急医療体制および身体合併症患者の医療提供体制に係る検討部会、❸精神科救急医療体制研修事業。

★精神科救急情報センター
身体疾患合併患者を含め、緊急な医療を必要とする精神障害者等の搬送先となる医療機関との円滑な連絡調整機能等を担う。精神保健福祉センター、医療機関など体制の中核となる機関等が原則24時間365日対応可能となるように整備を行う。

---

vi　良質かつ適切な精神障害者に対する医療の提供を確保するための指針は、❶精神病床の機能分化に関する事項、❷精神障害者の居宅等における保健医療サービスおよび福祉サービスの提供に関する事項、❸精神障害者に対する医療の提供にあたっての医師、看護師その他の医療従事者と精神保健福祉士その他の精神障害者の保健および福祉に関する専門的知識を有する者との連携に関する事項、❹その他良質かつ適切な精神障害者に対する医療の提供の確保に関する重要事項について規定されている。同指針は入院医療中心の精神医療から精神障害者の地域生活を支えるための精神医療への改革の実現に向け、精神障害者に対する保健・医療・福祉に携わるすべての関係者が目指すべき方向性を定めたものである。❸に精神保健福祉士が明記されている。

　本事業における指定精神科救急医療施設等は都道府県・指定都市に月報を、また都道府県・指定都市は厚生労働省に年報を提出することとなっている。

　事業実態に関する諸調査[2]には、都道府県ごとの救急医療対象の捉え方や各医療機関の役割の曖昧さ、圏域設定範囲や対応時間帯の違い、およびミクロ救急における病診連携やマクロ救急における病病連携などの課題が挙げられている。また、搬送システムとしての移送制度（第34条）の使いにくさも指摘されて久しい。

　本事業の整備充実は、精神障害者や家族からの緊急な相談への対応、病状悪化の防止につながり、地域生活の維持に結びつく。各地域の実情に応じつつ、精神障害者が安心して暮らし続けるための救急医療体制の整備充実が待ち望まれる。

　これまで、退院請求、精神医療審査会、精神保健指定医制度を説明しながら人権擁護、精神科救急について考えてきた。今後、意思決定支援も踏まえた権利擁護を考えていくことが必要と思われる。なお、「意思決定支援」の詳細については、本章第4節を参照されたい。

6　保健所、精神保健福祉センターの役割

　第47条（相談指導等）では、都道府県・指定都市、精神保健福祉センターと保健所、そして市町村に対する精神障害者に係る相談指導等について規定している。また、都道府県・市町村は、精神保健福祉センター・保健所等に、精神保健および精神障害者の福祉に関する相談に応じたり、精神障害者およびその家族等を訪問して指導を行うための職員（精神保健福祉相談員）を置くことができるとされている（第48条）。精神保健福祉相談員は、精神保健福祉士そのほか政令で定める資格を有する者のうちから、都道府県知事または市町村長が任命する。ここでは保健所および精神保健福祉センターの役割について述べる。

❶保健所の役割

　保健所における精神保健福祉業務は、「保健所及び市町村における精神保健福祉業務について」（平成12年3月31日障第251号）に定められている。そのなかで、「保健所は、地域精神保健福祉業務の中心的な行政機関として、精神保健福祉センター、福祉事務所、児童相談所、

Active Learning
住まいがある都道府県や市町村、精神保健福祉センターで行われている「こころのケア」に関する普及啓発行事を調べてみましょう。

---

vii　病院群輪番型、常時対応型、外来対応型（常時型外来対応施設を含む）の3類型化し、各圏域で確保。

viii　最低2圏域に1か所整備するよう努める。複数病院指定による輪番型でもよい。

市町村、医療機関、障害福祉サービス事業所等の諸機関及び当事者団体、事業所、教育機関等を含めた地域社会との緊密な連絡協調のもとに、入院中心のケアから地域社会でのケアに福祉の理念を加えつつ、精神障害者の早期治療の促進並びに精神障害者の社会復帰及び自立と社会経済活動への参加の促進を図るとともに、地域住民の精神的健康の保持増進を図るための諸活動を行うものとする」としている。その業務は、❶企画調整、❷普及啓発、❸研修、❹組織育成、❺相談、❻訪問指導、❼社会復帰および自立と社会参加への支援、❽入院等関係事務、❾ケース記録の整理および秘密の保持等、❿市町村への協力および連携である。

　以上、保健所には長期入院者の病状を含めた具体的な情報が集約される。そのため、地域連携の要として「精神障害にも対応した地域包括ケアシステム」を進めるうえでも地域診断を行い、良質かつ適切な精神医療体制構築に向け、積極的に市町村、医療機関や相談支援事業所をはじめとする地域援助事業者等の職員と協議して、長期入院者の地域移行支援を推進し、ピアサポーター等に対する研修を行う役割が求められる。

❷精神保健福祉センターの役割

　精神保健福祉センターは、法第6条第1項に基づき、精神保健の向上および精神障害者の福祉の増進を図るために、都道府県および指定都市が設置する機関である。

　都道府県および指定都市における精神保健および精神障害者の福祉に関する総合的技術センターとして、地域精神保健福祉活動推進の中核となる機能を備えなければならないとされている。医師、精神保健福祉士、臨床心理技術者、保健師等が配置され、心の健康相談から、精神医療に関する相談、社会復帰に関する相談、アルコール、薬物、思春期、認知症等の特定相談を行う。また、相談および指導においては複雑または困難な事例を対象としており、保健所や市町村に対する指導援助を行う立場にある。その運営は「精神保健福祉センター運営要領」に定められており、精神保健福祉センターが行う業務は、六つが定められている（法第6条第2項）。

　「精神障害にも対応した地域包括ケアシステムの構築」に向け、都道府県主管部局に対して、専門的立場から医療計画等の地域における精神保健福祉施策の計画的推進に関する提案、意見具申等の企画立案を行い、保健所、市町村および関係諸機関に対しては、技術援助、人材育成および地域精神保健福祉活動が効果的に展開できるための調査研究および資料の提供を行う役割を求められている。

　なお、「精神障害にも対応した地域包括ケアシステムの構築」の詳細については、本章第4節を参照されたい。

2 精神保健福祉法における精神保健福祉士の役割（退院後生活環境相談員等）

　ここでは、精神障害者の社会的復権・権利擁護（基本的人権の擁護）と福祉のための専門的・社会的活動を進める立場から、精神保健福祉法における精神保健福祉士の役割について考える。

　精神保健福祉士法は、1997（平成9）年12月に成立、翌1998（平成10）年4月に施行された。同法において、精神保健福祉士とは「精神保健福祉士の名称を用いて、精神障害者の保健及び福祉に関する専門的知識及び技術をもって、精神科病院その他の医療施設において精神障害の医療を受け、又は精神障害者の社会復帰の促進を図ることを目的とする施設を利用している者の地域相談支援の利用に関する相談その他の社会復帰に関する相談に応じ、助言、指導、日常生活への適応のために必要な訓練その他の援助を行うことを業とする者」とされている。

　2019（令和元）年度の630調査より2019（令和元）年6月末現在の入院形態別入院患者数は、任意入院14万1818人、医療保護入院12万7429人、措置入院1585人、その他1264人（不明404人含む）の計27万2096人となっている[3]。入院患者総数に占める割合は、任意入院52.1％、医療保護入院46.8％、措置入院0.6％、その他0.5％である。任意入院の割合は半数以上であるものの非自発的入院の割合も半数近くあり、入院患者の権利擁護も精神科病院の精神保健福祉士の重要な役割といえる。

★630（ロクサンマル）調査
厚生労働省による精神保健福祉に関する調査。全国の精神科病院等の状況について、毎年6月30日を基準日としてその実態を調査するもののこと。

---

ix　精神保健福祉センターが行う業務は、以下のとおりである。❶精神保健および精神障害者の福祉に関する知識の普及、調査研究を行うこと、❷精神保健および精神障害者の福祉に関する相談・指導のうち複雑または困難なものを行うこと、❸精神医療審査会の事務を行うこと、❹精神障害者保健福祉手帳の申請に対する決定（交付）および自立支援医療費（精神通院医療）の支給認定に関する事務のうち専門的な知識および技術を必要とするものを行うこと、❺障害者総合支援法第22条第2項の規定により、市町村が介護給付費・地域相談支援給付費等の支給要否の決定を行うにあたり意見を述べること、❻障害者総合支援法第26条第1項の規定により、市町村が行う介護給付費・地域相談支援給付費等の支給決定、障害支援区分認定、支給決定の変更および取消し等に対し、技術的事項についての協力等を行うこと。

■1 精神科病院における処遇等（第36条、第37条）と 精神保健福祉士の役割

　退院請求を含めた入院中の処遇・権利について触れてきたが、たとえば、通信の自由について考えると、「電話機は、患者が自由に利用できるような場所に設置される必要があり、閉鎖病棟内にも公衆電話等を設置するものとする。また、都道府県精神保健福祉主管部局、地方法務局人権擁護主管部局等の電話番号を、見やすいところに掲げる等の措置を講ずるものとする」となっている。また、2004（平成16）年度の診療報酬改定で「医療保護入院等診療料」が新設されたが、行動制限最小化委員会を設置し、活動を実施することで診療報酬に評価されることとなった。この構成委員に精神保健福祉士を含むこととされた。換言すれば、精神科医療で行われる行動制限が、医療行為として適切に行われているか監視する役割を精神保健福祉士が期待されていることを自覚する必要があり、非自発的入院や行動制限、通信・面会の制限について定めた規定について、熟知したうえで対応していくことが求められる。

■2 相談、援助等（第38条）と精神保健福祉士の役割

　患者の処遇に関して、精神科の病院や診療所の管理者に対して、社会復帰の促進を図るために、患者の相談に応じること、必要に応じて一般相談支援事業を行う者と連携を図りながら、必要な援助を行うこと、家族等や関係者との連絡調整を行うことを定めている第38条は、まさに精神保健福祉士の役割といえる。

■3 退院後生活環境相談員（第33条の4）と精神保健福祉士 の役割

　2013（平成25）年の精神保健福祉法の改正により、医療保護入院者の退院を促進するため、精神科病院の管理者は、精神保健福祉士その他厚生労働省令で定める資格を有する者のうちから退院後生活環境相談員を医療保護入院から7日以内に選任し、退院後の生活環境に関し、医療保護入院者およびその家族等からの相談に応じさせ、およびこれらの者

<ol>
<li value="10">病棟内でほかの人に会話が聞こえないような配慮がなされているかなどの確認も必要となる。最近は携帯電話が主流となっているが、カメラ機能のある機種が増え、入院患者のプライバシー侵害の危険性から病棟内への持ち込みを禁じられているところが多いのが現状である。</li>
<li>家族等のほか、保健所等の精神保健福祉相談員、福祉事務所のケースワーカー、障害福祉サービス事業所の職員、教育関係者など社会復帰に必要なすべての者を含む。</li>
</ol>

を指導させなければならない。配置の目安は、退院後生活環境相談員1人につき、おおむね50人以下の医療保護入院者を担当する。

　また、精神科病院の管理者は、医療保護入院者またはその家族等から求めがあった場合や、退院による地域生活への移行のために必要があると認められる場合には、一般相談支援事業者や特定相談支援事業者または居宅介護支援事業者等の地域援助事業者（p.38参照）を紹介するよう努めなければならない（第33条の5）。医療保護入院者の退院・地域生活への移行を促進するには、入院中または退院後の福祉サービスの利用が重要な役割を果たす。精神科病院に入院している精神障害者やその家族等は、「地域でどのような福祉サービスが利用可能で、どのように申請を行うか」などの情報も把握していないことが多い。サービス利用についての情報提供、助言その他の援助を行う事業者との関係を入院後早期から築くことが必要なことから、医療保護入院者またはその家族等に対して、これらの相談等を行うことができる地域援助事業者を紹介する努力義務を精神科病院の管理者に課すこととした。その役割を担うのは精神保健福祉士である。自分の思いを伝えられない患者・家族がいることにも留意して、本当のニーズをくみ上げ、支援していくことが求められる。

　また、精神科病院の管理者は、必要に応じて地域援助事業者と連携を図りながら、医療保護入院者の地域生活への移行を促進するために必要な体制の整備や措置を講じなければならない（第33条の6）。同条に基づき精神科病院の管理者は、医療保護入院者の退院に向けた取り組みや、「推定される入院期間」を超えて継続して入院する必要性の有無等を審議する医療保護入院者退院支援委員会を設置することになった。

　精神保健福祉士は、精神科医療機関と地域事業者が協働して精神障害者を入院してから退院に向けて環境調整していく役割を担うのである。

4　審判の請求（第51条の11の2）（成年後見制度の活用）と精神保健福祉士の役割

　第51条の11の2は、後見・保佐・補助制度の導入に伴い、成年後

★医療保護入院者退院支援委員会
病院において医療保護入院者の入院の必要性について審議する体制を整備するとともに、入院が必要とされる場合の推定される入院期間を明確化し、退院に向けた取り組みについて審議を行う体制を整備することで、病院関係者の医療保護入院者の退院促進に向けた取り組みを推進するために設置するもの。

---

xii　業務内容は、❶医療保護入院者およびその家族等に対し、退院促進の措置へのかかわりについて説明を行うこと、❷医療保護入院者およびその家族等からの相談に応じるほか、退院に向けた意欲の喚起や具体的な取り組みの工程の相談等を積極的に行うこと、❸地域援助事業者等の紹介を行うこと、❹医療保護入院者退院支援委員会に関すること、❺居住の場の確保等、退院後の環境調整に関すること、❻定期病状報告の退院に向けた取り組み欄の記載等である。

見制度を柔軟かつ弾力的な利用しやすい制度とするため、精神障害者について、市町村長が家庭裁判所に対し、後見・保佐・補助（以下、後見等）の開始等の審判を請求することができる規定を設けたものである。2013（平成25）年の精神保健福祉法の改正によって、第51条の11の3に、❶市町村は、後見等の業務を適正に行うことができる人材の活用を図るため、後見等の業務を適正に行うことができる者の家庭裁判所への推薦その他の必要な措置を講ずるよう努めなければならないこと、❷都道府県は、市町村と協力して後見等の業務を適正に行うことができる人材の活用を図るため、助言その他の援助を行うように努めなければならないこと、という「後見等を行うものの推薦等」が追加された。1999（平成11）年に民法が改正され、自己決定の尊重とノーマライゼーションという理念を掲げた成年後見制度が2000（平成12）年4月から施行された。しかし、人権という視点で考えたとき、現行制度における成年後見人、保佐人の権限は大きく、包括的に被後見人等の権利を制限できる点で、権利侵害の可能性などの課題があるのも事実である。財産に対する侵害だけでなく、被後見人等の意思決定を奪うことが制度化されている。家族関係が希薄になり、親族以外の専門職による第三者後見人の選任が近年増加し、精神保健福祉士が成年後見制度の活用を支援する場合と、精神保健福祉士自身が成年後見人になる場合がある。後見人は精神保健福祉法の医療保護入院による同意を与える立場にもなる。精神保健福祉士が成年後見人になる場合、精神障害者の非自発的入院に同意する役割を担うこととなり、権利を侵害してしまうおそれがあることに留意しなければならない。以上のことを踏まえ、成年後見人は「判断能力が不十分な人に対して、『利益を守るために最大限の努力』を払うこと、その際に『被後見人等の意思を最大限に尊重すること』が役割[5]」であるということを理解したうえで、精神保健福祉士は、成年後見制度の活用を支援しなければならない。

5 今後求められる精神保健福祉士の役割

　以上から、精神保健福祉士は、基本的人権を侵害されることのないよう、精神障害者を生活者として位置づけ、寄り添い、ニーズから出発するという原則に基づいた支援を行い、チームの一員としての役割とチームを運営・調整していく役割を期待される。全体を鳥瞰的に把握し、必要に応じて交渉する力（ネゴシエーションスキル）や意見を述べる力も必要となる。クライエントの地域生活支援を考えていくにあたり、社会

資源の開発・改良や、環境調整を行ったり、関係機関との連携を行うことで地域におけるネットワーク形成も求められる。

　近年、ひきこもりやいじめ、職場のメンタルヘルスなど、これまでになかった新しい問題が顕在化してきたり、東日本大震災や西日本豪雨災害等の自然災害、新型コロナウイルス感染症（COVID-19）等の感染症等から生じてくる心的外傷後ストレス障害（PTSD）や経済問題等を取り巻く環境の変化に伴い、精神保健福祉士が果たす役割は、従来の精神科医療の提供や精神障害者に対する援助のみならず、精神障害等によって日常生活または社会生活に支援を必要とする者やそれでは解決できない精神保健（ライフサイクルにおけるメンタルヘルス）の課題を抱える者への援助に拡大している。さらに「精神障害にも対応した地域包括ケアシステム」という考え方を新たな基軸とする支援も今後各地域で展開されていくであろう。

6 精神保健福祉法の課題

　精神保健福祉法による入院は、任意入院の場合を含めて人身の自由を奪われ、行動制限が行われる場合がある。医療保護入院における家族等同意および市町村長同意の運用について、保護者制度は廃止になったものの、患者の権利を守る・味方になる代弁者制度がなく、非自発的入院から退院後支援に至るまでの経済面も含め、家族等の負担はいまだに大きいものと考えられる。たとえば、家族等同意を廃止し、医療保護入院における国と地方自治体の責任・役割の検討、入院後の支援、権利擁護、退院後の支援などを明確にするなど、入院患者とその家族に対する支援体制について今後少しでも負担が軽減するよう明示する必要がある。

　精神障害者の意思決定支援、非自発的入院のあり方、精神科医療の現場で実務に携わる退院後生活環境相談員の専門性、およびその機能や役割の拡充と質の向上とともに、措置入院制度についてはあらゆる治療や支援に本人の意思が尊重される制度設計を求め、廃案となった2017（平成29）年の改正法案のように精神保健医療が犯罪の防止や治安維持の役割を担うとの誤解や懸念が生じることのないよう継続的な検討の場が求められる。

　最後に、すべての精神障害者への支援が地域包括ケアシステムのなかで一体的に行われるよう、精神保健福祉法の「精神保健」と「福祉」の定義を再構築し、国連の「精神病者の保護および精神保健ケア改善のための諸原則」や、他者との平等を基礎とする「障害者の権利に関する条

約」の理念に基づき、今後精神障害者・家族も含めた関係者で十分協議し、実効性のある支援策について具体的に整理していくことが望まれる。

◇引用文献
　1）精神保健福祉研究会監『四訂 精神保健福祉法詳解』中央法規出版，p.373，2016.
　2）日本公衆衛生学会モニタリング・レポート委員会「精神科救急医療体制の現状と課題：日本公衆衛生学会モニタリング・レポート委員会精神保健福祉分野活動総括」『日本公衆衛生雑誌』第66巻第9号，2019.
　3）国立精神・神経医療研究センター精神保健研究所精神医療政策研究部「精神保健医療福祉に関する資料」2020.
　4）「精神保健及び精神障害者福祉に関する法律第37条第1項の規定に基づき厚生労働大臣が定める基準」（昭和63年厚生省告示第130号）
　5）日本精神保健福祉士協会編『生涯研修制度共通テキスト 第2版』日本精神保健福祉士協会，p.176，2013.

◇参考文献
・精神保健福祉研究会監『四訂 精神保健福祉法詳解』中央法規出版，2016.
・日本ソーシャルワーク教育学校連盟編『新・精神保健福祉士養成講座⑥ 精神保健福祉に関する制度とサービス 第6版』中央法規出版，2018.
・日本精神保健福祉士協会編『生涯研修制度共通テキスト 第2版』日本精神保健福祉士協会，2013.
・日本精神保健福祉士協会『精神保健福祉士業務指針及び業務分類 第2版』日本精神保健福祉士協会，2014.
・金子努・辻井誠人編著『精神保健福祉士への道――人権と社会正義の確立を目指して』久美，2009.
・古屋龍太『精神科病院脱施設化論――長期在院患者の歴史と現況、地域移行支援の理念と課題』批評社，2015.

●おすすめ
・岡村正幸『戦後精神保健行政と精神病者の生活――精神保健福祉序論』法律文化社，1999.
・岩上洋一・全国地域で暮らそうネットワーク『精神障害者の地域移行支援・地域定着支援・自立生活援助導入ガイド――地域で暮らそう！』金剛出版，2018.
・金子努・辻井誠人編著『精神保健福祉士への道――人権と社会正義の確立を目指して』久美，2009.
・古屋龍太『精神科病院脱施設化論――長期在院患者の歴史と現況、地域移行支援の理念と課題』批評社，2015.
・大阪精神医療人権センター『精神科病院に入院中の方のための権利擁護の拡充に向けて――大阪精神医療人権センター33周年記念活動報告書』大阪精神医療人権センター，2018.

精神科医療がかかわりをもつ施策

学習のポイント

● 精神科医療がかかわりをもつ施策について把握する

● 各施策の概要について学ぶ

● 施策や内容について、精神保健福祉士の視点で学ぶ

1 医療計画と関連事項

　精神科医療の果たす役割は精神障害者の地域生活において重要である。その医療提供体制を定めているのは医療法および医療計画である。

1 医療計画

　医療法は1948（昭和23）年に制定された。終戦後の医療機関の量的整備が急務ななか、医療水準の確保を目的に、病院の施設基準等を整備した。1985（昭和60）年の第1次改正以降、累次改正が行われている。

　医療計画とは、第1次医療法改正時に導入され、各都道府県が二次医療圏ごとに必要病床数を設定する制度であり、内容の充実を目指し見直しが重ねられている。医療計画作成の趣旨、基本理念、医療計画の位置づけ、期間等、都道府県が医療計画を作成するにあたって、基本的な考え方を記載するものとなっている。

　2006（平成18）年の第5次医療法改正における医療計画制度の見直しで、いわゆる4疾病5事業に関する具体的な医療提供体制が位置づけられた。その考え方は、❶患者数が多く、かつ、死亡率が高い等緊急性が高いもの、❷症状の経過に基づくきめ細かな対応が求められることから、医療機関の機能に応じた対応が必要なもの、❸特に、病院と病院、病院と診療所、さらには在宅へという連携に重点を置くもの、という3点である。2013（平成25）年度からの医療計画では、精神疾患と在宅医療を加えて「5疾病5事業および在宅医療」の医療連携体制の構築が進められることになった（図2-1）。体制整備により、各都道府県で精神科医療機関の受診を助ける情報の整備等が進むことも期待された。

図2-1　医療計画制度について

趣旨

○各都道府県が、地域の実情に応じて、当該都道府県における医療提供体制の確保を図るために策定。
○医療提供の量（病床数）を管理するとともに、質（医療連携・医療安全）を評価。
○医療機能の分化・連携（「医療連携」）を推進することにより、急性期から回復期、在宅療養に至るまで、地域全体で切れ目なく必要な医療が提供される「地域完結型医療」を推進。

平成25年度からの医療計画における記載事項

○新たに精神疾患を加えた５疾病５事業（※）および在宅医療に係る目標、医療連携体制および住民への情報提供推進策
　※　５疾病５事業…五つの疾病（がん、脳卒中、急性心筋梗塞、糖尿病、精神疾患）と五つの事業（救急医療、災害時における医療、へき地の医療、周産期医療、小児医療（小児救急医療を含む））をいう。災害時における医療は、東日本大震災の経緯を踏まえて見直し。
○地域医療支援センターにおいて実施する事業等による医師、看護師等の医療従事者の確保
○医療の安全の確保　○二次医療圏（※）、三次医療圏の設定　○基準病床数の算定　等
　※　国の指針において、一定の人口規模および一定の患者流入・流出割合に基づく、二次医療圏の設定の考え方を明示し、見直しを促進。

【医療連携体制の構築・明示】

◇５疾病５事業ごとに、必要な医療機能（目標、医療機関に求められる事項等）と各医療機能を担う医療機関の名称を医療計画に記載し、地域の医療連携体制を構築。
◇地域の医療連携体制をわかりやすく示すことにより、住民や患者が地域の医療機能を理解。
◇指標により、医療資源・医療連携等に関する現状を把握したうえで課題の抽出、数値目標を設定、施策等の策定を行い、その進捗状況等を評価し、見直しを行う（疾病・事業ごとのPDCAサイクルの推進）。

出典：第１回PDCAサイクルを通じた医療計画の実効性の向上のための研究会（平成25年７月９日開催）資料１「医療計画について」を一部改変

2 医療介護総合確保推進法

　2014（平成26）年６月に「地域における医療及び介護の総合的な確保を推進するための関係法律の整備等に関する法律」（医療介護総合確保推進法）が成立した。持続可能な社会保障制度の確立を図るための改革の推進に関する法律（社会保障制度改革プログラム法）に基づき、「2025年問題」を見据え、地域における質の高い医療の確保および基盤整備を目指すものである。医療法、介護保険法等の19の関係法律の改正がとりまとめられ、行程が定められた。概要は主に以下の４点である。

❶　新たな基金の創設と医療・介護の連携強化（地域における公的介護施設等の計画的な整備等の促進に関する法律等関係）
❷　地域における効率的かつ効果的な医療提供体制の確保（医療法関係）
❸　地域包括ケアシステムの構築と費用負担の公平化（介護保険法関係）
❹　その他（医療や介護人材について、医療事故調査制度など）

3 地域医療構想

　医療介護総合確保推進法に基づき、各都道府県は2013（平成25）年に策定された医療計画の一部として2015（平成27）年度から地域医療構想を策定することとされ、厚生労働省が同年３月に「地域医療構想策定ガイドライン」を示した。都道府県は従来の医療計画において、病院

★2025年問題
65歳以上人口が３割を超え、団塊の世代が75歳以上を迎え、医療や介護の需要がピークを迎えるとされる問題である。団塊の世代とは、戦後の第１次ベビーブームに生まれた大きな人口の塊を指す。

および診療所の病床の整備を図るべき地域的単位の区分（医療圏）を定めることとされている。2018（平成30）年4月現在、三次医療圏は52（各都府県に一つおよび北海道の6医療）、二次医療圏は335ある。地域医療構想は原則、二次医療圏域の医療機能ごとの病床の必要数を推計するものである。本構想が求められた背景には、2025年問題による医療・介護需要の最大化および高齢者人口増加に関する地域格差が大きい。需要に対する医療資源の効果的かつ効率的な配置を促す必要から、患者の状態に見合った機能の病床の整備の実現を目的にしている。また、策定においては、地域包括ケアシステムや障害福祉施策との整合性も求められている。2016（平成28）年度内には全都道府県で地域医療構想の策定が完了している。

　精神病床については地域医療構想策定に含むことは現段階で求められていない。一方、2013（平成25）年の改正精神保健福祉法第41条に基づく「良質かつ適切な精神障害者に対する医療の提供を確保するための指針」（厚生労働大臣指針）において、精神病床の機能分化を進めるとある。一般医療と政策上の差別を防ぐ観点から、課題を検討する必要がある。

　疾病や障害の種別にかかわらず、個人の尊厳が重んじられ、その人らしい地域生活が保障される観点から、退院や地域移行の推進、在宅医療および介護や障害福祉に関する資源整備が求められる。

　すでに精神疾患を有する患者の高齢化および高齢化に伴う精神疾患罹患のいずれもが増加傾向にある問題は、日本社会の高齢化と並行して生じており、避けられない状況にある。精神科医療も阻害されずに医療体制全体のなかで整備されていくことが求められる。2018（平成30）年度からは第7次医療計画が始まっており、期間は6年となった。今後の施策と展開を注視したい。

2　自殺対策

　我が国の自殺者数は、厚生労働省の人口動態統計をみると、1998（平成10）年以降3万人超の状態が続いていたが、2010（平成22）年以降は減少を続け、2019（令和元）年は1万9425人となった。しかし、経年や前年度比での減少がゴールではなく、生きることの阻害要因を減らし、促進要因を増やすことが肝要であり、目指すべき姿は、追い詰め

られて自ら命を絶つ人がいなくなる社会である。

▌1 我が国の自殺対策とその動向

　我が国では、昭和40年代より民間団体が行う電話相談による危機介入や遺族支援などが展開されていた。1998（平成10）年に自殺者数が急増し、国は「健康日本21」（2000（平成12）年）において自殺予防対策を施策化し、2002（平成14）年には厚生労働省が設置した自殺防止対策有識者懇談会が「自殺予防に向けた提言」を公表し、労働者の心の健康保持増進などが図られた。しかし、自殺者数の増加は止まらず、国は2005（平成17）年、参議院厚生労働委員会の総合対策を求めた緊急決議を受け、「自殺予防に向けての政府の総合的な対策について」を取りまとめた。2006（平成18）年に自殺対策基本法が成立した。自殺対策基本法制定により「自殺は個人の問題ではなく、社会的な取り組みが必要である」などの理念とともに、自殺対策における基本方針が明記され、我が国の自殺対策は大きく進展し始めた。

▌2 自殺対策基本法制定以降

　自殺対策基本法制定に基づき、2007（平成19）年には、基本認識と重点施策を盛り込んだ自殺総合対策大綱が公表された。さらに翌年には自殺対策加速化プランが策定され、併せて、うつ病以外の精神疾患等によるハイリスク者対策の推進やインターネット上の自殺関連情報対策の推進など、自殺総合対策大綱の一部改正も行われた。

　2009（平成21）年には内閣府が、地域性に応じたきめ細かい自殺対策強化を図るため、市町村単位での自殺対策にかかる基盤整備を可能とするよう、都道府県に対し3年間の対策経費を地域自殺対策緊急強化基金として予算計上した。同年、内閣府内に自殺対策緊急戦略チームが発足し、自殺対策100日プランが実施された。これらの積み重ねのうえに、政府は「いのちを守る自殺対策緊急プラン」を決定した。内容として、新たに3月を自殺対策強化月間と定め、公共職業安定所（ハローワーク）における心の健康相談の実施やゲートキーパー育成、ハイリスク地やハイリスク者への重点的対策、自殺未遂者支援や自死遺族支援強化、ワンストップ総合相談体制の整備推進等9項目の取り組みを提言した。

　厚生労働省は、2010（平成22）年に「自殺・うつ病等対策プロジェクトチーム」を設置し、同年5月に「誰もが安心して生きられる、温かい社会づくりを目指して—厚生労働省における自殺・うつ病への対策—」

を公表した。

▌3 総合的自殺対策としての社会モデルへ

　自殺対策基本法の施行以来、自殺対策は、各地域の実情に即し全国の都道府県、市町村で展開され、徐々に効果を現わしている。自殺の実態解明や対策の検討が進み、2012（平成 24）年には自殺総合対策大綱の全体的な見直しがなされた。❶地域レベルの実践的な取り組みを中心とすること、❷具体的には若年層への取り組み、自殺未遂者への対策推進、❸国、地方公共団体、関係団体等の相互連携・協力の推進などである。

　2016（平成 28）年度から、自殺対策の所管庁が内閣府から厚生労働省に移管された。同年 3 月には誰も自殺に追い込まれることのない社会の実現を目指して、自殺対策基本法の改正が行われ、4 月から施行されている。改正自殺対策基本法では、自殺対策の理念の明確化と地域自殺対策の推進の強化が示されたことに加え、都道府県および市町村における地域自殺対策計画の策定が義務化された。

　2012（平成 24）年に見直された大綱のおおむね 5 年の見直し規定や、自殺対策基本法改正の趣旨や我が国の自殺の実態を踏まえ、2017（平成 29）年 7 月には、新たに「自殺総合対策大綱」が閣議決定された。内容は、①地域レベルの実践的な取り組みのさらなる推進、②子ども・若者の自殺対策のさらなる推進、③勤務問題による自殺対策のさらなる推進、④自殺死亡率を先進諸国の現在の水準まで減少させることを目指し、今後 10 年間で30％以上減少させる目標、などである。当面の重点施策 12 項目には、適切な精神保健医療福祉サービスの提供や自殺未遂者の再企図防止などが挙げられている。社会・経済状況を背景に諸要因が複雑に絡み合い、追い込まれた末の自殺を防ぐため、社会モデルとしての総合的な対策を各地域で講じることが重要となる。

　精神科医療の役割は、精神疾患によるハイリスク者への対策、自殺未遂者および自死遺族支援、いじめや貧困などの社会的課題から疾病につながる予防や相談体制の整備であり、関係他分野との連携支援が欠かせない。具体的な事業に、「自殺未遂者等支援拠点医療機関整備事業」がある。自殺未遂者の再企図を防ぐため、救急部門に搬送された自殺未遂者に退院後も含めた継続的な介入や、地域の医療従事者への研修等の実施、精神科医療機関を含めた保健・医療・福祉・消防・警察等の関係機関のネットワーク構築のための取り組みを推進する。ネットワーク構築や研修実施などの円滑な推進役として自殺未遂者支援コーディネーター

Active Learning

あなたが暮らす地域の自殺対策計画の策定状況や内容を確認してみましょう。若者が生きることの阻害要因と促進要因について考えてみましょう。

の配置も求められており、任用資格に臨床経験のある精神保健福祉士や看護師などが挙げられている。第7次医療計画では、自殺対策に対応できる専門職養成や多職種・多施設連携の推進のため、地域連携拠点機能および都道府県連携拠点機能の強化を図る必要があるとされている。

本稿執筆の2019（令和元）年度末から2020（令和2）年度前半にかけ、新型コロナウイルス感染症（COVID-19）の感染拡大に伴う社会・経済上のダメージはリーマンショック時を超えたとされる。2020（令和2）年の7月から10月にかけて全国の自殺者数は前年同時期と比べて連続して増加している。今後、各分野・各種事業における再建困難や個々人の生活維持困難が予測され、自殺防止対策、生きることの支援強化が求められる。

3　認知症支援施策

1　高齢化に伴う認知症者数の急増

我が国は世界に類をみない速さで高齢化が進展している。『令和2年版高齢社会白書』によると、2025（令和7）年には65歳以上高齢者数は3677万人に達し、2042（令和24）年にピークを迎え、高齢単身者や高齢夫婦のみ世帯が増加すると予測されている。さらに、『平成28年版高齢社会白書』によると、65歳以上高齢者のうち認知症の人は2025（令和7）年に約700万人（約5人に1人）になると推計され、すでに国民の身近な病気と認識されている。厚生労働省は2012（平成24）年6月に「今後の認知症施策の方向性について」を、同年9月に「認知症施策推進5か年計画（オレンジプラン）」を公表した。基本的な考え方を事後的対応から早期・事前的対応に切り替え、施策化と予算化を図り、2013（平成25）年の介護保険法改正に伴い、市町村で展開してきた。

2012年に世界保健機関（World Health Organization：WHO）は、報告書（日本語版：『認知症──公衆衛生対策上の優先課題』2015年）において特に人口の高齢化が進行中の国で認知症の増加率がきわめて高く、世界では毎年約770万人が新たに認知症と確認されている（4秒に1人が新たに認知症となっている）ことを明らかにした。各国に認知症対策の構築を求め、「政策・計画の中で取り組むべき行動の優先分野には、認知症に対する意識の向上、早期診断、良質な長期介護ケアとサー

ビスに対するコミットメント、介護者への支援、人材育成、予防、研究などがある」（要約）とした。2013 年 12 月にロンドンで「G8 認知症サミット」が、2014（平成 26）年には後継イベントの一つが日本で開催された。その機会に我が国の認知症施策の加速に向け新たな戦略を策定することとされた。

■2 認知症になっても希望をもって暮らせる社会づくり

これを受けて、2015（平成 27）年 1 月、厚生労働省は 11 省庁と共同で策定した「認知症施策推進総合戦略〜認知症高齢者等にやさしい地域づくりに向けて〜（新オレンジプラン）」を公表した。2025（令和 7）年までに、地域包括ケアシステムの実現を目指す取り組みにおける認知症についてのモデルで、主要施策は 3 年ごとの数値目標が設定された。

七つの柱は、❶普及・啓発、❷医療・介護等、❸若年性認知症、❹介護者支援、❺認知症など高齢者にやさしい地域づくり、❻研究開発、❼認知症の人や家族の視点の重視、となっている。本プランの目標値は介護保険制度と合わせるために、2020（令和 2）年度末までとされていた。

その後、高齢者の 4 人に 1 人が認知症または予備軍とされ、今後も増加が見込まれることから、認知症にかかる諸課題について、関係行政機関の緊密な連携の下での総合的な対策の推進が求められた。認知症施策推進関係閣僚会議および有識者会議が開催され、2019（令和元）年 6 月に「認知症施策推進大綱」が公表された。基本的な考え方には、認知症の発症を遅らせ、認知症になっても希望をもって日常生活を過ごせる社会を目指し、認知症の人や家族の視点を重視しながら「共生」と「予防」を車の両輪とした施策の推進を据え、新オレンジプランに対する新規の施策や拡充した施策を盛り込んでいる。理解者であり支援者となる認知症サポーターの養成や、本人や家族が集える認知症カフェの設置など、広く社会的なサポート体制の構築が進められている。

新オレンジプランや診療報酬制度への反映を通じて、認知症疾患医療センターや認知症初期集中支援チーム、認知症地域支援推進員の配置などの整備が進んでいる。また、65 歳未満で発症する若年性認知症者支援として、就労や経済支援も重要となり、関係者のネットワーク構築のために調整役の配置も進められている。認知症の人は、介護保険制度や自立支援医療などの障害福祉サービス、成年後見制度等の介護、福祉や社会保障、権利擁護の諸制度を活用することが多いが、認知症の行動・心理症状（BPSD）を有する場合は、精神科治療や重度認知症患者デイ

★地域包括ケアシステム

地域における医療及び介護の総合的な確保の促進に関する法律（医療介護総合確保法）の第 2 条に規定。地域の実情に応じて、高齢者が、可能な限り、住み慣れた地域でその有する能力に応じ自立した日常生活を営むことができるよう、医療、介護、介護予防、住まいおよび自立した日常生活の支援が包括的に確保される体制をいう。

Active Learning

あなたが暮らす地域では、どのようなところで、認知症サポーター養成研修を受講できるか、また、どのくらい研修受講修了者がいるのか、調べてみましょう。

★認知症の行動・心理症状（BPSD）

認知症の「中核症状」に伴って現れる心理・行動面の症状としての「周辺症状」のこと。具体的な心理症状は、抑うつ・不安・幻覚・妄想・睡眠障害等。具体的な行動症状は、暴力・暴言・徘徊・拒絶・不潔行為等。

ケアや訪問看護など精神科医療のサービスの活用の機会が生じる。精神保健福祉士は、社会資源の創設や活用に貢献すると同時に、医療や介護に関する制度やサービスについて理解を深めることが求められる。

4 依存症対策

　我が国では依存症対策が遅れているが、その理由は、依存症は治療や回復支援が必要な病気であるという認識の薄さと、対応可能な医療機関数の圧倒的不足とされる。

　種々の依存症の問題は自殺やドメスティック・バイオレンス（domestic violence：DV）などの要因としても認識され、対策への要望が高じ、2012（平成24）年より厚生労働省は依存症者に対する医療及びその回復支援に関する検討会を開催した。翌年、相談や医療体制、回復プログラムの整備、地域における当事者や家族の支援体制などに関する現状と課題をまとめた報告書が公表された。

　これを受けて厚生労働省は2010（平成22）年度から実施してきた「依存症回復施設職員研修事業」に加えて「精神保健福祉センター職員研修事業」を追加した。また、「依存症治療拠点機関設置運営事業」や「依存症家族対策支援事業」などを実施展開し、依存症関連対策として❶相談・指導、❷人材育成、❸調査・研究の充実を図っている。対策のための法整備の対象は、アルコール、薬物、ギャンブルであるが、死者が出るような依存が認められたゲームも今後は加わる見通しである。現在、依存症対策本部は厚生労働省に置かれ、障害保健福祉部が所管している。また、依存症対策推進を目的に、重度アルコール依存症入院医療管理加算や依存症集団療法など、診療報酬の算定や精神科救急医療体制整備事業の加算などが実施されている。

1 アルコール依存症対策の現状と課題

　アルコールに関しては「否認の病気」といわれる治療動機の低さや、開放的環境での治療の難しさがある。1961（昭和36）年に酩酊者保護を目的とした法を機に1963（昭和38）年に日本で初のアルコール依存症専門病棟が現・国立病院機構久里浜医療センターに設けられたが、積極的に取り組む医療機関はいまだ少ない。

　2010（平成22）年5月にWHOが「アルコールの有害な使用を低

減するための世界戦略」を採択したことを受けて、2013（平成25）年12月に「アルコール健康障害対策基本法」が公布、2014（平成26）年6月に施行された。本法では、アルコール健康障害およびこれに関連して生じる飲酒運転や暴力、虐待、自殺等の問題をアルコール関連問題として定義している。厚生労働科学研究によると、アルコール関連問題による社会的損失は厚生労働省が2008（平成20）年に積算できた金額だけで年間4兆を超えるという。アルコール健康障害対策基本法の施行により目指す、国や自治体等の責務の明確化、横断的な省庁間連携、啓発週間の設定周知、有効な支援の充実強化を具体化するため、2016（平成28）年5月に、2020（令和2）年度までのおおむね5年間を対象とするアルコール健康障害対策推進基本計画が策定された。基本的な方向性は以下の4点である。❶正しい知識の普及および不適切な飲酒を防止する社会づくり、❷誰もが相談できる相談場所と、必要な支援につなげる相談支援体制づくり、❸医療における質の向上と連携の促進、❹アルコール依存症者が円滑に回復、社会復帰するための社会づくり。重点課題は、①飲酒に伴うリスクに関する知識の普及を徹底し、将来にわたるアルコール健康障害の発生を予防、②アルコール健康障害に関する予防および相談から治療、回復支援に至る切れ目のない支援体制の整備、の2点である。これらの実現のために、生活習慣病のリスクを高める量を飲酒している者の割合の減少を目指すことや、全都道府県に地域の相談拠点および専門医療機関を1か所以上定めるとした。また、アルコール健康障害対策基本法は、都道府県は都道府県アルコール健康障害対策推進計画の策定に努めなければならないとしており、アルコール健康障害対策基本法推進ネットワークによると2019（令和元）年度末現在45都道府県が策定済みである。

2 薬物依存症対策と支援課題

我が国は、薬物依存症者について医療や支援の対象とするより、長く司法の対象に位置づけ、大麻、覚醒剤、あへん、麻薬などの所持や使用に関する法規制と違反者への処罰実施を主としてきた。近年は、向精神薬など医療機関での処方薬物の乱用や依存も増加し、違法な入手や販売を行う者が問題となる一方、危険ドラッグなど法に抵触しない新種の薬物が登場し、健康や生活への著しい損害状況が社会問題化している。1998（平成10）年から薬物乱用防止5か年戦略が実施され、現在は2018（平成30）年から第5次薬物乱用防止5か年戦略の期間であり、

五つの目標の一つに「薬物乱用者に対する適切な治療と効果的な社会復帰支援による再乱用防止」が据えられている。

　2013（平成25）年6月には「薬物使用等の罪を犯した者に対する刑の一部の執行猶予に関する法律」が施行された。薬物使用等の罪を犯した人について、「累犯者」を含め一部猶予の言渡しが可能となり、猶予期間中は必ず保護観察に付され、保護観察終了後の支援も継続可能となった。法務省および厚生労働省は、対象者の社会復帰支援と再犯防止対策の充実強化に向け、関係機関および民間支援団体が相互に連携し、支援を効果的に実施できるように共有すべき基本的な事項を「薬物依存のある刑務所出所者等の支援に関する地域連携ガイドライン」を定め公表している。2016（平成28）年12月の「再犯の防止等の推進に関する法律」の施行に伴い翌年に策定された「再犯防止推進計画」では、薬物依存症者に対する相談および治療体制の構築等が求められた。住まいや就労支援など福祉的支援策の充実も重要視されていることは言うまでもない。加えて、本領域の課題としてマスメディアの報道姿勢も問われる。

▌3 ギャンブル依存症対策と支援課題

　特定複合観光施設区域の整備の推進に関する法律（IR推進法）の附帯決議および「ギャンブル等依存症対策の強化について」の閣議決定により、2018（平成30）年7月に「ギャンブル等依存症対策基本法」が公布され、対策推進本部に関係者会議が設置された。2019（平成31）年4月には国の「ギャンブル等依存症対策推進基本計画」が2021（令和3）年度までの3年間を対象期間として策定された。今後は各都道府県にも対策推進計画の策定に努めるよう求めている。対策は多岐にわたり、精神医療のかかわりとしては、相談体制および専門治療拠点や連携治療機関の整備、人材の育成が挙げられる。

5 ▶ 高次脳機能障害支援施策

▌1 支援ニーズの認識により登場した行政用語

　「高次脳機能障害」という学術用語は、病気や事故などによる脳損傷に起因する認知障害全般を指し、巣症状として失語・失行・失認などが挙げられる。障害を負った当事者や家族には、記憶障害、注意障害、遂行機能障害、社会的行動障害などの認知機能障害による生活困難がより

主要な問題として捉えられ、支援を要する。しかし、医療・福祉制度等の対策面は乏しい状況であった。2000（平成12）年には「日本脳外傷友の会（現・日本高次脳機能障害友の会）」が設立されるなど対策への要望が高まり、厚生労働省は2001（平成13）年度から5年間にわたり国立身体障害者リハビリテーションセンター（現・国立障害者リハビリテーションセンター）を中心に「高次脳機能障害支援モデル事業」を全国12か所で実施した。この事業によって集積された脳損傷者の424のデータの分析結果から、認知機能障害を主要因として日常生活および社会生活への適応に困難を有する一群の存在が判明した。その結果、診断、リハビリテーション、生活支援等の確立を含む支援対策推進の観点から、行政的に、この一群が示す認知機能障害を「高次脳機能障害」と呼び、障害を有する者を「高次脳機能障害者」と呼ぶことが適当とされた（**表2-6** 参照）。高次脳機能障害という呼称に、福祉制度やサービスの整備および適切な利用推進を目的にした診断基準の規定を行政的な対応として意味づけた経緯を、理解することが欠かせない。本事業では前期3年間で診断基準や訓練・支援プログラムが策定された。

表2-6　高次脳機能障害診断基準

I　主要症状等
1　脳の器質的病変の原因となる事故による受傷や疾病の発症の事実が確認されている。
2　現在、日常生活または社会生活に制約があり、その主たる原因が記憶障害、注意障害、遂行機能障害、社会的行動障害などの認知障害である。
II　検査所見
MRI、CT、脳波などにより認知障害の原因と考えられる脳の器質的病変の存在が確認されているか、あるいは診断書により脳の器質的病変が存在したと確認できる。
III　除外項目
1　脳の器質的病変に基づく認知障害のうち、身体障害として認定可能である症状を有するが上記主要症状（I-2）を欠く者は除外する。
2　診断にあたり、受傷または発症以前から有する症状と検査所見は除外する。
3　先天性疾患、周産期における脳損傷、発達障害、進行性疾患を原因とする者は除外する。
IV　診断
1　I〜IIIをすべて満たした場合に高次脳機能障害と診断する。
2　高次脳機能障害の診断は脳の器質的病変の原因となった外傷や疾病の急性期症状を脱した後において行う。
3　神経心理学的検査の所見を参考にすることができる。

なお、診断基準のIとIIIを満たす一方で、IIの検査所見で脳の器質的病変の存在を明らかにできない症例については、慎重な評価により高次脳機能障害者として診断されることがあり得る。
また、この診断基準については、今後の医学・医療の発展を踏まえ、適時、見直しを行うことが適当である。
出典：厚生労働省社会・援護局障害保健福祉部・国立障害者リハビリテーションセンター「高次脳機能障害者支援の手引き（改訂第2版）」2008.

2 高次脳機能障害およびその関連障害に対する支援普及事業

障害者自立支援法の成立に伴い、2006（平成18）年から高次脳機能障害支援普及事業が都道府県の地域生活支援事業の位置づけとして開始された。各都道府県に支援拠点機関を設置し、支援コーディネーター（精神保健福祉士、社会福祉士、保健師、作業療法士など）を配置するなど、専門的相談支援体制の整備が推進された。2010（平成22）年には全都道府県に支援拠点が整備され、2019（令和元）年度現在で全国の支援拠点機関数は114か所となっている。2011（平成23）年10月には、国立障害者リハビリテーションセンター内に「高次脳機能障害情報・支援センター」が設置され、情報提供機能の強化を図っている。

なお、高次脳機能障害者はほかの合併障害を併存することが多く、そのことに対しても各支援拠点が支援を提供していることに鑑み、2013（平成25）年度から事業名が「高次脳機能障害支援普及事業」から「高次脳機能障害及びその関連障害に対する支援普及事業」に変更された。

3 利用可能な福祉制度

高次脳機能障害の診断基準の対象となるのは、国際疾病分類第10版（ICD-10）の精神および行動の障害（F00-F99）に位置づく症状性を含む器質性精神障害（F00-F09）のなかで、F04（器質性健忘症候群、アルコールその他の精神作用物質によらないもの）、F06（脳の損傷及び機能不全並びに身体疾患によるその他の精神障害）、F07（脳の疾患、損傷及び機能不全による人格及び行動の障害）に含まれる疾病を原因疾患にもつ者である。そのため精神障害者保健福祉手帳の対象となる。2011（平成23）年4月より、高次脳機能障害者の症状や状態像が適切に把握可能な診断書様式に改正されている。障害年金も加入や給付要件を満たせば、障害基礎年金、障害厚生年金の申請が可能である。

さらに身体障害者手帳に該当する程度の麻痺や言語障害が残る場合には身体障害者手帳が、18歳未満の受傷・発症であれば療育手帳が発行される可能性がある。障害者の日常生活及び社会生活を総合的に支援するための法律（障害者総合支援法）の福祉サービスの申請には障害者手帳が必要となるが、障害者手帳を有さずとも診断書によってサービス利用が可能となる。支援のために適切な理解をしておきたい。

6 ひきこもり支援施策

1990 年代に社会問題の一つとして認識される現象となった「ひきこもり」への対策は、精神保健、精神科医療、福祉、教育、民間団体がそれぞれの考えに基づき取り組みを始める状況にあった。2010（平成 22）年に、厚生労働省は「ひきこもりの評価・支援に関するガイドライン」を公表し、以下の定義を示した。

> 様々な要因の結果として社会的参加（義務教育を含む就学、非常勤職を含む就労、家庭外での交遊など）を回避し、原則的には 6 ヵ月以上にわたって概ね家庭にとどまり続けている状態（他者と交わらない形での外出をしていてもよい）を指す現象概念である。なお、ひきこもりは原則として統合失調症の陽性あるいは陰性症状に基づくひきこもり状態とは一線を画した非精神病性の現象とするが、実際には確定診断がなされる前の統合失調症が含まれている可能性は低くないことに留意すべきである。

本ガイドラインには、地域での支援ネットワークの必要性や、家族支援、精神医学的アプローチも含め、支援に対する方向性が提示されており、現在も活用されている。

1 ひきこもり支援施策

国は、ひきこもり対策推進事業として、2009（平成 21）年度からひきこもり地域支援センター設置運営事業を始めている。実施主体は都道府県および指定都市であり、社会福祉法人や NPO 法人に事業委託が可能である。本人や家族からの電話相談、来所相談、訪問支援を行い、早期に適切な支援機関につなげるため、ひきこもり支援コーディネーター（社会福祉士、精神保健福祉士、臨床心理士等）を配置している。事業は、❶相談、❷連絡協議会の設置、❸情報発信の三つの柱である。ひきこもり地域支援センターは、2018（平成 30）年 4 月に全都道府県・指定都市、67 自治体に設置され、2019（平成 31）年 4 月現在 75 か所となっている。2017（平成 29）年度にひきこもり地域支援センターが関係機関へつないだ件数の内訳は、保健所・保健センターおよび精神保健福祉センターで 3 割弱、医療機関を加えると 4 割弱となる。未受診だが何らかの精神疾患を抱えている可能性がある者も多いことがうかがえる。

2013（平成25）年度から開始されたひきこもりサポーター養成研修・派遣事業は、ひきこもり経験者（ピアサポート）を含む「ひきこもりサポーター」の養成・派遣により、ひきこもりを早期発見し、適切な支援機関に早期につなげ、自立促進を図る事業である。ひきこもりサポーター養成研修事業は、都道府県・指定都市が実施主体となる。研修修了者でサポーター登録に同意した者を掲載した名簿を市町村が実施主体のひきこもりサポーター派遣事業に提供し、活用する。2018（平成30）年度からひきこもり支援に携わる人材の養成研修・ひきこもりサポート事業として事業が拡大実施されている。拡充された内容には、市町村等でひきこもり支援に従事する職員の養成研修および市町村における早期発見や自立支援につなぐための関係機関のネットワークづくりや支援拠点（居場所、相談窓口）づくりなどがある。ひきこもり支援施策の整備が進む一方、内閣府の「生活状況に関する調査」（2018（平成30）年度）によると、40歳から64歳の広義のひきこもり群は61.3万人と推計されている。相談に出向けず地域で孤立状態にある本人や家族の存在が浮き彫りになる事件なども生じ、支援体制の不足や課題が明らかとなり、充実強化が求められている。

▊2 生活困窮者自立支援制度との関連

　我が国では、防貧対策の社会保険制度と、救貧対策の生活保護制度の間のセーフティネットが欠けた貧困対策の結果、生活困窮者の問題は格差や貧困の連鎖も含み深刻化し、2015（平成27）年4月に生活困窮者自立支援法が施行された。各種支援事業の入り口となる自立相談支援事業は、訪問支援も含めた早期の支援、ワンストップ型相談窓口としての拠点機能、個別状況に応じた支援計画作成、地域ネットワークの強化などを担い、相談対象にはひきこもり状態の者も含まれる。

　2018（平成30）年6月には生活困窮者自立支援法等の一部改正法が公布、同年10月から順次施行された。改正法では、生活困窮者の定義が明示化され、多様で複合的な課題を有する生活困窮者の早期発見とともに、各自の状況に応じた包括的な支援を適切に行う観点等から、関係制度や関係機関との連携強化が一層図られることとなった。生活困窮者の定義規定は「就労の状況、心身の状況、地域社会との関係性その他の事情により、現に経済的に困窮し、最低限度の生活を維持することができなくなるおそれのある者」に見直された。厚生労働省の通知「生活困窮者自立支援制度とひきこもり地域支援センター等との連携について」

図2-2 ひきこもり支援施策の全体像

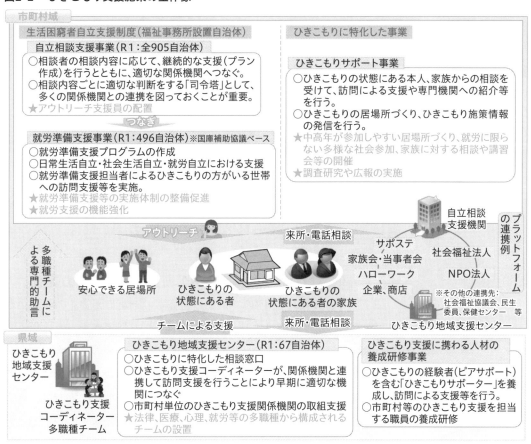

出典：令和元年度社会・援護局関係主管課長会議資料

では、「『地域社会との関係性』については、地域社会からの孤立の視点も含め地域社会との関係性の程度（希薄化等）を意味するものであり、その一つとしてひきこもり状態も含まれる」とされた。また、ひきこもり地域支援センターを自立支援相談機関がバックアップすると記された。2020（令和2）年度予算には、ひきこもり地域支援センターに多職種構成チームを配置することなどが計上された（**図2-2**参照）。

◇参考文献
・厚生労働省編『自殺対策白書 令和元年版』2019.
・内閣府政策統括官（共生社会政策担当）「生活状況に関する調査報告書」2019.
・第2回アルコール健康障害対策関係者会議（平成26年12月12日開催）資料
・世界保健機関・日本公衆衛生協会『認知症──公衆衛生対策上の優先課題』日本公衆衛生協会，2015.
・厚生労働省科学研究事業「思春期のひきこもりをもたらす精神科疾患の実態把握と精神医学的治療・援助システムの構築に関する研究」（主任研究者：齋藤万比古），2010.

◦おすすめ
・厚生労働省や内閣府などの各種白書および全国主管課長会議資料など

医療観察法の概要と精神保健福祉士の役割

学習のポイント

● 医療観察法の目的や仕組みについて理解する

● 医療観察制度における多職種チームの実践と精神保健福祉士の役割を理解する

● 医療観察制度が精神保健医療福祉に及ぼした影響や今後の可能性について学ぶ

1 医療観察法の基本的仕組み

1 事件報道が及ぼす精神障害への偏見と刑事事件の関係

「1日午後8時頃、市内のマンション2階の一室に刃物を持った男が押し入りました。警察によると、男は精神科の通院歴があったということです」。

このような事件報道を見聞きしたとき、どのようなことを頭に思い浮かべるだろうか。「こわい」と感じるのと同時に「精神障害者は、暴力的でこわい」といった精神障害者へのネガティブなイメージを抱くことも少なからずあるのではないだろうか。ところが、『犯罪白書』を眺めると、刑法犯の検挙人員総数に占める精神障害者等の比率はわずか1.3%である[1]。精神障害の報道のあり方は、時代の変遷とともに変容している。とはいえ、逮捕直後に事件の起因と精神障害の関係は判断困難と考えられるにもかかわらず、「精神科通院歴あり」と付け加えられた報道は多い。そうすると、「精神障害者はこわい」という無意識のラベリングにつながりかねない。本節では、医療観察法という枠組みを通じて精神障害への偏見についても目を向ける機会としてほしい。

2 医療観察法の成立背景

心神喪失等の状態で重大な他害行為を行った者の医療及び観察等に関する法律（医療観察法）は、2003（平成15）年7月10日に第156回通常国会において成立し、2005（平成17）年7月15日に施行され今日に至る。医療観察法の施行以前から心神喪失等の状態で他害行為に及んだ者への対応について検討されてきた。なかでも保安処分については、1920年代から1980年代頃まで繰り返し検討されてきた。しかし、

「恣意的拘禁」や「治療の名のもとの社会的排除」であるとして人権侵害の観点等から実現しなかった。また、精神保健及び精神障害者福祉に関する法律（精神保健福祉法）に基づく措置入院などの精神科医療システムでは、重大な他害行為を行った精神障害者への適切な処遇は不十分であると指摘されていた。そうしたなかで2001（平成13）年6月、大阪教育大学附属池田小学校事件が発生した。我が国では例のない小学校内での児童等への無差別大量殺傷事件は医療観察法成立の直接の契機となった。

3 医療観察法の目的

医療観察法の目的（第1条第1項）は「同様の行為の再発の防止を含む再発予防や社会復帰の促進」を明記している。要するに、❶継続的な医療を確保して病状の改善を図ること、❷継続的な医療および社会復帰の促進のために必要なサポートを行うこと、❸精神障害に基づく他害行為を繰り返させないことを目的として規定している。

4 医療観察法の対象者および対象行為

医療観察法の対象は、精神障害により重大な他害行為を行ったが、❶不起訴処分になった心神喪失者、心神耗弱者、または❷責任能力を理由として無罪判決が確定した心神喪失者、あるいは❸限定責任能力を理由として刑の減軽により執行猶予等となった心神耗弱者である。また、医療観察法の対象行為となる重大な他害行為とは、殺人・放火・強盗・強制性交等・強制わいせつ（これらの未遂を含む）、傷害（軽微なものは除く）の6罪種を指す。また、対象者が20歳未満の場合、少年事件の処理については必ず家庭裁判所に送致する全件送致主義をとっているため、原則医療観察法の対象とはならない。ただし、刑事裁判によって処罰するのが相当とする検察官送致となった場合には対象となることもあり得る。

5 医療観察法における手続きの流れと審判

医療観察法における対象者の処遇は、地方裁判所で審判が行われ決定する（図2-3）。このことは、従来の精神保健福祉法に基づく措置入院制度によって対応することが通例であったことからは大きく異なる特徴といえる。次に処遇の流れについて説明する。

地方裁判所の裁判官は、検察官の申立てが受理されると医療観察法に

★**心神喪失、心神耗弱**
刑法第39条に規定され、精神の障害のために善悪の区別がつかないなど、通常の刑事責任が問えない状態のうち、まったく責任を問えない場合を心神喪失、限定的な責任を問える場合を心神耗弱という。

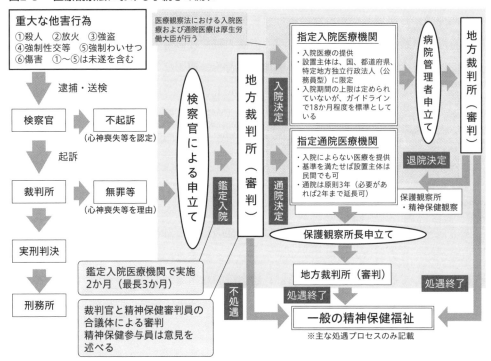

図2-3　医療観察法における手続きの流れ

重大な他害行為
①殺人　②放火　③強盗
④強制性交等　⑤強制わいせつ
⑥傷害　①〜⑤は未遂を含む

逮捕・送検

検察官 → 不起訴
（心神喪失等を認定）

起訴

裁判所 → 無罪等
（心神喪失等を理由）

実刑判決

刑務所

鑑定入院医療機関で実施
2か月（最長3か月）

裁判官と精神保健審判員の
合議体による審判
精神保健参与員は意見を
述べる

検察官による申立て

鑑定入院

地方裁判所（審判）

医療観察法における入院医療および通院医療は厚生労働大臣が行う

入院決定

通院決定

不処遇

指定入院医療機関
・入院医療の提供
・設置主体は、国、都道府県、特定地方独立行政法人（公務員型）に限定
・入院期間の上限は定められていないが、ガイドラインで18か月程度を標準としている

指定通院医療機関
・入院によらない医療を提供
・基準を満たせば設置主体は民間でも可
・通院は原則3年（必要があれば2年まで延長可）

保護観察所
・精神保健観察

病院管理者申立て

地方裁判所（審判）

退院決定

保護観察所長申立て

地方裁判所（審判）

処遇終了

処遇終了

一般の精神保健福祉
※主な処遇プロセスのみ記載

出典：厚生労働省「医療観察法制度の仕組み」を一部改変

★**処遇の3要件**
医療観察法での医療の必要性は、精神医学的診断等による「疾病性」、治療の効果等から判断する「治療反応性」、対象者の環境等による「社会復帰要因」の3要件で評価を行う。

★**精神保健審判員**
精神保健審判員は、精神保健判定医のなかから地方裁判所に任命された精神科医が担い、合議体の構成員となる。

★**精神保健参与員**
精神保健参与員は、厚生労働大臣が毎年、地方裁判所ごとに作成する精神保健福祉士等の候補者名簿に基づき地方裁判所があらかじめ選任し、処遇事件ごとに地方裁判所が1名以上指定する。

よる医療の必要が明らかにないと認める場合を除き、厚生労働省が指定した鑑定入院医療機関に対象者を入院させ、鑑定および医療的観察を受けさせる。鑑定医は、医療観察法における医療の要否について、責任能力の有無や、❶疾病性、❷治療反応性、❸社会復帰要因といった処遇の3要件から検討し鑑定書を作成する。鑑定期間は、原則2か月以内とし、さらに必要がある場合には1か月を超えない範囲内で延長することができる。また、鑑定中の対象者には裁判所より付添人（弁護士）が付される。鑑定入院医療機関の精神保健福祉士は、付添人と連携し対象者の権利擁護を行い、同時に保護観察所の社会復帰調整官による生活環境調査が行われるため、これらの連絡窓口や仲介を担うこととなる。次に、対象者の処遇の要件の有無および内容を決定するため、鑑定期間内に地方裁判所で当初審判の審判期日が開かれる。当初審判では、裁判官および精神保健審判員の合議体、精神保健参与員、検察官、付添人、社会復帰調整官等により対象行為や責任能力の存否、処遇の3要件等から審理される。精神保健参与員は、相談援助業務に5年以上従事し研修会を受講

---

i　鑑定は、精神保健判定医等のなかから地方裁判所に指名された鑑定医が行う。鑑定医は、裁判所に命じられた鑑定事項について鑑定を行う。

した精神保健福祉士等が担い、裁判所が特に必要がないと認めるとき以外、原則として福祉的な立場により対象者の処遇の要否およびその内容について意見を述べることとされる。ただし、合議体を補助するために審判に関与するため、合議体の構成員としては位置づけられていない。合議体の審理の結果は、医療を受けさせるために入院をさせる旨の決定（入院処遇）または入院によらない旨の決定（通院処遇）、医療を行わない旨の決定（不処遇）のいずれかがなされることになる。また、対象行為が不存在、あるいは完全責任能力が認められる場合は、申立てを却下しなければならない。対象者、保護者、付添人、検察官は、審判の決定に対して、重大な事実誤認または処分の著しい不当を理由として、2週間以内に抗告を行うことができる。

★抗告

抗告は地方裁判所の決定に対する不服申立てである。当初審判だけでなく、入院継続の確認など裁判所のすべての決定に対して2週間以内に行うことができる。対象者の権利擁護となり精神保健福祉士の役割である。

2 ▶ 医療観察制度における多職種チームと医療および精神保健観察

1 多職種チームと司法・医療・地域・行政の相互モデル

医療観察法における包括的な医療・保健・福祉サービスは、多職種チーム（Multi-Disciplinary Team：MDT）で提供することが、入院処遇ガイドライン・通院処遇ガイドラインに規定されている。従来は司法、医療、地域、行政が独立して展開していた。しかし、医療観察法は適切な精神科医療を保障し社会復帰の目標を見据えた多職種チームモデル中心の司法・医療・地域・行政の相互モデル（**図2-4**）を形成して運用する。MDTの構成は対象者を含め、医師、看護師、精神保健福祉士、公認心理師等、作業療法士の5職種を基本とする。対象者もMDTの一員となることが重要である。MDTは対象者と早期の社会復帰を目指し、対象者自らが課題に向き合えるよう主体性の回復に着目する。また、各職種の機能を具体的に説明し共有することも必要である。実際には各専門職の垣根を相互乗り入れした役割を担うことになるが、どのような取り組みを行えるか共通言語を増やし理解しておくことで、専門職の専門性を発揮することにつながる。つまり、MDTの専門職種間の壁を取り除き、対等な関係でコミュニケーションを図りながら、専門性を尊重し

★相互モデル

司法（裁判所の司法手続き、権利擁護）・医療（指定医療機関による医療）・地域・行政（保護観察所、保健所、市町村障害福祉、障害福祉サービス事業所などによる必要なサポート）が相互に関係するモデル。

Active Learning

多職種チームを構成する各職種の役割を簡単に説明してみましょう。

---

ii 医療観察法は、厚生労働省、法務省が作成した各種ガイドラインに基づいて運営する。現行のガイドラインは、2019（平成31）年3月に改正され、2020（令和2）年3月にも一部のガイドラインが改正された。また、医療観察法災害ガイドラインも作成されている。

図2-4　多職種チームと司法・医療・地域・行政の
相互モデル図

司法モデル　　　医療モデル

多職種チーム
モデル

行政モデル　　　地域モデル

出典：筆者作成

　た関係を分かち合うことが大切である。そして、精神保健福祉士は
MDT が円滑に機能できるようコーディネーターを担う。

2 指定入院医療機関における入院処遇の概略および精神保健福祉士の役割

　医療観察法に基づく医療は、国の責務として必要な医療を行うため全
国一律・一元的に提供される。医療観察法の附則第3条には、高度な医
療水準を及ぼし精神保健医療福祉の水準の向上を図ることが明記されて
いる。また、入院処遇ガイドラインには、「標準化された臨床データの
蓄積に基づく多職種のチームによる医療提供」が目標・理念として掲げ
られている。ゆえに医療観察法に基づく対象者に対する医療は全額国費
となる。2020（令和2）年4月1日現在で指定入院医療機関は33か所、
833床（予備病床含む）の専門病棟が整備されている。また、2018（平
成30）年度から北海道、福島県、京都府で新たに整備が始まった。医
療観察法施行当初の整備目標は800床であり、すでに目標数に達して
いるが、シームレスな地域移行のため、地域偏在の解消などを理由に病
床整備が継続されている。次に、2005（平成17）年から2018（平成
30）年までの地方裁判所の審判終局処理状況は、総数4815件に対して、
入院決定3246件（67.4%）、通院決定622件（12.9%）となっている
（図2-5）。また、入院対象者の最も多い診断は、「統合失調症、統合失

図2-5 医療観察法審判の終局処理件数

平成17年～平成30年までの終局処理人員総数：4,815
うち、取下げ29、申立て不適法による却下3

凡例：入院決定　通院決定　医療を行わない旨の決定　却下

出典：法務省法務総合研究所編『犯罪白書 令和元年版』p.355, 2019. を基に筆者作成

調型障害および妄想性障害」が606名であり、次いで、「気分（感情）障害」が50名、「精神作用物質使用による精神および行動の障害」が43名となっている（厚生労働省調べ、2020（令和2）年4月1日現在）。

　入院医療は、基本的に厚生労働省が作成した「入院処遇のガイドライ[iii]ン」に沿って進める。治療ステージは急性期3か月、回復期9か月、社会復帰期6か月を目標とし、専門病棟の構造においても治療状況等に合わせて対象者の治療環境を変えられるよう4ユニットに分けられている。また、入院を継続する必要がある場合は、入院決定から6か月経過する日までに指定入院医療機関の管理者は保護観察所の長の意見を付して地方裁判所に入院継続の確認の申立てをしなければならない。

　MDTは対象者の治療および生活課題、再他害行為のリスク要因に対して対象者の希望と改訂版共通評価項目によるリスクアセスメントや国際生活機能分類（International Classification of Functioning, Disability and Health：ICF）などで多層的に掴み、各期の個別治療

★改訂版共通評価項目
対象者の状態、リスクアセスメント、社会復帰に向けた環境などの評価指標。「疾病治療」「セルフコントロール」「治療影響要因」「退院地環境」の19項目で構成される。2019（平成31）年4月に改訂版が導入された。

---

iii 入院処遇のガイドラインとは、「指定入院医療機関運営ガイドライン」および「入院処遇ガイドライン」を指す。

iv 医療観察法病棟の治療構造は、基本的に急性期、回復期、社会復帰期、共用（主に女性）の4ユニットで構成されている。治療共同体の理念のもとユニットごとにおいてもミーティングなどが行われる。

第2章 精神障害者の医療に関する制度

計画を立て、精神医学的治療や心理療法、認知行動療法を基盤とした専門的な治療プログラム、地域移行アプローチなどを行う。治療プログラムのなかには、精神保健福祉士が担当する医療観察制度や権利擁護、社会資源などの学習プログラムも実施される。同時に、毎週「治療評価会議」を実施して全対象者の評価を行い、外出や外泊等の許可を得るため「運営会議」を月1回以上行う。また、対象者の同意によらない医療行為や行動制限などの治療の必要性評価のため、外部の精神医学の専門家を含めて月2回以上「倫理会議」を開く。加えて、精神保健福祉士が社会復帰調整官と連携を図りながらコーディネートし、対象者にかかわる関係者を含めたケア会議をおおむね3か月に1回の頻度で開催する。ケア会議は、ケアプログラムアプローチ（Care Programme Approach：CPA）というケアマネジメントと共通する手法を用いて、治療状況、方針や役割、クライシスプランの共有方法などを協議する。精神保健福祉士と社会復帰調整官は、ストレングスを念頭に検討された退院の処遇方針を基に、多機関多職種による地域移行へのソフトランディングを展開する。このとき精神保健福祉士は、対象者だけでなく対象者を支える地域のエンパワメントにも着眼した働きかけが大切である。それゆえケア会議は、治療および社会復帰の根幹として位置づけられ、きわめて重要である。また、厚生労働省の想定する標準入院期間はおおむね18か月であるが、国立研究開発法人日本医療研究開発機構の調査結果によると、2016（平成28）年7月15日までの全入院対象者の平均入院処遇期間は951日（約32か月）であり、約1.8倍長くなっている。医療観察法は、その附則の規定により、精神医療等の水準の向上のため、施行前から厚生労働科学研究費事業等においてさまざまな検討が行われている。そのなかで長期入院の検討は重点課題として取り組まれ、「重複障害（統合失調症と自閉症スペクトラム障害、物質使用障害等）」「衝動性の高さ」「地域生活を想定したクライシスプランの整備ができていない可能性」などが要因として報告されている。最近はクライシスプランについて、措置入院等の退院者に対して導入する動きが確認されるなど、医療観察法によって定着してきた。今後も継続的に多職種で課題を検証し、広く精神医療等の発展に貢献することが期待される。

3 指定通院医療機関における通院処遇の概略および精神保健福祉士の役割

指定通院医療機関は、2020（令和2）年4月1日現在、病院581か所、

診療所 81 か所、訪問看護ステーション 501 か所となっている。指定通院医療機関の目標数（必要数）は、目安として都道府県の人口 100 万人に対して病院、診療所を 3 か所程度と設定され、現在 382 の必要数を大幅に上回っている。しかしながら、必要数はあくまでも目安であって、現状は遠く離れた指定通院医療機関まで通院するなど、入院医療と同じく地域偏在は課題とされる。また、通院医療は原則 3 年間で期間満了となり、通院期間の延長が必要な場合は最大 5 年間まで裁判所の決定をもって延長される。無期限では社会復帰の阻害になると考えられたからである。通院治療のステージは、前期 6 か月、中期 18 か月、後期 12 か月と定められているが、対象者の状況に合わせて MDT の精神保健福祉士は社会復帰調整官と連携を取りながら治療等を展開する。

　対象者の通院処遇は「通院処遇のガイドライン」に沿って進められる。また、「通院導入ハンドブック」や「医療観察ガイドブック」など、対象者や保護者向けにわかりやすく開発された本制度のパンフレット等も活用できる。とりわけ当初審判で通院決定となった場合、本制度そのものを理解することは容易でない。本制度を理解することは、治療の動機づけにもつながる。また、通院処遇中に病状が悪化し、主治医が入院治療を必要と判断した場合は、精神保健福祉法による一時的な入院治療が適用される。なお、対象者が精神保健福祉法による入院となっても、通院処遇は有期限であり治療ステージは進められるため、MDT 会議や改訂版共通評価項目などによる評価を行わなければならない。よって、精神保健福祉士は対象者が入院する病棟の医師や看護師などと連携する連絡調整業務を担い、早期の退院と地域生活を基盤とした通院処遇を目指す。

　精神保健福祉士として忘れてはならないのは、「処遇が終了しても対象者の人生は続く」ということである。すなわち、生活者の視点をもって、対象者の歩みたい道のり、終了後の医療福祉体制を築くマネジメントなどをすることが求められる。さらに、このマネジメントの役割は、処遇中から行政や地域支援者へ移行していくことも必要である。人と時間を適切に提供することで、行きつ戻りつ成長する対象者とともに変化していくことが大切となる。

ⅴ　通院処遇のガイドラインとは、「指定通院医療機関運営ガイドライン」「通院処遇ガイドライン」「地域処遇ガイドライン」を指す。

4 医療観察法における保護観察所の役割および
社会復帰調整官の機能

　本制度の特徴の一つとして社会復帰調整官による制度内の連続的なケアコーディネートがある。社会復帰調整官は、精神保健福祉士その他の精神保健福祉に関する専門的知識を有する者からなる専門職として保護観察所に配置され、2019（令和元）年度の定員は220人（初年度は56人）である。社会復帰調整官は、医療観察法の目的に従い鑑定時の生活環境調査、入院時の生活環境調整、通院時の精神保健観察に関する業務に従事する。2005（平成17）年から2018（平成30）年までの精神保健観察の状況は、「開始」2742件、「終結」2086件となっている[2]。また、精神保健観察や医療、地域の援助は、地域処遇の3本柱として機能することが「地域処遇ガイドライン」で謳われている。保護観察所は、地域処遇の基軸となるケア会議などで、対象者の支援が円滑かつ効果的に行われるよう処遇実施計画を策定しなければならない。対象者の希望や目標、関係機関の役割、緊急時の対応などを所定の様式に記載する。また、対象者の個別性に合わせて、週間スケジュールや緊急時の対応のクライシスプランを別紙で作成することもある。さらに、厚生労働省や関係機関と連携して、指定を受けていない医療機関や受け入れ経験のない障害福祉サービス事業者等への重点的な普及啓発にも取り組んでいる。

3 医療観察制度が精神保健医療福祉に及ぼした影響と課題および展望

　医療観察法はその施行から2020（令和2）年7月で15年を迎えた。本節では、医療観察法の概要や現況、精神保健福祉士の役割などを整理し説明してきた。医療観察法が精神保健医療福祉全般にもたらした変化や課題はさまざまである。最後に、本制度がもたらした変化と見出した可能性を含めて検証していきたい。

1 指定医療機関・社会福祉施設等の確保

　これまで述べたとおり、国の指定医療機関の目標数は達成している

---

vi　社会復帰調整官は、関係機関と連携し、当初審判のための生活環境調査、退院のための生活環境調整、継続した通院医療のための精神保健観察の役割を担い、対象者の社会復帰に努める。

が、実態として地域偏在の課題が残っている。入院の長期化や社会復帰の促進にも直結するため開拓は最たる課題である。また、「平成 29 年度 心神喪失者等医療観察法対象者の障害福祉サービス（日中活動系）の活用に係る実態調査」によると、医療観察法の認知度が低いため、受け入れの障壁となることが指摘されている。このことは障害者施設に限らず、介護保険施設等においても同様に医療観察法の理解不足が課題とされる。このため厚生労働省、法務省の両省で、障害者計画への働きかけや説明会等で普及啓発に取り組んでいる。

2 持続可能な普及啓発やネットワーク活動

　医療観察法は 15 年を迎えたわけだが、冒頭の報道例のように、そもそも精神障害に対する偏見・排除が解消されたとは言い難い。医療観察法を契機に発足した関係者のネットワークには「かながわ司法精神医療福祉ネットワーク」「東京司法精神医療福祉研究会」などがある。かながわ司法精神医療福祉ネットワークの活動では、新規の指定医療機関で研修会を開催し、ノウハウの継承などをサポートすることも行っている。新規医療機関へ出向いて行うことで、医療観察法に従事する職員以外も研修を受けることができ、同時に普及啓発ともなる。普及啓発やネットワーク構築は対象者の社会復帰にもつながる。このような持続可能な普及啓発やネットワーク構築は、精神保健福祉士の真骨頂といえ、重要である。

★かながわ司法精神医療福祉ネットワーク
精神保健福祉士を中心とした医療観察法関係者のネットワーク。2020（令和 2）年 1 月までに通算58回開催。関係者同士のピアサポートを目的とし、各所属の状況などを共有。東京司法精神医療福祉研究会と合同でも開催する。

3 マンパワー不足

　指定入院医療機関の人員配置に比べて、指定通院医療機関や地域関係機関の人員配置は少なく、差が大きい。このギャップを埋めるべく、診療報酬や障害福祉サービス等報酬の改定により対策は講じられている。しかし、現状では業務は兼務となることが多く、マンパワー不足は慢性化している。一方、社会復帰調整官は、医療観察法附則第 4 条の規定に基づいた検討により保護観察所の 1 名配置が指摘され、現在は 2 名配置へと改善された。とはいえ、各保護観察所によって処遇事件の数にばらつきは伴うため、マンパワー不足の課題は残っている。

4 多職種チームモデルの般化

　多職種チーム、チーム医療は、医療観察法が源流ではないが、処遇ガイドラインで明確化するなど発展、定着に寄与したと考える。事実、措

置入院者等の退院後支援のガイドラインの参考となっている。今後は多職種チームの質の評価に着目するフェーズといえよう。

▌5 クライシスプランの発展

クライシスプランについても多職種チームモデル同様に医療観察法によって進展してきた。最近では、「精神障害にも対応した地域包括ケアシステム」の構築のための仕組みのなかでクライシスプランの作成が明記された。このように、医療観察法従事者以外にも浸透し始めており、各地で研修やワークショップなどが広がっている。

▌6 司法と医療の連携のあり方

医療観察法により司法と医療や地域、行政の相互モデル（**図2-4** 参照）へと転換され、司法と医療等の連携に変化が訪れた。これからは、これまでの実践を基盤とした目標・理念の継承および後進育成が課題となる。地方裁判所のなかには定期的に所管内専門病棟の見学を行い、裁判官と病院職員の相互交流など質の向上に努めているところもある。このとき、精神保健福祉士が連絡窓口となりコーディネートを担う。加えて精神保健福祉士が裁判所書記官に働きかけ、円滑な審判手続き等の打ち合わせなども行っている。

以上のとおり、継続した課題はあるが、今後も医療観察法による高度医療等の還元・普及が期待される。ここで、冒頭の問いを再考していただきたい。対象行為に至った背景、その人の歴史、思いを丁寧に考える必要があることに気づいたのではないだろうか。医療観察法に限定したことではないが、ふだん知らず知らずのうちに差別、排除に加担し、助長する立場となってしまうことがある。精神保健福祉士として意識しておきたいことである。

---

vii　多職種チームの質の評価には「日本語版精神科多職種チーム医療アセスメントツール（CPAT-J：Collaborative Practice Assessment Tool-Japan）」が開発されている。多職種の認識を通して多職種チーム医療の質を判別し、改善への示唆を得ることを目的とする。

◇引用文献
　1）法務省法務総合研究所編『犯罪白書 令和元年版』p.351，2019.
　2）同上，p.358

◇参考文献
・日本弁護士連合会刑事法制委員会編『Q ＆ A心神喪失者等医療観察法解説 第 2 版』三省堂，2014.
・日本精神保健福祉士協会精神保健福祉部権利擁護委員会編著「みんなで考える 精神障害と権利」日本精神保健福祉士協会，2011.
・法務省法務総合研究所編『犯罪白書 令和元年版』2019.
・厚生労働省「心神喪失者等医療観察法」https://www.mhlw.go.jp/stf/seisakunitsuite/bunya/hukushi_kaigo/shougaishahukushi/sinsin/index.html
・厚生労働省「医療観察法の医療体制に関する懇談会」https://www.mhlw.go.jp/stf/shingi/other-syougai_496238.html
・山内俊雄編『司法精神医学 5 司法精神医療』中山書店，2006.
・日本精神科病院協会「司法精神医療等人材養成研修会教材集」2016.
・野村照幸監「特集 これからは『クライシス・プラン』をつくっておこう」『訪問看護と介護』第22巻第 6 号，医学書院，2017.
・日本能率協会総合研究所「厚生労働省平成30年度障害者総合福祉推進事業『精神科病院における、地域移行プログラム（地域連携パス）の実施状況調査及び効果的なプログラム等の提示に関する調査・研究』報告書」2019.
・厚生労働科学研究 障害者対策総合研究事業「医療観察制度 通院・地域処遇［研修/実践］ハンドブック」2018.
・法務省保護局「医療観察ガイドブック」2018.
・村杉謙次「平成30年度厚生労働科学研究費補助金 多様で複雑な事例の個別調査及び治療・処遇に関する研究」2019.
・日本精神保健福祉士協会「厚生労働省平成29年度障害者総合福祉推進事業 医療観察法対象者を受け入れて支援をするための手引書――日中活動系障害福祉サービスの利用促進のために」2018.
・法務省・厚生労働省「心神喪失等の状態で重大な他害行為を行った者の医療及び観察等に関する法律の施行の状況についての検討結果」2012.
・法務省「医療観察制度 Q ＆ A」http://www.moj.go.jp/hogo1/soumu/hogo_hogo11-01.html
・原田小夜・辻本哲士・角野文彦・中原由美「医療観察法対象者の地域支援の現状と課題」『日本公衆衛生雑誌』第63巻第10号，2016.

精神障害者の医療と関連する施策

学習のポイント

● 関連施策や支援の歴史的経緯について把握する
● 関連施策や支援の概要について学ぶ
● 関連施策や支援について精神保健福祉士の実践として理解する

1 障害者差別解消法と障害者虐待防止法

Active Learning

あなたの身近な生活圏域で、精神障害者への社会的障壁（社会的バリア）を感じることを挙げてみましょう。また、その解消方法を考えてみましょう。

精神障害者の社会的復権の実現を目指す精神保健福祉士は、その実現を阻む社会的課題の解決に挑戦する。最も高い障壁となっているのは、社会に存在する精神障害を理由とした差別と虐待であり、この問題の解決に向けて成立した 2 法を理解することが必要である。

1 障害者差別解消法の成立まで

1964 年、アメリカでは黒人解放運動を経て公民権法が誕生し、人種や出身国等による差別が初めて禁じられた。裁判所に対し適切な差別是正措置（affirmative action）が求められ、後の差別禁止法規の源流となった。さらに、障害分野では、1973 年に行政機関や連邦政府の補助によるプログラム等での障害による差別が禁止された。そして、1990 年には、障害をもつアメリカ人法（Americans with Disabilities Act：ADA）という、障害による差別を禁止する連邦法が、世界で最初に誕生した。

障害をもつアメリカ人法の成立は、世界の障害者運動等に影響を与えた。日本では障害者インターナショナル（DPI）日本会議による差別禁止法要綱案や、その制定をめぐる運動へとつながった。日本政府は 2007（平成 19）年 9 月に障害者の権利に関する条約に署名し、批准のための国内法整備に向けて、2009（平成 21）年 12 月に障がい者制度改革推進本部を内閣に設置し、障害当事者の参画を重視した会議を開催した。同会議の下に「差別禁止部会」が開催され、「障害を理由とする差別の禁止に関する法制（差別禁止法）」の原案が討議された。2013（平成 25）年 4 月に差別禁止法案は「障害を理由とする差別の解消の推進

に関する法律案」へと名称変更して、6月に障害を理由とする差別の解消の推進に関する法律（障害者差別解消法）が成立した。この障害者差別解消法の施行によって、日本は障害者の権利に関する条約を2014（平成26）年に批准している。

2 共生社会の実現と合理的配慮

2011（平成23）年8月に公布・施行（一部を除く）された改正障害者基本法において、❶障害の有無によって分け隔てられることのない共生社会（インクルーシブ社会）の実現（第1条）、❷合理的配慮の不提供を含む差別の禁止（第4条）が初めて明文化された。障害者差別解消法は、これらのことを実施する個別法として位置づけることができる。それは障害者の権利に関する条約の批准に必須とされる要件であった。

特に「合理的配慮」は、社会的障壁の有無にかかわらず、誰もが実質的に同じ社会参加の機会を平等に得られるよう環境を変えることを求めた。たとえば、障害のない人には求めない場所や時間指定といった条件をつけることなども差別とし、合理的配慮を消極的に提供しないことも差別とした。

合理的配慮の提供は、民間では努力義務にとどまり義務づけられていないことや、実効性の確保、救済の仕組みなど、付帯決議とされた事項への取り組みが今後の課題である。障害者差別解消法が運用されるなかで、精神保健福祉士は具体的な議論に関与し、社会生活に浸透していくよう推進していく必要がある。

3 障害者虐待防止法の概要

障害者虐待の防止、障害者の養護者に対する支援等に関する法律（障害者虐待防止法）は、児童虐待の防止等に関する法律（児童虐待防止法）（2000（平成12）年）、配偶者からの暴力の防止及び被害者の保護等に関する法律（DV防止法）（2001（平成13）年）、高齢者虐待の防止、高齢者の養護者に対する支援等に関する法律（高齢者虐待防止法）（2005（平成17）年）に次いで、2011（平成23）年に成立した虐待防止法である。

障害者虐待防止法は、「身体障害、知的障害、精神障害（発達障害を含む。）その他の心身の機能の障害（以下「障害」と総称する。）がある者であって、障害及び社会的障壁により継続的に日常生活又は社会生活に相当な制限を受ける状態にあるもの」を対象とし、障害者手帳を取得

していない場合や、18歳未満の人も含まれている。そして、障害者虐待を以下の3種に分けている。

・養護者による障害者虐待

・障害者福祉施設従事者等による障害者虐待

・使用者による障害者虐待

　これは、家庭で介護にあたる家族や、障害者福祉施設で支援を提供する職員、あるいは就労先で賃金を支払う経営者など、基本的な生活場面で日常的に出会う人々が虐待者となってきた実情を示しており、それを明文化することによって未然に防ぐことを法の目的としている。

　また、家庭内虐待が発生する背景として、充分な社会的支援が得られていないために養護者の介護負担が過重となり、虐待行為に至るということも少なくない。社会的支援の不備によって養護者が追いつめられることのないよう、過重介護に陥りやすい養護者に対し、相談支援や情報提供などによって養護者を支援することも、障害者虐待防止法の重要な目的である。

　障害者虐待における虐待行為は、身体的虐待、性的虐待、心理的虐待、放棄・放置（ネグレクト）、経済的虐待の5類型に分けられる（**表 2-7**）。

　障害者虐待防止法では、虐待の発見者への通報義務が課せられている。

・養護者による虐待を受けたと思われる障害者を発見した場合

・施設従事者による虐待を受けたと思われる者を発見した場合

・使用者による虐待を受けたと思われる者を発見した場合

　加えて、関係団体、専門職は、障害者虐待の早期発見について努力義務が定められている。

　虐待が発生した場所と年齢によって、各虐待防止法の対象が定められている。障害者虐待防止法の適用対象となる範囲は、**表 2-8** で示される発生場所と年齢、施設種別等によって対象が定められている。

　学校や保育所等、医療機関において発見された虐待は、学校教育法や児童福祉法、精神保健及び精神障害者福祉に関する法律（精神保健福祉法）等、各々に対応した法令での間接的な対応はあるものの、障害者虐待防止法における通報対応の対象とはなっていない。それぞれの場所における障害者虐待防止体制のあり方は、障害者虐待防止法の附則第2条により、今後の検討事項とされている点に留意する必要がある。

　虐待防止には、立場や資格などによって「○○だから虐待はしない」

表2-7　障害者虐待の例

区分	内容と具体例
身体的虐待	暴力や体罰によって身体に傷やあざ、痛みを与えること。身体を縛りつけたり、過剰な投薬によって身体の動きを抑制すること。 【具体的な例】 ・平手打ちする　・殴る　・蹴る　・壁に叩きつける　・つねる　・無理やり食べ物や飲み物を口に入れる　・やけど、打撲させる　・身体拘束（柱やいすやベッドに縛り付ける、医療的必要性に基づかない投薬によって動きを抑制する、ミトンやつなぎ服を着せる、部屋に閉じ込める、施設側の管理の都合で睡眠薬を服用させる等）
性的虐待	性的な行為やそれを強要すること（表面上は同意しているように見えても、本心からの同意かどうかを見極める必要がある）。 【具体的な例】 ・性交　・性器への接触　・性的行為を強要する　・裸にする　・キスする　・本人の前でわいせつな言葉を発する、または会話する　・わいせつな映像を見せる　・更衣やトイレ等の場面をのぞいたり映像や画像を撮影する
心理的虐待	脅し、侮辱等の言葉や態度、無視、嫌がらせ等によって精神的に苦痛を与えること。 【具体的な例】 ・「バカ」「あほ」等障害者を侮辱する言葉を浴びせる　・怒鳴る　・ののしる　・悪口を言う　・仲間に入れない　・子ども扱いする　・人格をおとしめるような扱いをする　・話しかけているのに意図的に無視する
放棄・放置 （ネグレクト）	食事や排泄、入浴、洗濯等身辺の世話や介助をしない、必要な福祉サービスや医療や教育を受けさせない、等によって障害者の生活環境や身体・精神的状態を悪化、または不当に保持しないこと。 【具体的な例】 ・食事や水分を十分に与えない　・食事の著しい偏りによって栄養状態が悪化している　・あまり入浴させない　・汚れた服を着させ続ける　・排泄の介助をしない　・髪や爪が伸び放題　・室内の掃除をしない　・ごみを放置したままにしてある等劣悪な住環境のなかで生活させる　・病気やけがをしても受診させない　・学校に行かせない　・必要な福祉サービスを受けさせない、制限する　・同居人による身体的虐待や心理的虐待を放置する
経済的虐待	本人の同意なしに（あるいはだます等して）財産や年金、賃金を使ったり勝手に運用し、本人が希望する金銭の使用を理由なく制限すること。 【具体的な例】 ・年金や賃金を渡さない　・本人の同意なしに財産や預貯金を処分、運用する　・日常生活に必要な金銭を渡さない、使わせない　・本人の同意なしに年金等を管理して渡さない

資料：PandA-J「障害者虐待防止マニュアル」を参考に作成
出典：厚生労働省社会・援護局障害保健福祉部障害福祉課地域生活支援推進室「市町村・都道府県における障害者虐待防止と対応の手引き」2018. を一部改変

と思い込まず、限られた人に限定された閉鎖空間には、虐待を誘発し増幅させる要因があると理解し、防止策を設ける危機管理が必要である。虐待防止は、施設等管理者の努力だけでなく、地域社会から閉鎖空間に他者が入る何らかの構造をつくることが鍵となる。たとえば、施設等に訪問し対話を重ねる訪問アドボカシー活動のような体制や制度構築を模索していくことが、精神保健福祉士に期待されている。

表2-8　障害者虐待における虐待防止法制の対象範囲

○障害者虐待の発生場所における虐待防止法制を法別・年齢別整理

所在場所／年齢	在宅（養護者・保護者）	福祉施設・事業						企業	学校病院保育所
		障害者総合支援法		介護保険法等	児童福祉法				
		障害福祉サービス事業所（入所系・日中系・訪問系・GH等含む）	相談支援事業所	高齢者施設等（入所系、通所系、訪問系、居住系等含む）	障害児通所支援事業所	障害児入所施設等 ※3	障害児相談支援事業所		
18歳未満	児童虐待防止法 ・被虐待者支援（都道府県）※1			—	障害者虐待防止法（省令） ・適切な権限行使（都道府県・市町村）	児童福祉法 ・適切な権限行使（都道府県）※4	障害者虐待防止法（省令） ・適切な権限行使（都道府県・市町村）		
18歳以上65歳未満	障害者虐待防止法 ・被虐待者支援（市町村）	障害者虐待防止法 ・適切な権限行使（都道府県・市町村）	障害者虐待防止法 ・適切な権限行使（都道府県・市町村）	— 【特定疾病40歳以上】	（20歳まで）※2 —	【20歳まで】 —	— 	障害者虐待防止法 ・適切な権限行使（都道府県労働局）	障害者虐待防止法 ・間接的防止措置（施設長・管理者）
65歳以上	障害者虐待防止法 高齢者虐待防止法 ・被虐待者支援（市町村）			高齢者虐待防止法 ・適切な権限行使（都道府県・市町村）	—	—	—		

※1　養護者への支援は、被虐待者が18歳未満の場合でも必要に応じて障害者虐待防止法も適用される。
　　　なお、配偶者から暴力を受けている場合は、配偶者からの暴力の防止及び被害者の保護等に関する法律の対象にもなる。
※2　放課後等デイサービスのみ
※3　小規模住居型児童養育事業、里親、乳児院、児童養護施設、障害児入所施設、児童心理治療施設、児童自立支援施設、指定発達支援医療機関等（児童福祉法第33条の10）
※4　児者一体で運営されている施設においては、児童福祉法に基づく給付を受けている場合は児童福祉法、障害者総合支援法に基づく給付を受けている場合は障害者虐待防止法の対象になる。
出典：厚生労働省社会・援護局障害保健福祉部障害福祉課地域生活支援推進室「市町村・都道府県における障害者虐待防止と対応の手引き」2018.

2　意思決定支援

1　障害者の権利に関する条約と意思決定支援

　「Nothing About us without us！」は、「私たちのことを私たち抜きで決めないで」あるいは「私たち抜きに、私たちのことを決めるな」と訳されるスローガンであり、2006年に国連で採択された障害者の権利に関する条約はこの言葉を軸として、世界中の障害当事者が参加して作成された。自身のことを自身で決める意思決定の保障は、人間の尊厳の根幹となる要素である。障害者の権利に関する条約は、今日の社会が障害者にとっていまだ「私たち抜きに、私たちのことを決める」社会で

あることを指摘している。

　障害者の権利に関する条約に基づく意思決定支援は、本人の尊厳を保障するために、本人の意思と反することを他者が決定していくことを防ぎ、本人の尊厳にかかわる自己決定判断に必要となる能力や環境を支えていく継続的な過程である。

　精神保健福祉士は、受療支援や退院支援、復職や生活設計の支援など、多様な生活場面において、意思決定支援にかかわる。現行の精神保健福祉法では、本人の決定を阻止する強制力を伴う医療判断として、「自傷他害のおそれ」の判断に基づいた強制医療処遇があり、精神保健福祉士は行動制限状況下での意思決定支援を行うという難しい役割を担う場面も多い。

　一方で、強制医療の導入が常態化した支援のなかでは、誰もが経験する「生活上の失敗」が発生しないよう、過度に管理される過剰なリスクマネジメント支援に陥ることもある。従来、「判断能力が十分ではない、存在していない（能力不在推定）」とみなし代行決定中心とされていた支援は、「重度の障害があっても、その人の思いや判断があり得る（能力存在推定）」と考え、本人とともに決定する支援（Shared Decision Making）へと考え方が変化してきている。

　人々の意思決定は、生活のあらゆる場面で、過去と将来を考えるなかで揺れ、有力者の力や、周囲との関係性、触れる情報のなかで揺れる。支援者は専門性の範疇で本人の最善の利益について提案し、多様な専門性のある人々とともに、多面的な最善の利益を考え本人の尊厳を守る。意思決定支援は、基本的人権の尊重を実現するために欠かせない支援である。

　障害者の権利に関する条約は、最も重要な一般原則として「個人の自立の尊重」を掲げている（第3条（a））。また、精神上の障害があることを理由に、一律に行為能力を制限することがないように、さらに、誰もが自ら意思決定することができるように、必要な支援を可能な限り尽くすことを求めている。条約の批准国には、意思決定支援を保障することが求められ、条約に基づいた社会を形成していくことが必要とされている。

　障害者の日常生活及び社会生活を総合的に支援するための法律（障害者総合支援法）第1条の2（基本理念）では、障害者本人が「どこで誰と生活するかについての選択の機会が確保」される旨を規定し、指定相談支援事業者および指定障害福祉サービス事業者等に対し、障害者等の

図2-6　意思決定支援の流れ

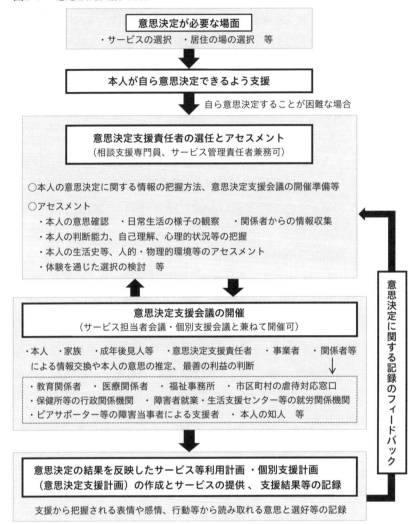

出典：「障害福祉サービスの利用等にあたっての意思決定支援ガイドラインについて」（平成29年3月31日障発0331第15号）

意思決定の支援に配慮するよう努める旨を規定する（第42条第1項、第51条の22第1項）など、意思決定支援を重要な取り組みとして位置づけている。

■2 意思決定支援の概要

　「障害福祉サービスの利用等にあたっての意思決定支援ガイドラインについて」（平成29年3月31日障発0331第15号）（以下、意思決定支援ガイドライン）において、意思決定支援は次のように定義されている。

> 　意思決定支援とは、自ら意思を決定することに困難を抱える障害者が、日常生活や社会生活に関して自らの意思が反映された生活を送ることができるように、可能な限り本人が自ら意思決定できるよう支援し、本人の意思の確認や意思及び選好を推定し、支援を尽くしても本人の意思及び選好の推定が困難な場合には、最後の手段として本人の最善の利益を検討するために事業者の職員が行う支援の行為及び仕組みをいう。

　意思決定支援において、その決定に必要な情報の説明は、本人が理解できるよう工夫して行うことが重要である。また、支援者には不合理と思われる決定でも、他者への権利を侵害しないのであれば、その選択を尊重するよう努める姿勢が必要である。そして、本人が意思決定した結果、本人に不利益が及ぶことが考えられる場合は、意思決定した結果について最大限尊重しつつも、どのようなリスクが予測できるか考え、対応について検討しておくことが必要である。

　本人の意思を推定することがどうしても困難な場合は、関係者が協議し、本人にとっての最善の利益を判断せざるを得ない場合がある。「最善の利益」とされる判断は最後の手段であり、❶メリット・デメリットの検討、❷相反する選択肢の両立、❸自由の制限の最小化、といった点に留意することが必要である。意思決定支援の全過程を通して、本人自身が、人生の意思決定の中心に自身がいることを実感できる支援が必要とされている。

3 家族への支援

1 精神障害者家族の歴史的変遷と家族会

　精神保健福祉施策の歴史のなかで、精神障害者の家族（以下、家族）は過重な責任を担わされてきた。精神病者監護法（1900（明治 33）年）においては監護義務者として、精神衛生法（1950（昭和 25）年）以降は治療を受けさせる義務などを負う保護義務者として、家族は制度上の責任を担ってきた。

　改正精神保健福祉法（2013（平成 25）年）によって治療を受けさせる義務は解かれたものの、医療保護入院における「保護者の同意」に代わる「家族等の同意」として、家族による同意要件は実質的に維持されている。人身の自由の制限について、主要な諸外国では国家が責任主体

となり、家族に責任を負わせない国も多いことから、日本における家族責任の課題は、議論の途上にあるといえるだろう。

制度的にも文化的にも、地域社会での生活に充分な支えを得られない時代のなか、戦後の全国的な患者会運動を背景に家族はつながりあい、各地で精神科病院単位の家族会がつくられていった。1965（昭和40）年に全国組織である全国精神障害者家族会連合会（以下、全家連）が結成され、家族同士のつながりの機会をつくり、また家族が必要としているさまざまな情報を発信する機関誌発行などを通して、家族を孤立させない取り組みが展開されてきた。

また、象徴的な社会活動としては、精神疾患への社会的な偏見を払拭する活動がある。長く使用されてきた「精神分裂病」という病名が人々の誤解を生み社会的偏見を助長するとして、全家連は名称変更を求める運動を推し進め、1993（平成5）年には日本精神神経学会への要望や新聞での意見広告を展開している。2002（平成14）年に「精神分裂病」は統合失調症へと名称が変更され、全家連による10年を超える運動が病名変更に大きな影響を与えたと考えらえる。

全家連は2007（平成19）年に解散し、2010（平成22）年からは全国精神保健福祉連合会（みんなねっと）が家族による全国組織として活動を続けている。家族会は、障害当事者とその家族にとって決して充分とはいえない社会的状況について行政機関や社会に訴えてきた。今日も、制度改正に係る検討会や委員会に家族を代表して参画することを通し、家族当事者の声を施策に反映させる役割を担っている。

近年では、過重な負担を抱えているヤングケアラー*が注目され、その支援に向けた研究が重ねられている。精神保健福祉士には、家族を直接的に支え、また家族が家族とつながる機会を支援することや、家族会を支えること、家族会と協働して社会を変えていく役割等が期待されている。

★ヤングケアラー
慢性的な病気や障害のある家族をケアしている18歳未満の子ども。

■2 家族支援活動とイギリスメリデン版訪問家族支援

家族を支える主な活動としては、精神科医療機関等で行われる家族教室、保健所等で行われる家族教室、家族会におけるセルフヘルプ活動（電話相談事業、家族教育）等がある。これらの支援活動に加え、近年では精神障害当事者と家族をともに支える訪問家族支援が発展している。

「イギリスメリデン版訪問家族支援（Family Work）」は、訪問において本人と家族一人ひとりとの面接と、家族全体での面接を行い、症状

やその影響についての情報を共有する。コミュニケーション・スキル・トレーニングや、家族ミーティングなどを重ねながら、家族での話し合いによって問題解決が図られることを促す。このような支援により再発率が低下するという研究成果も得られている。

全国精神保健福祉会連合会は、2014（平成26）年に国内で初めて「イギリスメリデン版訪問家族支援」の研修会を開催した。2017（平成29）年には一般社団法人ジャパンファミリーワークプロジェクトが設立され、国内での普及が図られている。

4 地域移行・地域定着支援と地域包括ケアシステム

1 地域移行の歴史的変遷

谷中輝雄が提唱した「ごく当たり前の生活」という言葉は、1970（昭和45）年に埼玉県で精神障害者への地域生活支援が開始された「やどかりの里」において、地域で生活しようとする人々と向きあうなかで用いられた、精神保健福祉士が実現を目指す価値を象徴した言葉ともいえる。今日、我が国は障害者の権利に関する条約を批准し、精神障害を理由に人々のいわば「ごく当たり前の生活」が妨げられない地域社会をつくることは社会課題となっている。地域移行、地域定着、地域包括という「地域」をめぐる言葉には、この「ごく当たり前の生活」を妨げる障壁の解消が地域課題であるという視点があり、その障壁の解消に向けた社会施策が一つひとつ積み上げられてきた。

各地で地域生活支援が展開される一方で、精神科病院における社会的入院という問題についての施策も各地で検討されてきた。大阪府では自治体事業として2000（平成12）年に「精神障害者社会的入院解消研究事業」が着手され、地域社会から医療機関に退院支援員が定期訪問する枠組みが初めて構築された。2002（平成14）年、国は「受入条件が整えば、退院可能な精神障害者は7万2000人」との社会的入院者の数を示し、2003（平成15）年には先の自治体事業を原型としつつ、「精神障害者退院促進支援事業」（精神保健福祉法）を開始し、全国で退院促進支援が展開されるようになった。人権侵害を解決するために、社会的入院の解消が模索され、社会的入院患者の退院の促進に至った。

★**精神障害者社会的入院解消研究事業**
1997（平成9）年に事件報道された大和川病院事件は、日本の隔離収容型精神医療における人権侵害問題を象徴する患者虐待事件であり、個別の病院の問題として矮小化できない社会構造問題であることを露呈した。これを機に、大阪府精神保健福祉審議会は府知事への意見具申のなかで「社会的入院は人権侵害」であると指摘し、同事業が生まれた。

---

i 人並みの「当たり前」だけでなく、「ごく」の部分に、その人らしさを大切にするという意味がある。

2004（平成16）年の「精神保健医療福祉の改革ビジョン」のなかで、国は「入院医療中心から地域生活中心へ」という理念を社会に示した。障害者退院促進支援事業は、2008（平成20）年に「精神障害者地域移行支援特別対策事業」となり、目的は退院のみならず地域生活に移行するということを明確にした。さらに、2010（平成22）年の「精神障害者地域移行・地域定着支援事業」は目的が地域社会への移行のみならず、継続した生活を送ることを明確化し、定着を支えるための精神障害当事者によるピアサポート*の力への期待が含まれるものとなった。

名称の変遷を整理すると、「社会的入院解消研究事業」（社会的入院は人権侵害）→「退院促進支援事業」（退院を促す）→「地域移行支援特別対策事業」（地域生活を促す）→「地域移行・地域定着支援事業」（継続した地域生活を促す）＋ピアサポート、となる。表層的には「地域に人が移行・定着する」かのような印象を受けるが、重要な深層の視点は、「地域社会の意識が移行（変化）する」ことである。

2004（平成16）年の精神保健医療福祉の改革ビジョンでは、「国民の理解の深化」の重視が示され、「精神障害者地域移行・地域定着支援事業」では、事業の目的を「地域を拠点とする共生社会の実現」とした。それは、精神障害者が❶住み慣れた地域を拠点とし、❷本人の意向に即して、本人が充実した地域生活を送ることができるよう関係機関の連携のもとで医療、福祉等の支援を行うという観点から、❸従来の地域生活への移行支援にとどまらず、地域生活への移行後の地域への定着支援も行うというものである。

社会的入院が人権侵害であることを理解し、「ごく当たり前の生活」を実現することが、あらゆる生活者が生きられる地域社会づくりとなる。すなわち、地域移行・地域定着支援は共生社会を創ることだといえよう。

▐2 地域包括ケアシステム

共生社会の実現は、2015年に国連が定めた国際社会の共通目標であるSDGs（Sustainable Development Goals：持続可能な開発目標）の掲げる目標の一つ「住み続けられるまちづくりを」の流れを受け、脆弱な立場にある人々に対する社会的目標として目指されている。これまでの地域移行・地域定着支援に加え、その実現に不可欠な地域の基盤整備が課題となっている。

2018（平成30）年、国は第5期障害福祉計画において、精神障害者が、地域の一員として、安心して自分らしい暮らしができるよう、医療、障

★**精神障害当事者によるピアサポート**
精神疾患の経験がある人が、精神疾患のある人を支えるなど、ある共通性に基づいた共感性を活かして展開される支援。

90

図2-7　精神障害にも対応した地域包括ケアシステムの構築の事業概要

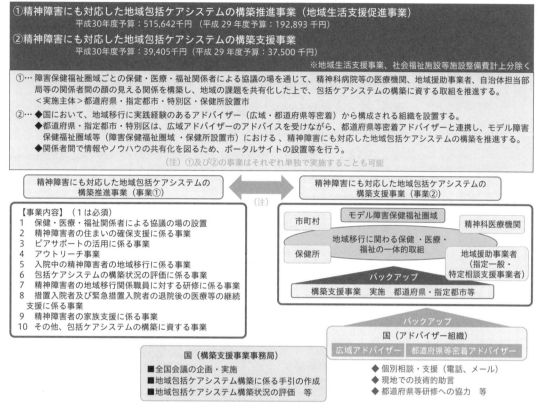

出典：第90回社会保障審議会障害者部会（平成30年6月27日開催）資料2「『精神障害にも対応した地域包括ケアシステム』の構築」

害福祉・介護、住まい、社会参加、地域の助け合い、教育が包括的に確保された「精神障害にも対応した地域包括ケアシステム」の構築を目指すことを新たな理念として明確にした。これは高齢期の「地域包括ケアシステム」とは異なるものであるが、高齢期ケアで先行して実施されている、必要な支援を地域のなかで包括的に提供し、地域生活を支援する取り組みを精神障害者ケアに応用したものである。

　「精神障害にも対応した地域包括ケアシステム」は、自治体補助事業として、「構築推進事業（地域生活支援促進事業）」と「構築支援事業」が創設されている。いずれも関係者による協議の場が重要となり、「構築支援事業」におけるモデル障害保健福祉圏域の協議には、自治体レベルのバックアップがあり、さらに国レベルのバックアップではアドバイザーが配置される。このような地域包括ケアシステムでは、その連携の中心として精神保健福祉士に期待されているところは大きい。

5 ▶ アウトリーチ

1 アウトリーチに関する施策の概要

　2010（平成22）年、厚生労働省に「新たな地域精神保健医療体制の構築に向けた検討チーム」が設置され、そのなかで示された「アウトリーチ支援」についての基本的な考え方がアウトリーチ関連施策の原点となっている。アウトリーチ支援の基本的な考え方と具体的な方向性は以下のとおりである[1)]。

(1)　基本的な考え方

　❶　当事者の状態に応じた医療面の支援に加え、早期支援や家族全体の支援などの生活面の支援が可能となる多職種チームであることが必要（→医師、看護師に加え、生活面の支援を行うスタッフを含めた体制づくり）。

　❷　財政面、地域における人材面の制約も考えると、できる限り現存する人的資源を活用するとともに、地域支援を行う人材として養成することが必要。

　❸　入院医療から地域精神保健医療へ職員体制等を転換する観点から、アウトリーチ支援の実施を、医療機関が併せて病床削減に取り組むインセンティブとすることが望ましい。

　❹　地域移行、地域定着を進める観点から、「住まい」の整備を併せて行うことが必要。

　❺　各障害に共通した相談支援体制との関係を明確に整理し、障害福祉サービスや就労支援に向けた取り組みも円滑に利用できるようにすることが必要。

(2)　具体的な方向性

　❶　地域で生活することを前提とした支援体系とする。

　❷　アウトリーチ支援で支えることができる当事者や家族の抱えるさまざまな課題に対する解決を、「入院」という形に頼らない。

　❸　当事者・家族の医療に対する信頼を築くためには、最初の医療とのかかわりがきわめて重要であり、医療面だけではなく、生活面も含め、自尊心を大切にするかかわり方を基本とする。

　2013（平成25）年4月の障害者総合支援法の施行に伴い、「精神障害者アウトリーチ推進事業」は同法のなかに初めて位置づけられ、「精神障害者地域生活支援広域調整等事業」における「アウトリーチ事業」

図2-8 アウトリーチ支援に係る事業の概要

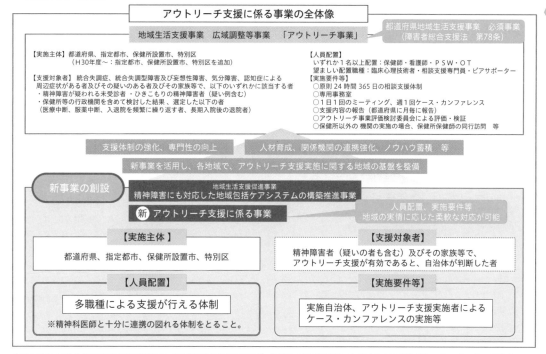

出典：第90回社会保障審議会障害者部会（平成30年6月27日開催）資料2「『精神障害にも対応した地域包括ケアシステム』の構築」

として導入された。

地域生活の継続を積極的に支えることによる入院医療依存からの脱却がアウトリーチ事業のねらいであり、アウトリーチ支援により症状の重症化を避け入院・再入院を防ぐ、多職種チームの支援に着手された。

2018（平成30）年には、従来の「地域生活支援事業」内のアウトリーチ事業に加え、「地域生活支援促進事業」内に「精神障害にも対応した地域包括ケアシステムの構築推進事業」の一環として、アウトリーチ支援に係る事業が創設された。従来のアウトリーチ事業の実施に求められる要件を緩和することにより、多様な地域の実情に応じて柔軟に実施されることが期待されている。

2 アウトリーチの留意点

アウトリーチにおいて、精神保健福祉士には多様な専門性のある人々のなかで連携を図ることが期待されている。その際留意すべき点は、本人の要請に基づかない支援活動の場面にあっては、「重度の障害があっ

ても、その人の思いや判断があり得る（能力存在推定）」と考え、本人とともに決定する意思決定支援を取り入れることであり、本人との関係形成を丁寧に構築することである。

　アウトリーチは、医療を必要とする人に、積極的に医療を提供する点で、健康で文化的な生活を保障する重要な手段の一つであり、その医療の必要性を理解してもらう働きかけも含まれる。一方で、その人が要請していないときに、アウトリーチの積極性が本人の意向を軽視した本人不在の支援とならないよう、倫理的実践に留意する必要がある。

　支援が必要な状況を看過し放置することによって、精神障害者が不利益を被る現実がある限り、意思決定支援を兼ね備えたアウトリーチによる活動は、自ら支援を要請するのが困難な人々にとって、生活保障の機会として必要とされている。

◇引用文献
　1）厚生労働省社会・援護局障害保健福祉部精神・障害保健課「精神障害者アウトリーチ推進事業の手引き」p.3, 2011.

◇参考文献
　・吉池毅志「障害者差別解消法」日本精神保健福祉学会「精神保健福祉学の重要な概念・用語の表記のあり方に関する調査研究（平成29年度報告書）」2018.
　・障害者差別解消法解説編集委員会編著『概説障害者差別解消法』法律文化社, 2014.
　・日本弁護士連合会「総合的な意思決定支援に関する制度整備を求める宣言」2015.
　・志賀利一・渡邊一郎・青山均・江國泰介・勝田俊一執筆, 中尾佑次漫画『知的障害・発達障害の人たちのための 見てわかる意思決定と意思決定支援──「自分で決める」を学ぶ本』ジアース教育新社, 2016.
　・「障害福祉サービスの利用等にあたっての意思決定支援ガイドラインについて」（平成29年３月31日障発0331第15号）
　・日本福祉大学権利擁護研究センター監, 平野隆之・田中千枝子・佐藤彰一・上田晴男・小西加保留編著『権利擁護がわかる意思決定支援──法と福祉の協働』ミネルヴァ書房, 2018.
　・全国精神保健福祉会連合会ホームページ　https://seishinhoken. jp/
　・ジャパンファミリーワークプロジェクトホームページ　https://meridenjapan. jimdo. com/
　・江間由紀夫「『生活支援論』再考──谷中輝雄の遺したもの」東京成徳大学研究紀要, 第21号, 2014.

第3章

精神障害者の生活支援に関する制度

　近年、精神障害者を取り巻く社会状況は変化し、地域における生活支援の質は格段に向上してきた。制度・施策の情報が錯綜するなか、支援者となる精神保健福祉士は、当事者の生活の安寧を目指し伴走する存在として、新たな制度も含めて、さまざまな生活支援に関する制度を知り、つなげていくことが求められている。

　本章では、生活支援の概念の紹介からはじめ、近年の主流となる社会モデルによる生活支援の考え方を共有する。そのうえで公的な生活支援の仕組みともいえる障害者総合支援法を概観する。さらに生活支援の中心に位置する相談支援をはじめ、居住支援や就労支援の制度を知り、精神障害者のよりよい地域生活の理解を深めることがねらいとなる。

生活支援の基本的な考え方

学習のポイント
● 生活支援とは何を意味しているかを理解する
● 障害者の生活をサポートする障害者総合支援法の体系を把握する
● 障害者総合支援法の支援の流れを知る

1 生活支援の概念

　「生活」とは何であろうか。──『社会福祉原論』を記した岡村重夫は、生活とは「個人が社会生活上の基本的要求を社会制度を利用することによって充足する過程」であるとした。[1] 黒澤貞夫は、「利用者の生活ニーズの充足の過程」と述べている。[2]

　「生活支援」という言葉自体は、社会福祉施設で、利用者の相談に応じ、自立支援や生活指導を行う職員を指す生活支援相談員や、精神保健及び精神障害者福祉に関する法律（精神保健福祉法）に基づき、市町村、社会福祉法人等が精神障害者の社会復帰の促進および自立の促進を図るために行っていた精神障害者居宅生活支援事業などの用語のなかで活用されてきた。しかしながら、精神保健福祉分野においては、生活支援の捉え方はもう少し広い。

　佐藤久夫は、「生活支援」について「精神障害者の生活支援には、地域社会のなかで通院医療、相談、生活の場（住居）、作業活動の場、リハビリテーション、そして雇用の場が確保される必要がある」とし、[3] 村田信男も「医・職・住」の保障を提起した。[4] 石川到覚は、精神障害者の生活に欠かせない要素として「医・職・住・仲間」を挙げ、特に「仲間」について、同じ障害のある仲間同士で話しあい、助けあうセルフヘルプグループや当事者活動の重要性を指摘した。[5] 一方で、蜂矢英彦は、「生活上の困難を解消するための、職業・所得・住居・働く場の確保、暮らしの場の確保、地域での暮らしの支え」としていた。[6] 谷中輝雄は、生活支援とは「人々の生活に関する相談・実践を通して支援すること」であるとし、地域で生活を支える要素として、住む場、働く場、交流の場が必要であるとした。[7] 田中英樹は、これらの流れを踏まえ、我が国におい

ては地域生活支援の概念と枠組みが十分には整理されていないことを指摘しつつも、生活支援は、住む場、働く場、所得保障、交流の場、在宅福祉サービス、権利擁護の充実を図った、非医療的な支援の枠組みであるとし、医療、リハビリテーションとともに地域生活支援が行われていく統合的生活モデルの必要性を提起した。

　このように精神障害者の生活支援とは、一部の生活上の支援を指すのではなく、地域における住宅、就労・所得保障、仲間の支えあい等を促すシステムが、医療の枠組みと重なりあいながらも異なる面として営まれる支援体系と理解することができるだろう。

2　生活支援の発想の基盤

　2001年に発表された国際生活機能分類（International Classification of Functioning, Disability and Health：ICF）が我が国に導入され、障害は環境との相互作用という考え方が広がるようになった。本人の生活のしづらさに対して、チームアプローチにより環境調整を図り、人的・物的な環境因子を整えていくことが生活支援で求められるようになってきたともいえる。また、2006年に国連総会において障害者の権利に関する条約が採択され、「障害は個人ではなく社会にある」といった社会モデルの視点が提示された。我が国では国連の障害者の権利に関する条約の締結に先立ち、障害当事者の意見も聴きながら国内法令の整備を推進することになった。

　2011（平成23）年には障害者基本法が改正され、障害者の定義を、「身体障害、知的障害、精神障害（発達障害を含む。）その他の心身の機能の障害（以下「障害」と総称する。）がある者であって、障害及び社会的障壁により継続的に日常生活又は社会生活に相当な制限を受ける状態にあるもの」とした。また、2012（平成24）年には障害者の日常生活及び社会生活を総合的に支援するための法律（障害者総合支援法）を成立させるが、基本理念を「法に基づく日常生活・社会生活の支援（生活支援）が、共生社会を実現するため、社会参加の機会の確保及び地域社会における共生、社会的障壁の除去に資するよう、総合的かつ計画的に行われること」として施行した。この社会的障壁の規定が、社会モデルの考え方を指している。さらには、2013（平成25）年に障害を理由とする差別の解消の推進に関する法律（障害者差別解消法）が成立、障害

Active Learning

社会モデルの視点とはどのようなものか考えてみましょう。

図3-1　医学モデル、生活モデルから社会モデルへの移行

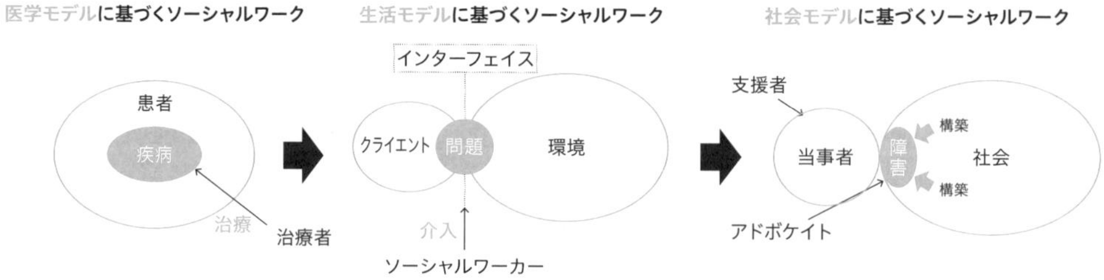

出典：岡部耕典「『自己決定』とソーシャルワーク」『精神保健福祉』第45巻第4号，pp.281-285，2014.

者の雇用の促進等に関する法律（障害者雇用促進法）が改正され、これらの法整備を受け、2014（平成26）年に**障害者の権利に関する条約**を批准した。精神保健福祉法においても、「国及び地方公共団体の義務」として、「障害者総合支援法の規定による自立支援給付及び地域生活支援事業と相まって、医療施設及び教育施設を充実する等精神障害者の医療及び保護並びに保健及び福祉に関する施策を総合的に実施することによって精神障害者が社会復帰をし、自立と社会経済活動への参加をすることができるように努力する」（第２条）とされた。

Active Learning

障害者にとって、“社会の障壁”とはどのようなものがあるか具体的に挙げてみましょう。

現在、障害者の生活支援は、共生社会の実現に向けて、障害者の「障害及び社会的障壁」を除去・軽減するものとして国が保障していくべき課題となった。かつての福祉は措置制度による画一的な行政処遇であったが[i]、現在は、**自立支援と参加**を促す、当事者が選択できる制度がデザインされるようになり、社会モデルの考え方が生活支援の考え方の基盤になったともいえる。医療現場においてはなじみがあった、従来の疾病に対して治療・ケアを行う**医療モデル**が、クライエントと環境の接点で生じる問題に対して介入する**生活モデル**の発想に移り変わり、さらには、障害は社会側によって構築されるという**社会モデル**の考え方へ移行しつつあるともいえよう（**図3-1**）。今求められている社会モデルによる視点は、障害学の提唱者であるマイケル・オリバー（Oliver, M.）らの言葉を借りると、「（ソーシャルワーカーは、）障害者“のために（for）”働くのではなく、障害者と“ともに（with）”働くべき[10]」ということになる。つまり、ソーシャルワーカーは、障害者の価値観に寄り添い、応答していくことが求められる。社会的障壁に対し、当事者とともに社会

i　2000（平成12）年の社会福祉基礎構造改革によって、社会福祉の基礎構造が抜本的に改革された。かつては、施設等入所時等に行政指導として措置されてきたが、改革以降、サービス利用者と提供者の契約に基づく福祉サービスの考え方が一般的になった。

に働きかけていくことが期待される。とりわけ精神保健福祉士は、福祉
専門職として生活支援を行うなかで、当事者とともにみえない社会の障
壁・スティグマにも立ち向かっていく姿勢が問われている。

3 公的な生活支援（障害者総合支援法）の仕組みに至るまでの経緯①

　我が国は、かつての隔離収容施策によって、精神科病院に精神障害者
を閉じ込め精神障害者の生活を奪ってきたつらい歴史がある。そのため、
1980年代までは、精神障害者については、公的な生活支援のニーズは
多くはなかった。しかしながら、1990年代以降、退院して地域で生活
する精神障害者が目立つようになり、地域における生活支援の必要性が
問われるようになってきた。

　1999（平成11）年の精神保健福祉法の一部改正により、精神障害者
居宅生活支援事業（ホームヘルプ、ショートステイ、グループホーム）
が市町村単位で実施されることが決まり、精神障害者の当該サービスの
申請窓口と支給決定も保健所から市町村へ移管した。2004（平成16）
年には精神保健医療福祉の改革ビジョンとして、入院医療中心から地域
生活中心への移行が掲げられ、そのなかで精神保健医療福祉体系の再編
も進められることになった。3障害（精神障害、身体障害、知的障害）
に共通した問題は障害の枠を超えて体制整備がなされることになり、
2005（平成17）年に成立した障害者自立支援法にて、3障害の一元化
が図られた。

　障害者自立支援法では、「応能負担から応益負担へ」「障害の種類別に
法律があったものを、あらゆる障害について、この法律で対応する」「市
町村を事業の母体とする」「障害者も自立できる社会を目指す」ことが
四つの柱として掲げられた。しかしながら、利用者が受けたサービスの
値段に応じ（「応益」）、その1割を請求されることになった。精神障害
者については、障害者自立支援法の施行によって、精神障害者通院医療
費公費負担制度（5％の支払い）から自立支援医療による医療費支払
い（原則1割の支払い）となり、家計の圧迫を避けるためにサービスを
控える精神障害者等が続出した。また、障害程度区分（現在の障害者総
合支援法では障害支援区分）の仕組みが導入されたが、「1人で立てる」
「歩ける」など身体的な障害に重きが置かれていたために、見守りが不
可欠な知的障害や、症状に波がある精神障害が軽度と認定されやすい問

題が起こっていた。

　結局、障害者も「互いに負担し支えあう」ことを前提とした障害者自立支援法は、重度障害者をはじめとした障害者、関係者らによって各地に違憲訴訟が起こされた。2010（平成22）年に国と原告側が合意に至り、2013（平成25）年に障害者自立支援法を改正する形で障害者総合支援法が創設されることになった。

 公的な生活支援（障害者総合支援法）の仕組みに至るまでの経緯②

　時を同じくして、2000年代に精神科病院に社会的入院となっている精神障害者らの地域移行支援が進められていくことになった。地域移行支援とは、障害者支援施設等に入所している者または精神科病院に入院している者に対して、住居の確保その他の地域における生活に移行するための活動に関する相談その他の必要な支援を行うことを指す。2004（平成16）年の精神保健医療福祉の改革ビジョンによって、当時、精神病床の機能分化・地域生活支援体制の強化等、立ち後れた精神保健医療福祉体系の再編と基盤強化を行うことで10年間で必要な精神病床数の約7万床の減少を促し、受け入れ条件が整えば退院可能な患者を退院させていく地域移行のための事業が次々に打ち出されることになった。

　2006（平成18）年に「精神障害者退院促進支援事業」が実施され、自立支援員が退院に向けての支援を行い始めた。2008（平成20）年より精神障害者退院促進支援事業の名称を「精神障害者地域移行支援特別対策事業」に改め、地域移行推進員（自立支援員）の配置に加え、地域体制整備コーディネーターを配置し、地域への移行と定着を強める連携体制の強化を図った。また2010（平成22）年からは、「精神障害者地域移行支援特別対策事業」の名称を「精神障害者地域移行・地域定着支援事業」へ変更し、地域移行推進員・地域体制整備コーディネーターの配置に加え、未受診・受療中断等の精神障害者に対する支援体制の構築や、精神疾患への早期対応を行うための事業、ピアサポーターの活動費用の計上、精神障害者と地域の交流促進事業を盛り込んだ。精神障害者の視点を重視した支援を充実する観点や、精神障害者が自らの疾患や病状について正しく理解することを促す観点からピアサポーターが導入され、地域移行推進員による対象者の退院に向けた相談・助言、個別支援計画に基づく院外活動に係る同行支援等で活用されるようになった。

　この地域移行支援にからむ事業であるが、障害者総合支援法が施行される1年前の2012（平成24）年4月につなぎ法として施行された整備法ᵢᵢ（一部は2011（平成23）年10月から施行）によって、相談支援体系の整備、ケアマネジメントの対象の拡大、強化が図られ、そのなかに組み込まれていくことになった。今までは補助金事業（都道府県／指定相談事業者、精神科病院等へ委託可）であったものが、指定一般相談支援事業者（地域移行・定着担当）による事業へと変更され、障害者総合支援法に地域移行支援が引き継がれていくことになった。

5　障害者総合支援法

1　障害者総合支援法の概要

　公的な生活支援の根拠となる2013（平成25）年4月に施行された障害者総合支援法は、地域社会における共生の実現という理念のもとに規定されており、障害者の日常生活および社会生活の総合的な生活支援を図る根拠となっている。

　法の目的としては、「障害者及び障害児が基本的人権を享有する個人としての尊厳にふさわしい日常生活又は社会生活を営む」（第1条）としており、基本理念としては、以下のことが盛り込まれた（第1条の2）。

❶基本理念

(1)　すべての国民が、障害の有無にかかわらず、等しく基本的人権を享有するかけがえのない個人として尊重されること

(2)　すべての国民が、障害の有無によって分け隔てられることなく、相互に人格と個性を尊重しあいながら共生する社会を実現すること

(3)　すべての障害者および障害児が可能な限りその身近な場所において必要な日常生活または社会生活を営むための支援を受けられること

(4)　社会参加の機会が確保されること

(5)　どこで誰と生活するかについての選択の機会が確保され、地域社会においてほかの人々と共生することを妨げられないこと

(6)　障害者および障害児にとって日常生活または社会生活を営むうえで障壁となるような社会における事物、制度、慣行、観念その他一切の

ᵢᵢ　整備法の正式名称は、「障がい者制度改革推進本部等における検討を踏まえて障害保健福祉施策を見直すまでの間において障害者等の地域生活を支援するための関係法律の整備に関する法律」である。

ものの除去に資すること

❷対象

　現在の法に含む障害者の範囲は、身体障害者、知的障害者、精神障害者（発達障害者を含む）に加え、制度の谷間となって支援の充実が求められていた難病等（治療方法が確立していない疾病その他の特殊の疾病であって政令で定めるものによる障害の程度が厚生労働大臣が定める程度である者）とされている。

■2 障害者総合支援法によるサービス

Active Learning

あなたの市町村では、障害者に、どのように障害者総合支援法のことを案内しているか調べてみましょう。

　障害者総合支援法による生活支援の枠組みは、市町村による「自立支援給付」と「地域生活支援事業」で構成されており、都道府県が市町村の地域生活支援事業をバックアップする体制が整えられている。自立支援給付は、勘案すべき事項（障害の種類や程度、介護者、居住の状況、サービスの利用に関する意向等）およびサービス等利用計画案を踏まえて、個々に支給決定が行われる。「地域生活支援事業」は市町村等の創意工夫により、地域や利用者の方々の状況に応じて柔軟にサービスを行うことになっている（**図3-2**）。

●自立支援給付の体系

　自立支援給付とは、在宅で訪問によって受けるサービスや施設への通所で入所を利用するサービス、また自立促進のための就労支援など利用者の状態やニーズに応じて個別に給付されるサービスを指す（**表3-1**）。

　「介護給付」として、❶居宅介護（ホームヘルプ）、❷重度訪問介護、❸同行援護、❹行動援護、❺重度障害者等包括支援、❻短期入所（ショートステイ）、❼療養介護、❽生活介護、❾障害者支援施設での夜間ケア等（施設入所支援）がある。❶❸❹❺❻は、障害者に加えて、障害児も利用できるサービスとなっている。

　「訓練等給付」として、①自立訓練、②就労移行支援、③就労継続支援（A型:雇用型、B型:非雇用型）、④就労定着支援、⑤自立生活援助、⑥共同生活援助（グループホーム）があり、障害者が利用できる。これらのサービスは有期限のものと無期限のものがあるが、有期限であっても必要に応じて支給決定の更新（延長）は一定程度、可能となる。④と⑤は2018（平成30）年4月より新設された。

　障害者は、上記の自立支援給付のサービス等から、日中活動と住まい

---

iii　2019（令和元）年7月より、361疾病が対象。

図3-2　障害者総合支援法の給付・事業

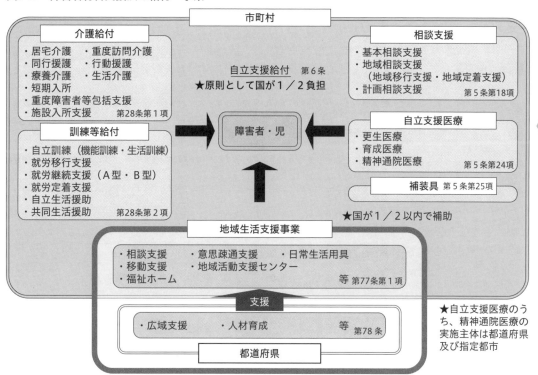

出典：厚生労働省資料

　の場等を組み合わせて利用することになる。

　そのサービスのコーディネートを行う、自立支援給付の一つに位置づけられる「相談支援」については、基本相談支援、地域相談支援（地域移行支援・地域定着支援）、計画相談支援がある。詳細は、第3章第2節「相談支援制度」で取り上げる。

　また、生活支援を支える医療については、「自立支援医療」の利用が可能となっている。医療費の自己負担額を軽減する自立支援医療（公費負担医療制度）は、❶精神通院医療、❷更生医療、❸育成医療の三つに大別される。自立支援医療の自己負担額は、世帯の市町村民税課税額または本人の収入に応じ、月ごとに負担上限額が設定されている。

　また、「補装具費」の支給について、利用者負担については所得等に配慮した負担となる。支給決定は、障害者または障害児の保護者からの申請に基づき市町村が行う。補装具費の支給は「購入」が原則だが、成長に伴って短期間での交換が必要であると認められる場合など、借受けによることが適当である場合は、補装具費の支給の対象となる。

第3章　精神障害者の生活支援に関する制度

表3-1　障害者総合支援法における自立支援給付

介護給付		
❶ 居宅介護（ホームヘルプ）	自宅で、入浴、排せつ、食事の介護等を行う。	
❷ 重度訪問介護	重度の肢体不自由者または重度の知的障害もしくは精神障害により、行動上著しい困難を有する人で常に介護を必要とする人に、自宅で、入浴、排せつ、食事の介護、外出時における移動支援などを総合的に行う。2018（平成30）年4月より、入院時も一定の支援が可能となった。	
❸ 同行援護	視覚障害により、移動に著しい困難を有する人に、移動に必要な情報の提供（代筆・代読を含む）、移動の援護等の外出支援を行う。	
❹ 行動援護	自己判断能力が制限されている人が行動するときに、危険を回避するために必要な支援や外出支援を行う。	
❺ 重度障害者等包括支援	常に介護を必要とする障害者等であって、その介護の必要の程度が著しく高い人に、居宅介護等複数のサービスを包括的に行う。	
❻ 短期入所（ショートステイ）	自宅で介護する人が病気の場合などに、短期間、夜間も含め施設で、入浴、排せつ、食事の介護等を行う。	
❼ 療養介護	医療と常時介護を必要とする人に、医療機関で機能訓練、療養上の管理、看護、介護および日常生活の支援を行う。	
❽ 生活介護	常に介護を必要とする人に、昼間、入浴、排せつ、食事の介護等を行うとともに、創作的活動または生産活動の機会を提供する。	
❾ 障害者支援施設での夜間ケア等（施設入所支援）	施設に入所する人に、夜間や休日、入浴、排せつ、食事の介護等を行う。	
訓練等給付		
① 自立訓練	自立した日常生活または社会生活ができるよう、一定期間、身体機能または生活能力の向上のために必要な訓練を行う。機能訓練と生活訓練がある。	
② 就労移行支援	一般企業等への就労を希望する人に、一定期間、就労に必要な知識および能力の向上のために必要な訓練を行う。	
③ 就労継続支援（A型：雇用型、B型：非雇用型）	一般企業等での就労が困難な人に、働く場を提供するとともに、知識および能力の向上のために必要な訓練を行う。雇用契約を結ぶA型と、雇用契約を結ばないB型がある。	
④ 就労定着支援	一般就労に移行した人に、就労に伴う生活面の課題に対応するための支援を行う。	
⑤ 自立生活援助	一人暮らしに必要な理解力・生活力等を補うため、定期的な居宅訪問や随時の対応により日常生活における課題を把握し、必要な支援を行う。	
⑥ 共同生活援助（グループホーム）	共同生活を行う住居で、相談や日常生活上の援助を行う。また、入浴、排せつ、食事の介護等の必要性が認定されている人には介護サービスも提供する。さらに、グループホームを退居し、一般住宅等への移行を目指す人のためにサテライト型住居がある。	
相談支援		
詳細は、第3章第2節を参照。		
自立支援医療		
❶ 精神通院医療	精神保健福祉法第5条に規定する統合失調症などの精神疾患を有する人で、通院による精神医療を継続的に要する人の医療費の自己負担額を軽減する。	
❷ 更生医療	身体障害者福祉法に基づき身体障害者手帳の交付を受けた人で、その障害を除去・軽減する手術等の治療により確実に効果が期待できる人（18歳以上）の医療費の自己負担額を軽減する。	
❸ 育成医療	身体に障害を有する児童で、その障害を除去・軽減する手術等の治療により確実に効果が期待できる人（18歳未満）の医療費の自己負担額を軽減する。	
補装具費		
障害者等の身体機能を補完し、または代替し、かつ、長期間にわたり継続して使用されるもの等（義肢、装具、車いす等）の購入等の費用を支給する。		

出典：全国社会福祉協議会「障害福祉サービスの利用について（2018年4月版）」を参考に筆者が一部改変

3 障害者総合支援法による地域生活支援事業

　障害のある人が、基本的人権を享有する個人としての尊厳にふさわしい日常生活または社会生活を営むことができるよう、住民に最も身近な

市町村を中心としてさまざまな事業が実施されることになっている（**表3-2**）。市町村も都道府県も、必須事業と任意事業に分かれている。地域で生活する障害のある人のニーズを踏まえ、地域の実情に応じた柔軟な事業形態での実施が可能となるよう、自治体の創意工夫により事業の詳細を決定し、効率的・効果的な取り組みを行うことになっている。成年後見制度利用支援事業や意思疎通支援事業等、障害者の権利擁護の推進に向けての事業も盛り込んでいる。また、自発的活動支援事業として、障害者やその家族、地域住民等が自発的に行う活動の支援も市町村の必須事業に位置づけられている。障害者の生活支援に必要な事業が次々に打ち出されている。

4 障害者総合支援法の利用の手続き

❶サービス利用までの流れ

サービス利用までの流れは以下のとおりとなる。

(1) サービスの利用を希望する者は、市町村の窓口に申請し障害支援区分の認定を受ける。

(2) 市町村は、サービスの利用の申請をした者（利用者）に、指定特定相談支援事業者が作成する「サービス等利用計画案」の提出を求める。

利用者は「サービス等利用計画案」を指定特定相談支援事業者に作成してもらい、市町村に提出する（あるいは、自ら自立支援給付に該当するサービス利用意向が含まれた案（書式に定めなし）を提出する）。

(3) 市町村は、提出された計画案や勘案すべき事項を踏まえ、支給決定を行う。

(4) 利用者は、支給決定された「サービス等利用計画案」をもとに、サー

図3-3　支給決定プロセス

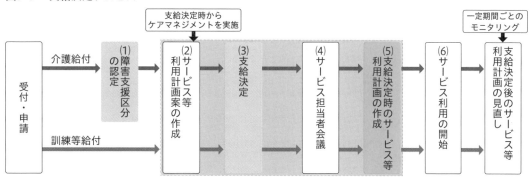

※　同行援護の利用の場合は障害支援区分の認定は必要ないが、同行援護アセスメント調査票の基準を満たす必要がある。
出典：全国社会福祉協議会「障害福祉サービスの利用について（2018年4月版）」を参考に筆者が一部改変

表3-2　令和2年度地域生活支援事業（市町村事業・都道府県事業）

地域生活支援事業	
＜市町村事業（必須）＞	
理解促進研修・啓発事業	障害者に対する理解を深めるための研修や啓発事業を行う。
自発的活動支援事業	障害者やその家族、地域住民等が自発的に行う活動を支援する。
相談支援事業	⑴ 基幹相談支援センター等機能強化事業 　　地域における相談支援の中核的役割を担う機関として、基幹相談支援センター等に社会福祉士、保健師、精神保健福祉士等、市町村等の相談支援機能を強化するために必要と認められる専門的職員を配置し、相談支援体制の強化を行う。 ⑵ 住宅入居等支援事業（居住サポート事業） 　　賃貸契約による一般住宅への入居にあたって支援が必要な障害者等に、入居支援、居住支援のための関係機関によるサポート体制の調整を行う。
成年後見制度利用支援事業	補助を受けなければ成年後見制度の利用が困難である人を対象に、費用を助成する。
成年後見制度法人後見支援事業	市民後見人を活用した法人後見を支援するための研修等を行う。
意思疎通支援事業	聴覚、言語機能、音声機能、視覚等の障害のため、意思疎通を図ることに支障がある人とその他の人の意思疎通を仲介するために、手話通訳や要約筆記、点訳等を行う者の派遣などを行う。
日常生活用具給付等事業	重度障害のある人等に対し、自立生活支援用具等日常生活用具の給付または貸与を行う。
手話奉仕員養成研修事業	手話で意思疎通支援を行う者を養成する。
移動支援事業	屋外での移動が困難な障害のある人について、外出のための支援を行う。
地域活動支援センター機能強化事業	障害のある人が通い、創作的活動または生産活動の提供、社会との交流の促進等の便宜を図る地域活動支援センターの機能を強化し、障害者等の地域生活支援を促進する。
＜市町村事業（任意）＞	
日常生活支援	福祉ホームの運営、訪問入浴サービス、生活訓練等、日中一時支援、地域移行のための安心生活支援、巡回支援専門員整備、相談支援事業者等（地域援助事業者）における退院支援体制確保、協議会における地域資源の開発・利用促進等の支援、児童発達支援センター等の機能強化等を実施することができる。
社会参加支援	レクリエーション活動支援、芸術文化活動振興、点字・声の広報等発行、奉仕員養成研修、複数市町村における意思疎通支援の共同実施促進、家庭・教育・福祉連携推進事業を実施することができる。
就業・就労支援	盲人ホームの運営、知的障害者職親委託、雇用施策との連携による重度障害者等就労支援特別事業を実施することができる。
＜都道府県事業（必須）＞	
専門性の高い相談支援事業	発達障害、高次脳機能障害など専門性の高い相談について、必要な情報提供等を行う。
専門性の高い意思疎通支援を行う者の養成研修事業	意思疎通支援を行う者のうち、特に専門性の高い者を養成する事業を行う（手話通訳者、要約筆記者、触手話および指点字を行う者等の養成を想定）。
専門性の高い意思疎通支援を行う者の派遣事業	意思疎通支援を行う者のうち、特に専門性の高い者を派遣する事業を行う（手話通訳者、要約筆記者、触手話および指点字を行う者等の派遣を想定）。
意思疎通支援を行う者の派遣に係る市町村相互間の連絡調整事業	手話通訳者、要約筆記者、触手話および指点字を行う者の派遣に係る市町村相互間の連絡調整を行う。
広域的な支援事業	都道府県相談支援体制整備事業や精神障害者地域生活支援広域調整等事業、発達障害者支援地域協議会による体制整備事業など、市町村域を超える広域的な支援が必要な事業を行う。
＜都道府県事業（任意）＞	
サービス・相談支援者、指導者育成事業	障害支援区分認定調査員等研修事業、相談支援従事者等研修事業、サービス管理責任者研修事業、居宅介護従業者等養成研修事業、障害者ピアサポート研修事業、身体障害者・知的障害者相談員活動強化事業、音声機能障害者発声訓練指導者養成事業、精神障害関係従事者養成研修事業、精神障害支援の障害特性と支援技法を学ぶ研修事業、その他サービス・相談支援者、指導者育成事業を実施することができる。
日常生活支援	福祉ホームの運営、オストメイト（人工肛門・人工膀胱造設者）社会適応訓練、音声機能障害者発声訓練、児童発達支援センター等の機能強化等、矯正施設等を退所した障害者の地域生活への移行促進、医療型短期入所事業所開設支援、障害者の地域生活の推進に向けた体制強化支援事業を実施することができる。
社会参加支援	手話通訳者の設置、字幕入り映像ライブラリーの提供、点字・声の広報等発行、点字による即時情報ネットワーク、都道府県障害者社会参加推進センター運営、奉仕員養成研修、レクリエーション活動等支援、芸術文化活動振興、サービス提供者情報提供や、障害者自立（いきいき）支援機器普及アンテナ事業、企業CSR連携促進を実施することができる。
就業・就労支援	盲人ホームの運営、重度障害者在宅就労促進（バーチャル工房支援）、一般就労移行等促進、障害者就業・生活支援センター体制強化等を実施することができる。
重度障害者に係る市町村特別支援	利用者全体に占める重度障害者の割合が一定以上の市町村に対し、都道府県が一定の財政支援を行い、重度の障害者の地域生活を支援する。
障害福祉のしごと魅力発信事業	障害福祉分野における人材確保に向けて、障害福祉の仕事の魅力を伝え、障害福祉の現場に対するイメージ改善を民間委託により行う。

出典：全国社会福祉協議会「障害福祉サービスの利用について（2018年4月版）」を参考に筆者が一部改変

ビス提供事業者に利用要請し契約する。指定特定相談支援事業者は、サービス担当者会議を開催する。

(5) サービス事業者等との連絡調整を行い、実際に利用する「サービス等利用計画」を作成する。サービス提供事業者のサービス管理責任者が利用者からの利用要請を受けて、提供するサービス計画を踏まえた個別支援計画を作成する。

(6) 利用者の同意を経て、サービス利用が開始される。

❷サービス等利用計画

障害福祉サービスの利用申請時に「サービス等利用計画案」を作成し、サービス支給決定後の連絡調整を経て「サービス等利用計画」の作成を行うことになっている。この計画は、障害のある人の意思や人格を尊重し、常に当事者の立場で考え、障害のある人が自立した日常生活または社会生活を営むことができるよう支援することを意図している。サービス等利用計画の「等」に含まれる意味は、障害福祉サービスだけでなく、家族や友人、地域社会など、制度に基づかないインフォーマルな支援も含め、本人が望む生活を実現するためのあらゆるサポートの内容を盛り込んだ計画書であることを指す。サービス等利用計画の作成は、2015（平成 27）年度より必須となっている。

計画相談が開始された当初は、指定特定相談支援事業者が身近な地域にない場合等、計画相談体制が追いつかず、やむを得ず、それ以外の者（利用者やその家族、支援者）が作成したサービス等利用計画案（セルフプラン）の提出を容認してきたが、最近は、計画相談の希望者には計画相談支援が行きわたるように体制が整えられてきている。

❸障害支援区分

障害支援区分とは、障害の多様な特性や心身の状態に応じて必要とされる標準的な支援の度合いを表す6段階の区分（区分 1 ～ 6：区分 6 のほうが必要とされる支援の度合いが高い）を指す。どこに住んでも平等・公平に必要とされる支援の度合いに応じて適切なサービスが利用できるようにするための指標ともいえる。

① 一次判定

(1) 障害支援区分認定調査

障害支援区分の判定等のため、市町村の認定調査員が、申請のあった本人および保護者等と面接をし、3障害（身体・知的・精神障害）および難病等対象者共通の調査項目等について認定調査を行う。調査項目（**表 3-3**）は、❶移動や動作等に関連する項目（12 項目）、❷身

表3-3　障害支援区分の調査項目

1．移動や動作等に関連する項目（12 項目）			
1-1　寝返り	1-2　起き上がり	1-3　座位保持	1-4　移乗
1-5　立ち上がり	1-6　両足での立位保持	1-7　片足での立位保持	1-8　歩行
1-9　移動	1-10　衣服の着脱	1-11　じょくそう	1-12　えん下
2．身の回りの世話や日常生活等に関連する項目（16 項目）			
2-1　食事	2-2　口腔清潔	2-3　入浴	2-4　排尿
2-5　排便	2-6　健康・栄養管理	2-7　薬の管理	2-8　金銭の管理
2-9　電話等の利用	2-10　日常の意思決定	2-11　危険の認識	2-12　調理
2-13　掃除	2-14　洗濯	2-15　買い物	2-16　交通手段の利用
3．意思疎通等に関連する項目（6 項目）			
3-1　視力	3-2　聴力	3-3　コミュニケーション	3-4　説明の理解
3-5　読み書き	3-6　感覚過敏・感覚鈍麻	－	－
4．行動障害に関連する項目（34 項目）			
4-1　被害的・拒否的	4-2　作話	4-3　感情が不安定	4-4　昼夜逆転
4-5　暴言暴行	4-6　同じ話をする	4-7　大声・奇声を出す	4-8　支援の拒否
4-9　徘徊	4-10　落ち着きがない	4-11　外出して戻れない	4-12　1 人で出たがる
4-13　収集癖	4-14　物や衣類を壊す	4-15　不潔行為	4-16　異食行動
4-17　ひどい物忘れ	4-18　こだわり	4-19　多動・行動停止	4-20　不安定な行動
4-21　自らを傷つける行為	4-22　他人を傷つける行為	4-23　不適切な行為	4-24　突発的な行動
4-25　過食・反すう等	4-26　そう鬱状態	4-27　反復的行動	4-28　対人面の不安緊張
4-29　意欲が乏しい	4-30　話がまとまらない	4-31　集中力が続かない	4-32　自己の過大評価
4-33　集団への不適応	4-34　多飲水・過飲水	－	－
5．特別な医療に関連する項目（12 項目）			
5-1　点滴の管理	5-2　中心静脈栄養	5-3　透析	5-4　ストーマの処置
5-5　酸素療法	5-6　レスピレーター	5-7　気管切開の処置	5-8　疼痛の看護
5-9　経管栄養	5-10　モニター測定	5-11　じょくそうの処置	5-12　カテーテル

出典：全国社会福祉協議会「障害福祉サービスの利用について（2018年4月版）」を参考に筆者が一部改変

の回りの世話や日常生活等に関連する項目（16 項目）、❸意思疎通等に関連する項目（6 項目）、❹行動障害に関連する項目（34 項目）、❺特別な医療に関連する項目（12 項目）の80 項目となっている。また、具体的な状況を補足できる特記事項が設けられている。

(2)　概況調査

　　認定調査に併せて、本人および家族等の状況や、現在のサービス内容や家族からの介護状況等の調査を行う。

②　二次判定

　　各市町村に設置される市町村審査会において、一次判定の調査結果や医師の意見書の内容を総合的に勘案した審査判定が行われ、その結果を踏まえて市町村が認定することになっている。決定された障害支援区分によってサービス量が決まる。コンピュータによる一次判定のあと、市町村審査会による二次判定で区分の確定を行う。

❹利用者負担に関する軽減措置

　　障害者自立支援法で問題となった利用者負担については、障害者総合支援法の施行にあたり検討が重ねられた。その結果、利用者負担はサー

ビス量と所得に着目した負担の仕組みとされ、その負担は所得等に配慮した負担（応能負担）となった。具体的には、1月ごとの利用者負担には上限があり、障害福祉サービスの定率負担は、所得に応じて4区分の負担上限月額が設定され、1月に利用したサービス量にかかわらず、それ以上の負担は生じない仕組みとなっている。[iv]

5 生活支援を支える事業所

　障害者の生活支援を支える障害福祉サービス事業所は、それぞれの地域、機関の状況に応じ、障害者総合支援法によるサービスを提供する。

　訪問系サービス（居宅介護、重度訪問介護、同行援護、行動援護、重度障害者等包括支援）、日中活動系サービス（療養介護、生活介護、短期入所）、施設系サービス（施設入所支援）、居住系サービス（共同生活援助、自立生活援助）、訓練系・就労系サービス（自立訓練（機能訓練）、自立訓練（生活訓練）、宿泊型自立訓練、就労移行支援、就労継続支援A型、就労継続支援B型、就労定着支援）、相談系サービス（地域相談支援（地域移行支援）、地域相談支援（地域定着支援）、計画相談支援）に大別される。

　精神障害者分野については、障害者自立支援法の施行までは精神保健福祉法で定められた精神障害者社会復帰施設として、精神障害者生活訓練施設（援護寮）、精神障害者福祉ホーム、精神障害者通所授産施設、精神障害者入所授産施設、精神障害者福祉工場、精神障害者地域生活支援センターおよび法定外で精神障害者短期入所生活介護等（ショートステイ）施設、精神障害者小規模通所授産施設が存在した。

　障害者自立支援法施行以降には、福祉工場や小規模通所授産施設が就労継続支援B型事業所や就労移行支援事業所に移行したり、精神障害者生活訓練施設が自立訓練（生活訓練）の事業所に、精神障害者地域生活支援センターが地域活動支援センターに移行するなどして支援を行っている。一つの事業所で複数の事業を担うところも多く、二つ以上の事業を一体的に行う事業所は多機能型として運営されている。3障害の一元化により、精神障害者のみならずさまざまな障害者が利用しているが、旧施設の特徴を引き継いでいるために精神障害者の割合が大きいところ

---

iv　障害者の具体的な利用負担については、生活保護受給世帯や、市町村民税非課税世帯の負担上限月額は0円となっており、収入が600万円以下の世帯は、9300円／月（ただし、入所施設利用者（20歳以上）・グループホーム利用者を除く）、それ以外の世帯は、3万7200円／月（入所施設利用者（20歳以上）・グループホーム利用者を含む）となっている。

が多い。それらの事業所において、精神保健福祉士の雇用も進んでいる。

　また、障害者自立支援法が施行される前までは、社会福祉法人や医療法人による運営が多かったが、現在は、非営利団体（NPO法人など）や営利法人による運営も盛んな事業（就労継続支援A型事業所など）もあり、多様な事業主体の参入促進がみられる。

　なお、現在の障害者総合支援法によって生活支援を行う事業所の詳細については、独立行政法人福祉医療機構が運営する「WAM NET」の「障害福祉サービス等情報検索」が全国の情報を集約している。

Active Learning

WAM NETから、あなたの地域の障害者総合支援法関連の社会資源を調べてみましょう。

◇引用文献
1 ）岡村重夫『社会福祉原論』全国社会福祉協議会，p.83，1983.
2 ）黒澤貞夫「生活支援とは何か」『介護福祉』第45号，pp.7-24，2002.
3 ）本家慶昭・森川英一・池末美穂子・佐藤久夫『「精神障害」のベクトル——病棟から地域へ患者から生活者への道』ミネルヴァ書房，p.11，1986.
4 ）村田信男『地域精神保健——メンタルヘルスとリハビリテーション』医学書院，p.148，1993.
5 ）石川到覚「精神障害者の自立と社会参加の促進」『社会福祉研究』第74号，pp.45-51，1999.
6 ）蜂矢英彦『精神障害者の社会参加への援助』金剛出版，p.103，1991.
7 ）谷中輝雄『生活支援——精神障害者生活支援の理念と方法』やどかり出版，pp.155-159，p.221，1996.
8 ）田中英樹『精神障害者の地域生活支援——統合的生活モデルとコミュニティソーシャルワーク』中央法規出版，pp.17-20，2001.
9 ）障害者相談支援従事者初任者研修テキスト編集委員会編『改訂 障害者相談支援従事者初任者研修テキスト』中央法規出版，pp.4-5，2007.
10）M. オリバー・B. サーペイ，野中猛監訳，河口尚子訳『障害学にもとづくソーシャルワーク——障害の社会モデル』金剛出版，p.46，p.225，2010.

◇参考文献
・WAM NET（障害福祉サービス等情報検索）https://www.wam.go.jp/sfkohyoout/COP000100E0000.do

第2節 相談支援制度

学習のポイント

● 相談支援制度が構築された歴史的経緯を把握する
● 障害者総合支援法による相談支援の枠組みを理解する
● 精神保健福祉分野における相談支援の課題を考える

1 相談支援の概要

　精神障害により意思決定能力が低く地域で暮らすことが難しいとされてきた精神障害者への相談援助は、医療を中心とした疾病・障害対応という援助方法が中心であった。治療やリハビリテーションが前面に出され、生活主体である本人の希望は置き去りにされてきた。精神障害者の生活を支援する方法としての相談の位置づけではなかったともいえる。そのなかで、医療現場においては唯一の福祉の視点を有する専門職として、精神保健福祉士は、相談援助に携わってきた。

　その相談援助と呼ばれてきた言葉が、「相談支援」という言葉に言い換えられるようになってきた。そこでは、本人中心の、その人の生活や人生を優先する、社会モデル的な発想のもと行われる支援が必要になる。本人の障害に専門的に対応できる場で支援しようという形（医療モデル）で解決するのではなく、本人の障害特性や個人因子といったものと、本人を取り巻く地域の環境（環境因子）、その相互の関係のなかで、本人を支えていこうとする姿勢が、「社会モデル」で支えるという支援である。[1]
門屋の言葉を借りると、「相談支援」とは、「本人中心、本人の意思決定に従う支援を基本として、本人がエンパワメントしてリカバリーの道を歩むことを支援するもの」であるという。[2] また、援助する者される者という関係ではなく、対等性を担保された関係性のなかで行われる支援でなければならないとされている。実際、「相談支援」とは、言葉のとおり「相談」と「支援」が一体となった制度であり、相談することと同時に、支援を必要とする人たちが存在することから相談支援という方法論が制度化されたとも考えられている。

　精神障害者分野の行政における相談の仕組みとしては、精神保健及び精神障害者福祉に関する法律（精神保健福祉法）第47条（相談指導等）に規定される精神保健相談が、1965（昭和40）年の精神衛生法一部改正のときから都道府県や指定都市、中核市において主に保健所で行われてきた。精神科の受診や入院治療導入に関する相談、通報等による措置診察対応、アルコールや薬物使用障害などアディクション（依存症）に関する相談、ひきこもりの相談、重症の在宅精神障害者やひきこもり者への訪問支援など精神保健領域の専門的な精神保健相談が今も続けられている。しかし、1997（平成9）年に施行された地域保健法、2006（平成18）年に施行された障害者自立支援法によって、福祉サービスの申請窓口など一部の業務が保健所から市町村に移った。

　時を同じくして、1996（平成8）年度に地方公共団体における相談関連事業の先駆けとして始まっていた精神障害者地域生活支援事業は、2003（平成15）年の障害者支援費制度が開始された年に、相談支援事業の一般財源化が進むなか、国の補助事業から市町村事業へと変わった。そして、2006（平成18）年に施行された障害者自立支援法によって、相談支援事業が法律に明記され、障害者相談支援事業が開始された。また、一部の対象者に対してのサービス利用計画作成費が個別給付されケアマネジメントによる相談支援が開始された。その後、2012（平成24）年4月に、相談支援の充実のために、❶相談支援体制の強化（市町村に基幹相談支援センターを設置、「自立支援協議会」を法律上位置づけ、地域移行支援・地域定着支援の個別給付化）、❷支給決定プロセスの見直し（サービス等利用計画案を勘案）、❸サービス等利用計画作成の対象者の大幅な拡大が行われることになり、相談支援の枠組みは拡大していくことになった。この流れは、2013（平成25）年4月に施行

---

i　2011（平成23）年度までのサービス利用計画の対象は、❶障害者支援施設からの退所等に伴い、一定期間、集中的に支援を行うことが必要である者、❷単身世帯の者等、自ら指定障害福祉サービス事業者などとの連絡調整を行うことが困難である者、❸常時介護を要する障害者等で、四肢の麻痺および寝たきりの状態にある者ならびに知的障害または精神障害により行動上著しい困難を有する者に限定されていた。2012（平成24）年度以降のサービス等利用計画において、障害者自立支援法の計画相談支援の対象者（障害福祉サービスまたは地域相談支援を利用するすべての障害者、障害福祉サービスを利用するすべての障害児）、児童福祉法の障害児相談支援の対象者、障害児通所支援を利用するすべての障害児に拡大された。

された障害者の日常生活及び社会生活を総合的に支援するための法律
（障害者総合支援法）に踏襲され現在に至っている。

　地域における「相談支援」といった際には、障害者総合支援法による
相談支援の枠組みを指すことが多くなっている。本節では、精神障害者
の地域生活支援を考えるうえで重要な位置づけにある障害者総合支援法
による相談支援の枠組みについて解説していく。

3 ▶ 相談支援の制度上の位置づけ

　障害者総合支援法における相談支援事業を整理すると、3層構造
（＜第1層＞「Ⅰ　基本相談支援を基盤とした計画相談支援」、＜第2
層＞「Ⅱ　一般的な相談支援」、＜第3層＞「Ⅲ　地域における相談支
援体制の整備や社会資源の開発など」）となる。

　第1層は、市町村と市町村が指定する指定特定相談支援事業者が、第
2層は、市町村や市町村の委託相談支援事業者が、第3層は、市町村に
置かれている協議会[ii]や基幹相談支援センターが主な担い手となり、「相
談支援」を支えている。

Active Learning

あなたの地域の障害者の相談支援がどのようになっているか、市町村のホームページで確認してみましょう。

図3-4　障害者総合支援法による重層的な相談支援体制

重層的な相談支援体制

＜第3層＞
Ⅲ　地域における相談支援体制の整備や社会資源の開発など
- 総合的・専門的な相談の実施
- 地域の相談支援体制強化の取組
- 地域の相談事業者への専門的な指導助言、人材育成
- 地域の相談機関との連携強化
- 地域移行・地域定着の促進の取組
- 権利擁護・虐待の防止

主な担い手⇒基幹相談支援センター、協議会

＜第2層＞
Ⅱ　一般的な相談支援
- 福祉サービスの利用援助(情報提供、相談等)
- 社会資源を活用するための支援（各種支援施策に関する助言・指導）
- 社会生活力を高めるための支援
- ピアカウンセリング
- 権利擁護のために必要な援助
- 専門機関の紹介

主な担い手⇒市町村相談支援事業者

＜第1層＞
Ⅰ　基本相談支援を基盤とした計画相談支援
- 基本相談支援
- 計画相談支援等
　・サービス利用支援　・継続サービス利用支援
- 地域相談支援（地域移行支援・地域定着支援）

主な担い手⇒指定特定／一般相談支援事業者

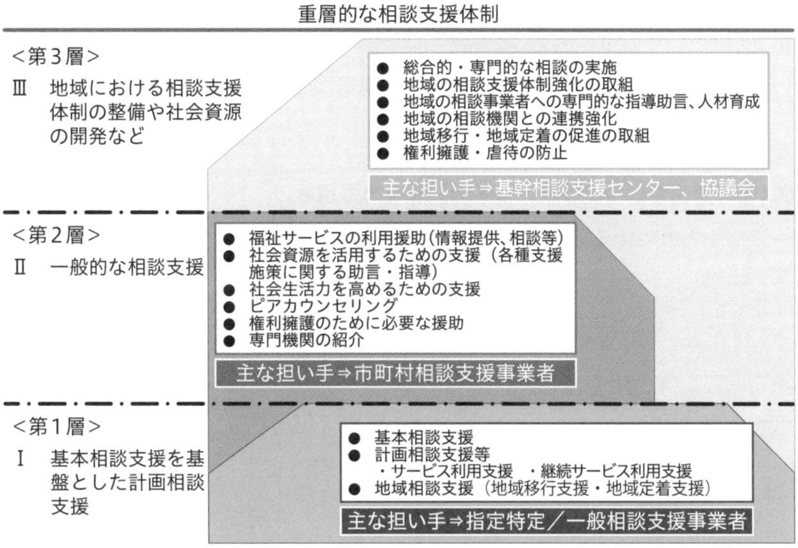

出典：厚生労働省資料を一部改変

---

ii　2012（平成24）年の障害者総合支援法への改正により、「自立支援協議会」から「協議会」に名称変更されている。

なお、第1層に、児童福祉法の指定障害児相談支援事業（障害児支援利用援助および継続障害児支援利用援助）も含まれるため、本節では、それらも第1層に含めて説明していく。

1 基本相談支援を基盤とした計画相談支援

Active Learning

障害者総合支援法第5条には、障害福祉サービスについて書かれています。一読してみましょう。

障害者総合支援法の第5条第18項によると、「『相談支援』とは、基本相談支援、地域相談支援及び計画相談支援をいい、『地域相談支援』とは、地域移行支援及び地域定着支援をいい、『計画相談支援』とは、サービス利用支援及び継続サービス利用支援をいい、『一般相談支援事業』とは、基本相談支援及び地域相談支援のいずれも行う事業をいい、『特定相談支援事業』とは、基本相談支援及び計画相談支援のいずれも行う事業をいう」とされている。現在の相談支援の体系は**図3-5**のようになる。

また、同法第5条第19項によると、「基本相談支援」として、障害者やその保護者、介護を行う者からの相談に応じ、必要な情報提供や助言、障害福祉サービス事業者等との連絡調整を行うこととされている。つまり、計画相談支援や地域相談支援としてかかわっている利用者や、それら相談支援の対象とならない相談（たとえば、家族の相談）についても、「相談支援」に担保されることが期待されている。

ただ、基本相談支援は、出来高払いとなる計画相談支援や地域相談支援とは違い、報酬の評価対象外となる。高齢者の場合、計画相談や地域相談支援にあたる、介護支援専門員が作成する居宅サービス計画の作成（介護保険法：介護サービスの利用（第8条第24項））というものがあ

図3-5　障害者総合支援法による相談支援の枠組み

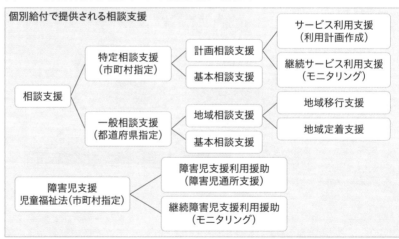

出典：厚生労働省資料

図3-6 障害者総合支援法における「相談支援」と介護保険法における「居宅介護支援」との比較

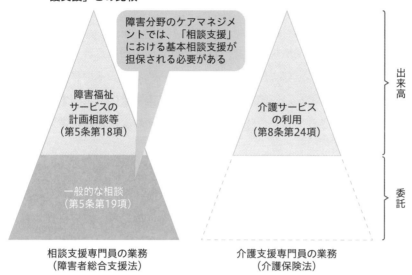

障害分野のケアマネジメントでは、「相談支援」における基本相談支援が担保される必要がある

障害福祉
サービスの
計画相談等
(第5条第18項)

介護サービス
の利用
(第8条第24項)

一般的な相談
(第5条第19項)

出来高

委託

相談支援専門員の業務
(障害者総合支援法)

介護支援専門員の業務
(介護保険法)

出典：日本精神保健福祉士協会相談支援政策提言委員会「精神保健福祉士のための相談支援ハンドブック」
　　　p.6，2013．を筆者が一部改変

表3-4 障害者総合支援法（自立支援給付）における相談支援

事業名	内容
計画相談支援	●サービス利用支援 障害福祉サービス等の申請に係る支給決定前に、サービス等利用計画案を作成し、支給決定後に、サービス事業者等との連絡調整等を行うとともに、サービス等利用計画の作成を行う。
	●継続サービス利用支援 支給決定されたサービス等の利用状況の検証（モニタリング）を行い、サービス事業者等との連絡調整などを行う。
地域相談支援	●地域移行支援 障害者支援施設、精神科病院、保護施設、矯正施設等を退所する障害者、児童福祉施設を利用する18歳以上の者等を対象として、地域移行支援計画の作成、相談による不安解消、外出への同行支援、住居確保、関係機関との調整等を行う。
	●地域定着支援 居宅において単身で生活している障害者等を対象に常時の連絡体制を確保し、緊急時には必要な支援を行う。
障害児相談支援 （児童福祉法）	●障害児支援利用援助 障害児通所支援の申請に係る支給決定前に、障害児支援利用計画案を作成し、支給決定後に、サービス事業者等との連絡調整等を行うとともに、障害児支援利用計画の作成を行う。
	●継続障害児支援利用援助 支給決定されたサービス等の利用状況の検証（モニタリング）を行い、サービス事業者等との連絡調整などを行う。 ※　障害児の居宅サービスについては、指定特定相談支援事業者がサービス利用支援・継続サービス利用支援を行うが、障害児の入所サービスについては、児童相談所が専門的な判断を行うため、障害児相談支援の対象とはならない。

出典：全国社会福祉協議会「障害福祉サービスの利用について（2018年4月版）」を参考に筆者が一部
　　　改変

るが、介護支援専門員の業務には、ここでいう基本相談支援は含まない
と解釈されている。そのような意味では、基本相談支援とは障害者分野
の特徴的な相談支援の枠組みになる（**図3-6**）。

　計画相談支援、地域相談支援（地域移行支援・地域定着支援）は、障
害者総合支援法の自立支援給付に位置づけられるが、その詳細は**表3-4**
のとおりである。なお、障害児については児童福祉法によって障害児相
談支援が規定されており、障害児支援利用援助および継続障害児支援利
用援助がある。

❶計画相談支援

　「サービス利用支援」とは、サービス等利用計画についての相談およ
び作成などの支援が必要と認められる場合に、障害者・児の自立した生
活を支え、障害者・児の抱える課題の解決や適切なサービス利用に向け
て、ケアマネジメントによりきめ細かく支援するものを指す。自立支援
給付に該当する事業利用を希望する場合に行うものである。

　支給申請を行い、サービス等利用計画案を作成のうえ、支給決定を市
町村より受け、障害者総合支援法によるサービスを受けることができる
ようになる（**図3-7**）。支給決定前に作成されるサービス利用支援と、
支給決定されたあとの利用状況の検証（モニタリング）のために作成さ
れる継続サービス利用支援がある。

　障害者総合支援法に基づくサービスの利用にあたっては、相談支援事
業者が作成する「サービス等利用計画」が必要になり、2015（平成
27）年3月までは経過措置として、市町村が必要と認めた場合に計画
を作成することとされていたが、2015（平成27）年4月より、すべて
について計画が必要となった。

　サービス等利用計画については、一定の実務経験に加えて都道府県が
主催する研修を修了した相談支援専門員が、総合的な援助方針や解決す

図3-7　計画相談支援の利用プロセス

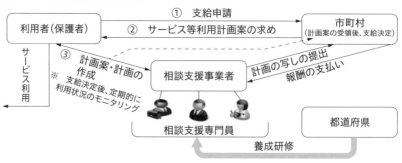

出典：厚生労働省資料

べき課題を踏まえ、最も適切なサービスの組み合わせ等について検討し作成することになる。一方、個別支援計画については、サービス管理責任者が、サービス等利用計画における総合的な援助方針を踏まえ、当該事業所が提供するサービスの適切な支援内容等について検討し、作成することになっている（**図3-8**）。

・相談窓口：市町村（指定特定相談支援事業者、指定障害児相談支援事業者）

・事業内容：障害福祉サービス等を申請した障害者・児の、サービス等利用計画の作成および支給決定後のサービス等利用計画の見直し（モニタリング）を行う。モニタリングの時期については、対象者の状況に応じて異なる（**図3-9**）。

・対象者：障害者総合支援法による障害福祉サービスを申請した障害者または障害児や、地域相談支援を申請した障害者であって、市町村がサービス等利用計画案の提出を求めた者（原則として、障害福祉サービスを申請した障害者または障害児、地域相談支援を申請した障害者すべてが対象）

❷地域相談支援

障害者の地域生活への移行と定着に向けた支援として、地域移行支援と地域定着支援がある。

図3-8 指定特定相談支援事業者（計画相談担当）と障害福祉サービス事業者の関係

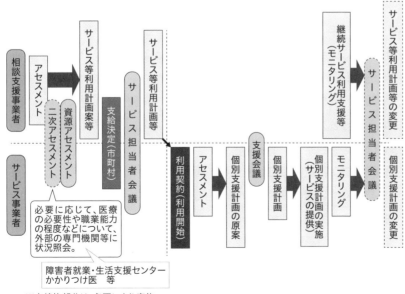

※点線枠部分は、必要により実施

出典：厚生労働省資料

図3-9　モニタリングの標準期間のイメージ

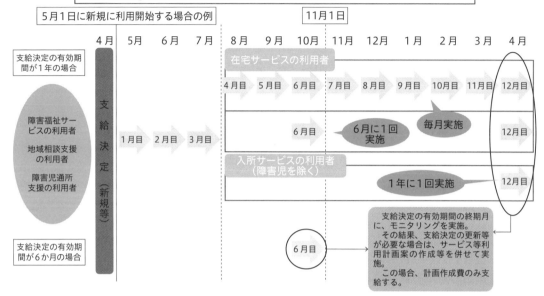

※ 当該期間は、「標準」であり、対象者の状況に応じ「2、3か月」とすることや、在宅サービスの利用者を「1年に1回」とすること、入所サービスの利用者を「1年に1回以上」とすることなどが想定されることに留意。

出典：厚生労働省資料

　　これらは、2010（平成22）年に「障がい者制度改革推進本部等における検討を踏まえて障害保健福祉施策を見直すまでの間において障害者等の地域生活を支援するための関係法律の整備に関する法律」が成立するまでは、2006（平成18）年の「精神障害者退院促進支援事業」、2008（平成20）年の「精神障害者地域移行支援特別対策事業」、そして2010（平成22）年の「精神障害者地域移行・地域定着支援事業」による地域移行支援に係る事業の大部分を引き継ぐ形となったものである。

①　地域移行支援

　　地域移行支援とは、障害者支援施設、精神科病院に入所または入院している障害者を対象に住居の確保その他の地域生活へ移行するための支援を行う。

・相談窓口：指定一般相談支援事業者
・事業内容：住居の確保その他の地域における生活に移行するための活動に関する相談、地域移行のための障害福祉サービス事業所等への同行支援等
・対象者：障害者支援施設等に入所している障害者、精神科病院に入院している精神障害者（1年以上の入院者を中心とする）
・期間：6か月以内が原則であるが、地域生活への移行が具体的に見込

図3-10　地域相談支援（地域移行支援・地域定着支援）の概要

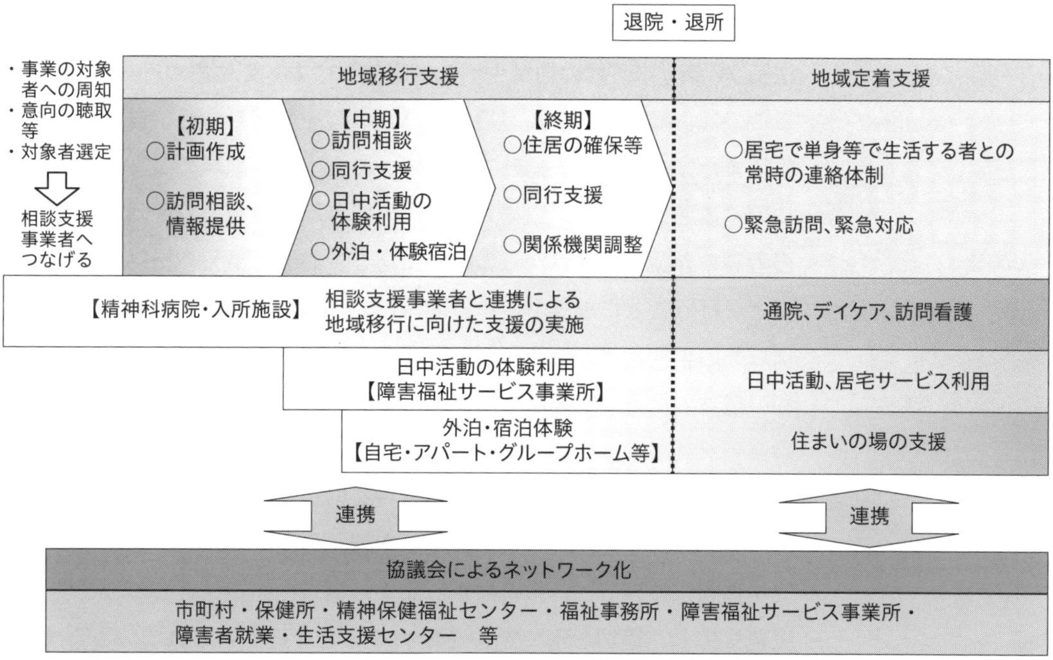

資料：精神障害者の退院促進支援事業の手引き（平成19年3月日本精神保健福祉士協会）を参考に作成
出典：厚生労働省資料を一部改変

まれる場合には、更新可能となっている

②　地域定着支援

　地域定着支援は、居宅において単身で生活している障害者等を対象に常時の連絡体制を確保し、緊急時には必要な支援を行う。

・相談窓口：指定一般相談支援事業者
・事業内容：常時の連絡体制を確保し、適宜居宅への訪問等を行い利用者の状況を把握、障害の特性に起因して生じた緊急の事態における相談等の支援、関係機関との連絡調整や一時的な滞在による支援
・対象者：地域生活を継続していくための常時の連絡体制の確保による緊急時等の支援体制が必要と見込まれる❶居宅において単身で生活する障害者、❷居宅において同居している家族等が障害、疾病等のため、緊急時等の支援が見込まれない状況にある障害者。施設・病院からの退所・退院、家族との同居から一人暮らしに移行した者、地域生活が不安定な者も含む（グループホーム、宿泊型自立訓練施設の入居者については対象外）
・期間：1年以内が期限であるが、地域生活を継続していくための緊急時の支援体制が必要と見込まれる場合には、1年以内で更新可能となっている

■2 一般的な相談支援

一般的な相談支援に対応する市町村相談支援事業は、障害者総合支援法第77条（市町村の地域生活支援事業）によって位置づけられている。ここでは、障害者らが障害福祉サービス等を利用しつつ、自立した日常生活または社会生活を営むことができるように、地域の障害者等の福祉に関するさまざまな問題に対して、障害者等、障害児の保護者または障害者等の介護を行う者からの相談に応じ、必要な情報の提供および助言などを行うことになっている。同時に、障害者等に対する虐待の防止およびその早期発見のための関係機関との連絡調整その他の障害者等の権利の擁護のために必要な援助を行う事業を行うことになっている。

●障害者相談支援事業

市町村相談支援事業のうち、交付税を財源として行う「障害者相談支援事業」の枠組みが「一般的な相談支援」の主だったものになる。相談支援体制については、市町村が設置する協議会を中核としつつ、地域の実情に応じ、適切な形で整備を進めることが適当とされている。また、地域の相談支援の中核的な役割を担う基幹相談支援センターを市町村において設置することが望ましいともされている。障害種別に応じて複数の拠点を設置し、相互に連携する場合や、介護保険法に基づく地域包括支援センターと一体的に総合的な相談窓口を設置することもできる。

・相談窓口：市町村（または市町村から委託された指定特定相談支援事業者、指定一般相談支援事業者）

・事業内容：福祉サービスの利用援助（情報提供、相談等）、社会資源を活用するための支援（各種支援施策に関する助言・指導等）、社会生活力を高めるための支援、ピアカウンセリング、権利の擁護のために必要な援助、専門機関の紹介、地域包括支援センターとの情報交換、生活困窮者相談窓口との情報交換、重度障害者への支援（訪問等）

・実施状況[3]：2019（平成31）年4月時点で、実施形態は、「単独」が59％（1027市町村）、「複数市町村共同（単独＋複数市町村共同を含む）」が41％（714市町村）となっている。実施方法は、「直営のみ」が10％（165市町村）、「委託を含む」が90％（1576市町村）となっている。運営方法は、「3障害一元化して実施」が84％（1454市町村）、

---

iii　事業運営体制について、24時間365日対応ができているところは、29％（500市町村）にとどまる。また、ピアカウンセリングは37％（643市町村）の実施となっており、ピアカウンセリングの実施市町村を対象障害別（重複あり）にみると、身体障害が77％（495市町村）、知的障害が61％（391市町村）、精神障害が81％（521市町村）となっている。

「障害種別ごとに実施」が13％（231市町村）、「地域包括支援センターと一体的に実施」が2％（41市町村）等となっている。

3 地域における相談支援体制の整備や社会資源の開発など

地域における相談支援体制の整備や社会資源の開発などの主な担い手は、基幹相談支援センターや協議会になる。それらの地域における相談支援体制の整備や社会資源の開発のために市町村に必要な「機能」をもってもらえるように後押しするのが、国、都道府県、市町村における障害福祉計画となる。

❶基幹相談支援センター

障害者総合支援法第77条の2において、基幹相談支援センター（図3-11）は、地域における相談支援の中核的な役割を担う施設として、「2一般的な相談支援」で述べた「一般的な相談支援」に加え、地域の相談支援の拠点として総合的な相談業務（身体障害・知的障害・精神障害）および成年後見制度利用支援事業等を実施する。市町村が設置することになっており、一般相談支援事業を行う者その他の厚生労働省令で定める者に対して事業および業務の実施を委託することもできる。

・実施状況：2019（平成31）年4月時点で、基幹相談支援センターは39％（687市町村・846か所）の市町村が設置している。このうち、委託により設置している基幹相談支援センターは84％（712か所）で、窓口の設置場所は、市町村役所が23％（192か所）、公共施設が

図3-11　基幹相談支援センターの概要

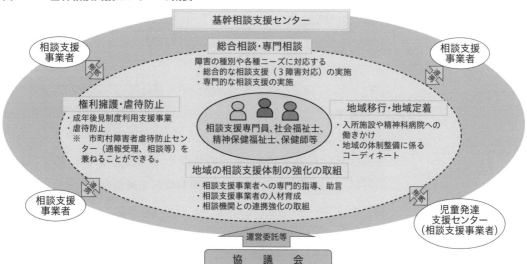

出典：厚生労働省資料

20%（170か所）などとなっている。

❷協議会

協議会は、地域の関係者が集まり、個別の相談支援の事例を通じて明らかになった地域の課題を共有し、その課題を踏まえて、地域のサービス基盤の整備を着実に進めていく役割を担っている。市町村と都道府県に置かれることになっている。協議会においては、法律上の位置づけが不明確なまま、地域のサービス基盤の整備を進めていく重要な役割を担ってきたが、障害者自立支援法等の一部改正により、2012（平成24）年度から協議会の設置の促進や運営の活性化を図るため法定化された。障害者総合支援法第89条の3（協議会の設置）において、「地方公共団体は、単独で又は共同して、障害者等への支援の体制の整備を図るため、関係機関、関係団体並びに障害者等及びその家族並びに障害者等の福祉、医療、教育又は雇用に関連する職務に従事する者その他の関係者により構成される協議会を置くように努めなければならない」とされた。

・担うべき役割：

【障害者総合支援法関連】委託障害者相談支援事業や基幹相談支援センターの事業実績に関する検証や評価、指定特定相談支援事業者が作成するサービス等利用計画等の質の向上を図るための体制検討、地域移行支援・定着支援を効果的に実施するための相談支援事業者・精神科病院・入所施設・保健所や地域の障害福祉サービス事業所等による地域移行のネットワークの強化や、障害福祉サービスの利用の組み合わせによる施設入所者の状況を踏まえた地域の社会資源の開発の役割強化

【障害者虐待防止法関連】地域における障害者虐待防止等のためのネットワークの強化

【専門部会の発足】権利擁護関係、地域移行関係、退院促進関係、就労関係、子ども関係、相談支援関係、地域生活・生活支援関係、精神関係などの専門部会の設置と開催

・実施状況[5]：2019（平成31）年4月時点で、市町村協議会は、96％（1675市町村）が設置となっている。市町村直営で実施をしているところが77％に上る。

都道府県協議会は、47都道府県すべてが設置しており、47都道府県のうち、障害当事者団体・障害当事者（障害者相談員を除く）がメンバーとなっている協議会は43都道府県（92％）に上る。47都道府

Active Learning

地域によって、協議会に設置している部会や開催頻度が異なります。あなたの地域の協議会について調べてみましょう。

県のうち、専門部会を設置しているのは45都道府県となっている。

❸障害福祉計画

障害者総合支援法の第87条から第89条の2において、国、市町村、都道府県における障害福祉計画[iv]を定めるよう規定されている。国の基本指針に即して、市町村・都道府県が作成するが、下記の項目を盛り込み作成することになっている。

・障害福祉サービス、相談支援および地域生活支援事業の提供体制の確保に係る目標
・各年度における指定障害福祉サービス、指定地域相談支援または指定計画相談支援の種類ごとの必要な量の見込み
・地域生活支援事業の種類ごとの実施に関する事項　等

なお、障害福祉計画を定め、または変更しようとする場合は、あらかじめ、協議会の意見を聴くよう努めなければならないとされている。

4 相談支援を支える事業実施者

障害福祉サービス事業所には、サービス管理責任者[v]のほか、管理者、生活支援員をはじめとした直接処遇職員、相談支援専門員等がいる。相談支援を行う事業所では、専従の管理者と相談支援専門員を配置しなければならないとされている。

1 サービス提供事業所の管理者

管理者とは、従業者および業務の一元的な管理や規定を遵守させるため必要な指揮命令を行う者を指す。管理者は、社会福祉法第19条第1項各号のいずれかに該当する者もしくは社会福祉事業に2年以上従事した者または企業を経営した経験を有する者またはこれらと同等以上の能力を有すると認められる者等の要件がある場合がある。

---

iv　障害者総合支援法で規定される障害福祉計画に対して、障害者基本法によって規定される障害者基本計画がある。障害福祉計画で、市町村・都道府県が、福祉サービス量と提供体制を確保するための計画を作成するのに対して、障害者基本計画では、市町村・都道府県が、障害者のための施策に関する基本的な事項を定める中長期の計画をすることになっている。

v　サービス管理責任者のことを「サビ管」と略することがある。なお、介護保険法の訪問介護サービスに係るサービス提供責任者は「サ責」と呼ばれている。

2 サービス管理責任者

　サービス管理責任者とは、サービス提供プロセスに関して、ほかのサービス提供職員に対する技術的な助言や指導等を行う者を指す。サービスの質の向上を図る観点から、障害者総合支援法の施行によって新たにサービス事業所ごとに配置を義務づけられたものである。サービス管理責任者は、❶個々のサービス利用者のアセスメントや個別支援計画の作成、定期的な評価などの一連のサービス提供プロセス全般に関する責任、❷ほかのサービス提供職員に対する指導的役割を担うことになっている。

　サービス管理責任者の配置基準としては、障害福祉サービス事業所ごとに、療養介護、生活介護、自立訓練、就労移行支援、就労継続支援では、利用者 60 人に対して 1 人、グループホームでは利用者 30 人に対して 1 人となっている。

3 相談支援専門員

　相談支援専門員は、利用者の意向を踏まえたサービス等利用計画の作成や、地域移行・地域定着に向けた支援、市町村の委託による障害者・児の各種の相談支援を実施している。

　そもそも、障害児（者）地域療育等支援事業等、補助事業による相談支援事業の担い手養成として 1998（平成 10）年より知的、身体、精神の障害種別ごとに障害者ケアマネジメント従事者養成研修が開始された。それが、2006（平成 18）年施行の障害者自立支援法において、相談支援事業の担い手として相談支援専門員が位置づけられた。

　相談支援専門員が自ら行わなければならない業務としては、❶居宅等への訪問による利用者等に対するアセスメントの実施、❷利用者等へのサービス等利用計画案やサービス等利用計画等の説明、❸サービス担当者会議におけるサービス担当者への質問・意見の聴取となっている。

　2018（平成 30）年度障害福祉サービス等報酬改定において、相談支援専門員 1 人当たりの標準担当件数は、サービスの質の標準化を図る観点から 35 件と設定されており、40 件を超えると減算対象となる。

---

vi　サービス管理責任者の要件については、❶実務経験（障害者の保健・医療・福祉・就労・教育の分野における直接支援・相談支援などの業務における実務経験（5〜8年））に加えて、❷研修（相談支援従事者初任者研修およびサービス管理責任者研修（基礎研修・実践研修））を修了する必要がある。

vii　相談支援専門員は、障害者総合支援法に基づくケアマネジャーともいえる。一方、介護保険法のケアマネジャーは、介護支援専門員という。

相談支援制度における精神保健福祉士の役割

　相談支援専門員による計画相談等が開始される前から、障害者ケア（ケース）マネジメントとして、民間現場では精神保健福祉士らによって相談支援が行われてきた経緯がある。相談支援制度の基盤には、精神障害者を含めすべての障害者に対してサービスを一体的に提供するために厚生労働省が2002（平成14）年に作成した「障害者ケアガイドライン」に基づいてケアマネジメントが行われてきた。障害者ケアマネジメントの基本理念として、❶ノーマライゼーションの実現に向けた支援、❷自立と社会参加の支援、❸主体性、自己決定の尊重・支援、❹地域における生活の個別支援、❺エンパワメントの視点による支援が挙げられてきた。近年では、そこからさらに、「共生社会の実現」や「社会モデル」「リカバリー」「当事者主体（本人中心支援）」「セルフケアマネジメント」「スティグマ」といった言葉が、相談支援専門員の相談支援の基本的な視点に組み込まれつつあり、精神保健福祉士の基本的な視点にも通ずるものになっている。

　しかしながら、養成人数の違いはあるものの、相談支援制度にかかわる精神保健福祉士の割合は一定数（ある地域の相談支援専門員の保有資格でみると精神保健福祉士の割合は1～2割）にとどまっている。厚生労働省の「相談支援の質の向上に向けた検討会」の取りまとめ（2019（平成31）年4月）では、社会福祉士や精神保健福祉士などの国家資格を相談支援専門員の要件とする方向性について議論すべきとの提言がなされている。精神保健福祉士や社会福祉士の相談支援専門員としてのさらなる活躍が期待されるところである。

---

viii　相談支援専門員の要件は、障害者の保健・医療・福祉・就労・教育の分野における直接支援・相談支援などの業務における実務経験（3～10年）が必要になる。精神保健福祉士や社会福祉士の有資格者は、国家資格による業務に5年以上従事している場合は、3年以上の実務経験が必要になる。加えて、研修（初年度に「相談支援従事者初任者研修」、5年ごとに「相談支援従事者現任研修」）を修了する必要がある。

ix　神奈川県内の相談支援専門員708名の保有資格（重複回答）について、社会福祉主事任用資格38.8％、社会福祉士35.2％、介護福祉士35.0％の順であり、精神保健福祉士は21.9％であった（神奈川県障害者自立支援協議会研修企画部会「平成28年度相談支援専門員の業務等の実態に関する調査結果報告書」p.11，2017.）。また、2008（平成20）年度の8都道府県で実施した現任研修受講者を対象にした調査では、社会福祉主事任用資格20.3％、社会福祉士17.4％、介護支援専門員12.8％の順であり、精神保健福祉士は10.8％になっていた（日本社会福祉士会「障害者相談支援専門員の継続研修の必要性とプログラム構築に関する研究事業報告書」pp.56-57，2009.）。

なお、計画相談に従事する相談支援員はもとより、相談支援の中核的な役割を担う基幹相談支援センターにおいても、地域生活支援事業によって基幹相談支援センター等機能強化事業を実施し、社会福祉士、精神保健福祉士等の専門的職員の配置を進めている。今後、相談支援における精神保健福祉士および社会福祉士の役割がさらに問われるだろう。

6 相談支援制度における課題

相談支援制度を取り巻く課題は、たとえば、高齢障害者の65歳の壁や、相談支援専門員の役割とキャリアパス、介護支援専門員との連携、基幹相談支援センターと地域包括支援センター、協議会と地域ケア会議等の連携や利用者のニーズに応じた相談窓口の一元化等についてなど、障害者総合支援法による相談支援制度運用をめぐって多数課題は存在する。ここでは、精神障害者やその家族のための「相談支援」の観点からの課題を二つ指摘しておく。

1 医療現場と地域における意思決定のあり方格差の課題

課題の一つめとして、精神障害者の医療と地域の相談のあり方の格差の狭間に当事者家族が置かれていることが挙げられる。精神障害者は、今なお精神保健福祉法によって、措置入院や医療保護入院といった強制入院制度が存在する。

精神障害者は医療現場では、どうしても疾病・障害に焦点が置かれるため、当事者や家族の意思が尊重されない状況に置かれがちである。

そのような精神障害者が、地域移行支援や退院を機に計画相談支援を受けることになり、突如として相談支援専門員に自分の希望や意思を正面切って問われるのである。支援者は、その当事者や家族の戸惑いを十分に理解する必要があるし、スティグマを負った精神障害者に対して、丁寧に希望や意思を聞き取っていく必要があるだろう。また、地域の支援者が地域の個々の意思決定を尊重する支援によって、当事者がどのように地域で生き生き生活しているのか医療現場にフィードバックしていくことも、大切な視点であろう。

2 多様なニーズに追いつかない相談支援の課題

課題の二つめとして、障害者総合支援法では支援が行き届かない精神

★高齢障害者の65歳の壁

社会保障制度の原則である保険優先の考え方のもと、障害者自立支援法施行後、65歳以上の障害者は、介護保険サービスを利用することになり、サービスが減ったり、介護保険サービスの利用が原則1割負担であるために負担額が増えたりする問題のことをいう。現在は、市町村が「高額障害福祉サービス費等給付費」を支給することで、金銭的な負担を和らげたり、そのサービスの支給量では足りないと市町村が認める場合等に、障害者総合支援法に基づくサービスを受けることが可能となっている。

障害者やその家族がいることが挙げられる。たとえば、障害支援区分認定を受けない人や、自立支援医療だけを使う精神障害者（発達障害者を含む）は、障害福祉サービスの対象とならない。申請主義であるため個人任せのままといえる。

　精神障害のある当事者を支える家族の相談支援は基本相談支援に含まれるものの、十分に支援が行われているとは当事者らは捉えていない実情もある。家族等は、精神障害のために受診を中断した等の理由で苦慮する当事者のための訪問型の支援等を希望することも多いが、現在の障害者総合支援法の相談支援の枠組みではそれに応じる手段がないまま現在に至っている。

　ようやく2020（令和2）年6月12日に「地域共生社会の実現のための社会福祉法等の一部を改正する法律」が公布され、2021（令和3）年4月から包括的な支援が施行される予定である。なかなか相談に結びついてこなかった地域に埋もれた精神障害者をどう相談支援の枠組みに組み入れ、支援を行っていけるかが問われている。さまざまなニーズをもつ障害者やその家族がニーズに合った相談支援に結びつくよう、関係機関が連携して相談支援をさらに充実していく必要があるだろう。

◇引用文献
1）福岡寿『相談支援の実践力——これからの障害者福祉を担うあなたへ』中央法規出版，pp.130–131，2018.
2）門屋充郎「相談支援の来歴と現実」『精神科臨床サービス』第14巻第2号，pp.130–135，2014.
3）厚生労働省「障害者相談支援事業の実施状況等について（平成31年調査）」
4）同上
5）同上

学習のポイント
● 居住支援制度の展開と必要性について理解し、居住支援にかかわるケアサービスについて学習する
● 居住支援における精神保健福祉士の役割と基本的視点を踏まえて、住居の確保および居住継続支援のあり方について理解を深める
● 居住支援制度の課題について、居住支援システムの基盤整備と精神保健福祉士の実践課題から考察する

1　居住支援制度の概要

1　居住支援制度の展開

　我が国の精神障害者支援施策は 1987（昭和62）年の精神保健法の成立前において、医療および保護が施策の主流であり、福祉サービスの進展について、欧米諸国と比べて大きく立ち遅れてきた状況がある。そうしたなかで福祉的支援を求める当事者や家族の運動を背に、海外の動向や他障害の関連施策を取り入れながら、精神保健法、精神保健及び精神障害者福祉に関する法律（精神保健福祉法）、障害者自立支援法、障害者の日常生活及び社会生活を総合的に支援するための法律（障害者総合支援法）へと転換され徐々に体系化が進められてきた。

　精神障害者の居住支援制度の展開において、1960年代以降脱施設化が進展した欧米諸国は、精神病床の削減とともに居住施設の整備と地域支援の充実を図ってきた。しかし我が国では精神病床の増床が続けられるなかで、1990年代前半まで施設化が進行したことにより、それまで居住支援制度は本格化することはなかった。そのことは精神障害者の生活や人生を精神医療が抱え込むことにつながり、生活を支え得る家族の受け入れがなければ社会的入院に結びつく構造を引き起こしてきた。社会的入院は、「医療上は入院治療の必要がないにもかかわらず、社会福祉制度の不備や差別・偏見等により退院して地域に住むことができずに、入院を余儀なくされている状態をいう」と定義されているが、こうした状態は、ノーマライゼーションの理念とは対極の位置にあり、個人では

Active Learning
精神障害者が地域で住むことの困難はどこにあるのか具体的に考えてみましょう。

対処し得ない生活問題として認識することが重要である。同時に自分らしく地域で生きる権利が阻害されていることにも留意する必要がある。

　社会的入院を続けるなかで、退院の目途が立たず長期的に入院している患者の退院の見通しについて、精神病床を有する医療機関における1年半以上の長期入院患者の退院可能性をみると、退院困難者のうち約3割は、「居住・支援がないため」退院が困難であるとの回答が寄せられている（**図3-12**）。また、長期の入院患者が多い精神療養病棟の入院患者について、約4割が、在宅サービスの支援体制が整えば退院が可能という回答となっている（**図3-13**）。こうした点を踏まえると、退院に向けた地域移行を考える際、居住の場があるだけでなく、居住後の生活を支えていく支援を具体的に提供することが重要であることが理解できる。

　また、2014（平成26）年に示された「長期入院精神障害者の地域移行に向けた具体的方策の今後の方向性」において、長期入院精神障害者の過半数が65歳以上であることが指摘されており、高齢の精神障害者に配慮した住まいの確保に向けた取り組みを進めることが課題となっている。

　こうしたなかで、精神障害者が地域の一員として、安心して自分らしい暮らしができるよう、医療、障害福祉・介護、社会参加、住まい、地域の助け合い、教育が包括的に確保された「精神障害にも対応した地域

図3-12　精神病床を有する医療機関における1年半以上の長期入院患者（認知症を除く）の退院可能性、退院困難理由

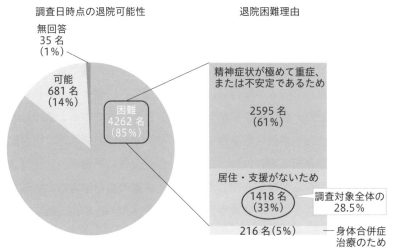

調査日時点の退院可能性

無回答
35名
（1%）

可能
681名
（14%）

困難
4262名
（85%）

退院困難理由

精神症状が極めて重症、または不安定であるため

2595名
（61%）

居住・支援がないため

1418名
（33%）

調査対象全体の
28.5%

216名（5%）──身体合併症治療のため

資料：平成24年度厚生労働科学研究費補助金障害者対策総合研究事業「新しい精神科地域医療体制とその評価のあり方に関する研究」2012.
出典：精神障害にも対応した地域包括ケアシステムの構築支援事業 日本能率協会総合研究所「精神障害にも対応した地域包括ケアシステム構築のための手引き（2019年度版）」p.10, 2020.を筆者が一部改変

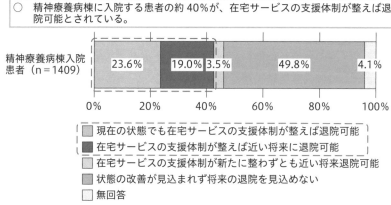

図3-13　精神療養病棟に入院する患者の退院の見通し

○　精神療養病棟に入院する患者の約 40％が、在宅サービスの支援体制が整えば退院可能とされている。

精神療養病棟入院
患者（n＝1409）

| 23.6% | 19.0% | 3.5% | 49.8% | 4.1% |

凡例:
- 現在の状態でも在宅サービスの支援体制が整えば退院可能
- 在宅サービスの支援体制が整えば近い将来に退院可能
- 在宅サービスの支援体制が新たに整わずとも近い将来退院可能
- 状態の改善が見込まれず将来の退院を見込めない
- 無回答

資料：厚生労働省中央社会保険医療協議会診療報酬改定結果検証部会「平成26年度診療報酬改定の結果検証に係る特別調査」2015.
出典：精神障害にも対応した地域包括ケアシステムの構築支援事業 日本能率協会総合研究所「精神障害にも対応した地域包括ケアシステム構築のための手引き（2019年度版）」p.10，2020.

包括ケアシステム」の構築が目指されている。地域包括ケア推進のための住まいの確保に係る考え方として、家庭、公営住宅、民間賃貸住宅、社会福祉施設、高齢者の住まいへの地域移行が示されている（**図3-14**）。

　今日的な居住支援制度の展開において、個々の精神障害者の生活の場の獲得のみならず、地域共生社会のなかに精神障害者をどう包み込んでいくのか、そうした問いが内包されていることを忘れてはならない。

2 居住の場とケアサービス

　精神障害者にとって居住のもつ意味について、門屋は「居住はその人なりの生きるための基地である」と述べる[2]。さらに「そこでの休息と栄養補給によってエネルギーを蓄え、そこが安全で安心の場として確保されていることが、その人の試行錯誤や成長を促し、依存と自立の程よい関係があることで、勇気と希望が育まれる」とも述べている[3]。こうした居住の場がもたらす動的な意味合いをケアサービスがどのように引き出していくのかを念頭に置きつつ、ここでは居住支援に関連するサービスを内容と機能面から整理し概観したい。また高齢の精神障害者の地域移行に対応する居住支援サービスや公営住宅等を活用した居住支援についても述べる。

❶ケア付き住居による支援サービス

　障害者総合支援法による障害福祉サービスに位置づけられたサービスとして、家事等の日常生活援助に加えて入浴、排せつまたは食事の介

図3-14 地域包括ケア推進のための住まいの確保に係る考え方

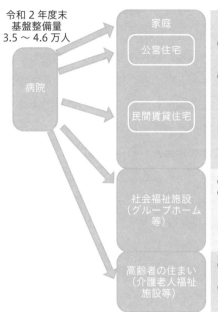

令和 2 年度末
基盤整備量
3.5 ～ 4.6 万人

今後の取組

家庭
公営住宅

○ 自立生活援助サービスなど地域支援の充実・活用等による公営住宅への精神障害者の入居の促進

民間賃貸住宅

○ 国土交通省との連携による精神障害者の入居を拒まない賃貸住宅の登録促進・マッチング・入居支援
・ 地域包括ケア担当者会議やポータルサイトでの住宅セーフティネット制度周知
・ 居住支援協議会と精神障害にも対応した地域包括ケアの協議の場との連携
・ 精神障害者の円滑な住まい確保に向けた地域関係者への手引きの作成、周知

社会福祉施設
（グループホーム等）

○ 長期入院精神障害者の GH での支援に対する評価を新設
○ 事業者への精神障害者が入居可能な GH の整備の積極的な働きかけ
・ 精神障害者の GH の設置・運営の手引きの作成
・ 地域の GH 需要見込量を協議の場で作成し、上記手引きとともに、事業者に周知

高齢者の住まい
（介護老人福祉施設等）

○ 各自治体における介護保険事業計画に基づく計画的な高齢者向け住まいの整備
○ 介護支援専門員・介護福祉士等に対する精神障害者への理解や関係機関との連携の促進に向けた効果的な研修等の検討(ニーズ調査など)

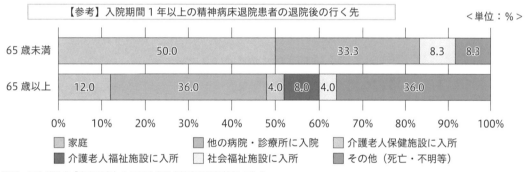

【参考】入院期間 1 年以上の精神病床退院患者の退院後の行く先 ＜単位：％＞

	家庭	他の病院・診療所に入院	介護老人保健施設に入所	介護老人福祉施設に入所	社会福祉施設に入所	その他（死亡・不明等）
65 歳未満	50.0	33.3	8.3			8.3
65 歳以上	12.0	36.0	4.0	8.0	4.0	36.0

資料：厚生労働省「患者調査」より厚生労働省障害保健福祉部で作成
出典：第90回社会保障審議会障害者部会（平成30年6月27日開催）資料2「『精神障害にも対応した地域包括ケアシステム』の構築〜各自治体における精神障害に係る障害福祉計画の実現のための具体的な取組〜」を筆者が一部改変

護等を必要に応じて提供する共同生活援助（グループホーム）がある。障害支援区分にかかわらず利用可能であり、地域での単身生活において不安があり、一定の支援が必要な人が利用対象者となっている。グループホームの単位については、個々の住居ではなく、一定の範囲内にある複数の住居全体を一つの事業所として捉え、生活圏域に合わせた一体的支援が展開されている。そうしたなかで個々の利用者のニーズや状態像、ライフステージ等に応じた柔軟かつ効率的なサービス提供のあり方として、❶介護サービス包括型、❷外部サービス利用型、❸日中サービス支援型、❹サテライト型、❺地域移行支援型の五つの類型が整理されている。

❶介護サービス包括型は、介護が必要となった際、事業所の職員から直接介護サービスを受けられるものである。❷外部サービス利用型は、介護が必要となった際、外部の居宅介護事業所との連携のなかで介護サービスを受けられるものとなっている。❸日中サービス支援型は、重度の障害者等への夜間の生活支援とともに必要に応じて日中の生活支援を行い、緊急一時的な宿泊の場として短期入所の受け入れも実施している。❹サテライト型では、本体事業所をベースに周辺の民間アパート等の居室を活用して、単身生活も可能な仕組みが整備されている。❺地域移行支援型は、病院敷地内のグループホームとして、退院後の生活に不安を抱える精神障害者の地域移行を目指す通過型施設となっており、2024（令和6）年度末までの経過的特例として位置づけられている。

グループホームの利用者の近年の動向として、障害の重度化や高齢化が進展してきており、介護が必要になっても住み慣れた場所で安心して暮らし続けることができるよう、グループホームとケアホームの一元化が図られている。また、障害者本人の状況や地域のニーズを踏まえつつ、グループホームのあり方も多様化してきている。

その他の障害者総合支援法に基づく居住支援サービスとして、夜間における入浴、排せつ等の介護や日常生活上の相談支援等を行う施設入所支援や住宅での生活が困難な者への支援としての福祉ホームがある。さらに一定期間居住の場として生活しながら、食事や家事など自立した生活に必要な経験と練習を行う宿泊による自立訓練（生活訓練）がある。また病棟転換型居住系施設として、精神科病床の減少を伴う形で自立訓練事業所等に併設した精神障害者退院支援施設は、地域生活への移行を支えるワンステップ施設として位置づけられている。しかしグループホームの地域移行支援型を含めて、精神科病院の敷地内に設置された施設であり、そうした環境を住まいとみなし、退院として認識することに対して、大きな懸念が寄せられている。その他一時的な介護者の疾病その他の理由で短期間入所し、入浴、排せつ、食事などのサービスを行う短期入所（ショートステイ）がある。

また、生活保護法に位置づけられている救護施設は、身体上または精神上に著しい障害がある要保護者を入所させ、生活扶助を行う施設であり、精神障害者の居住支援サービスが乏しい時代から現在まで多くの精神障害者が活用している状況にある。

❷訪問による在宅支援サービス

訪問による在宅への生活支援サービスとして、ホームヘルパーが自宅

に訪問して、調理、洗濯、掃除、入浴等の支援を行う居宅介護（ホームヘルプ）がある。高齢になっても引き続いて介護保険法上の居宅介護サービスが受けられるよう、共生型サービスとしての特例が設けられている。そして、障害者支援施設やグループホーム等から一人暮らしへの移行を希望する知的障害者や精神障害者等について、一定期間にわたり、定期的な巡回訪問や適時のタイミングで適切な支援を行う自立生活援助がある。また、食事や家事など自立した生活に必要な訓練および相談助言を行う訪問による自立訓練（生活訓練）も活用することができる。

訪問による在宅への医療サービスとしては、病院や訪問看護ステーションから看護職員等が自宅に訪問し、精神症状や身体症状に対するケアや見守り、日常生活の維持向上から家族への支援までを行う精神科訪問看護がある。さらに、重度の精神障害者を対象に、医療、福祉、リハビリテーションを包括して、多職種チームによる訪問型支援を提供するACT（assertive community treatment：包括型地域生活支援）は、前述した精神科訪問看護を組み合わせたモデルなどさまざまな実施形態がある。

❸高齢の精神障害者に配慮した居住支援サービス

高齢の精神障害者に配慮した居住支援サービスとして、身体上または精神上に著しい障害があるために常時の介護を必要とし、かつ、居宅においてこれを受けることが困難な要介護者に対し、入浴・排せつ・食事などの介護、その他の日常生活の世話や機能訓練、相談などのサービスを提供する特別養護老人ホームがある。老人福祉法に基づく施設であるが、介護保険法上では介護老人福祉施設として位置づけられており、介護老人福祉施設の入所要件は原則要介護 3 以上となっている。また 65歳以上で環境上の理由および経済的理由で在宅での生活が困難な高齢者が入所する養護老人ホームは、老人福祉法に基づく施設で、入所に際しては市町村の措置の決定に基づいてなされる。無料または低額な料金で、家庭環境や住宅事情等の理由により在宅で生活することが困難な 60 歳以上の人が入所する軽費老人ホームは、老人福祉法に基づく施設で、食事提供等のサービスが付いたＡ型、自炊が基本のＢ型、一定程度の介護の必要がある人を受け入れ、生活支援を行うケアハウスの 3 種類がある。入所は、施設と利用者との直接契約によるものである。

食事、介護、健康管理、家事のうち、いずれか一つ以上のサービスを提供する有料老人ホームは、老人福祉法に基づく施設で、介護付、住宅型、健康型の三つの種類があり、入居者の状況やニーズに応じて費用負

担も幅があり、施設と利用者との契約方式もさまざまである。認知症高齢者が共同で生活する認知症対応型共同生活介護（グループホーム）は、入浴、排泄、食事等の介護その他の日常生活の世話および機能訓練を行うものとして、介護保険法上の地域密着型サービスに位置づけられている。

　高齢者向けの賃貸住宅に安否確認と生活相談が付随するサービス付き高齢者向け住宅は、高齢者の居住の安定確保に関する法律（高齢者住まい法）に位置づけられており、介護が必要となった際に外部の介護サービスを手配する必要がある一般型と、施設職員から介護サービスが受けられる介護型の2種類がある。

❹公営住宅等を活用した居住支援サービス

　公営住宅法に基づいて、国と地方公共団体が協力し、住宅に困窮する低所得者に対し、低額な家賃で住まいを供給する公営住宅がある。公営住宅は、所得に応じた家賃設定となっており、近年では高齢化の進展のなかでバリアフリー化が促進されている。さらに公営住宅を活用したグループホームの展開も可能である。また、障害者向けの居住支援サービスとして、入居の際の優先入居や単身での入居が認められている。そして公団住宅は、独立行政法人都市再生機構が供給するものであり、入居要件として収入要件等があるが、障害者世帯に対して収入基準の特例が認められており、保証人不要で賃貸契約を結ぶことができる。

3 住居確保支援

　住宅等の賃貸契約の際、契約者本人と同等の責任を負う連帯保証人が通常必要となる。特に高齢もしくは長期入院を続けている精神障害者の場合、親類縁者との関係性の希薄化から連帯保証人の存立が課題となることが多い。しかし、保証人の問題は、精神障害者だけの問題ではなく、住居を必要とするすべての人の問題でもあり、少子高齢化や人口減少などの社会情勢の変化から、近年住宅政策の側からさまざまな支援施策が進展してきている。住宅を必要とする本人への支援のみならず、家主や不動産業者等の不安解消が住宅確保に結びつくことを踏まえて、ここでは居住サポート事業と住宅確保要配慮者に対する賃貸住宅の供給の促進に関する法律（住宅セーフティネット法）について概説する。

❶居住サポート事業

　住宅入居等支援事業（居住サポート事業）は、障害者総合支援法による地域生活支援事業のなかの「相談支援事業」に位置づけられている。

市町村が実施主体であり、事業の実施に際しては、市町村直営のほか、指定相談支援事業者や不動産業者等が委託を受けて実施することができる。

　事業の概要は、賃貸契約による一般住宅への入居にあたって支援が必要な障害者について、不動産業者に対する一般住宅のあっせん依頼、障害者と家主等との入居契約手続きにかかる支援、保証人が必要となる場合における調整、家主等に対する相談・助言、入居後の緊急時における対応等を行うものである。具体的な支援内容として、❶入居支援として、不動産業者に物件のあっせん依頼や家主等の入居契約に関する手続き支援を行うこと、❷24時間支援として、夜間を含めて、緊急に対応が必要となる場合の相談支援や関係機関との連絡・調整等の必要な支援を行うこと、❸居住支援のための関係機関によるサポート体制の調整として、利用者の生活上の課題に応じ、関係機関から必要な支援を受けることができるよう調整を行うことである。

　居住サポート事業の支援の実際として、入居支援が最も高く、関係機関によるサポート体制の調整、24時間支援と続いている（**図3-15**）。

❷住宅セーフティネット法

　日本の住宅状況をめぐる課題として、人口そのものが減少するなかで民間の空き家・空き室は増加傾向にあり、公営住宅の大幅な増設が見込めない状況がある。その一方で、低所得者、被災者、高齢者、障害者、子育て世帯、外国人等で、独自で住居を確保することが困難な人々が存

図3-15　住宅入居等支援事業の実施内容

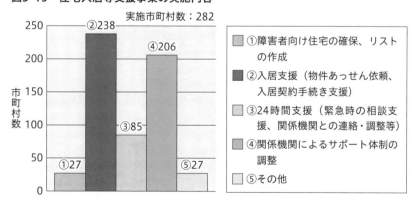

実施市町村数：282

- ①障害者向け住宅の確保、リストの作成
- ②入居支援（物件あっせん依頼、入居契約手続き支援）
- ③24時間支援（緊急時の相談支援、関係機関との連絡・調整等）
- ④関係機関によるサポート体制の調整
- ⑤その他

※　経過的取扱い
　現に障害者支援施設等に入所している障害者または精神科病院に入院している精神障害者に対する入居支援および居住支援のための関係機関によるサポート体制の調整および24時間支援については、地域移行支援・地域定着支援の実施体制が整備されるまでの間、経過的に実施できるもの。
※　複数回答可であるため、合計数は実施市町村数と一致しない。
出典：厚生労働省「障害者相談支援事業の実施状況等について（平成31年調査）」を筆者が一部改変

在している。こうしたニーズと状況をマッチングさせる改正住宅セーフティネット法が2017（平成29）年よりスタートしている。

改正住宅セーフティネット法は、❶住宅確保要配慮者の入居を拒まない賃貸住宅の登録制度、❷専用住宅にするための改修・入居に向けた経済的支援、❸住宅確保要配慮者と建物のマッチング・入居支援の枠組みといった以下の三つの柱から成り立っている（図3-16）。

① 住宅確保要配慮者の入居を拒まない賃貸住宅の登録制度

住宅確保要配慮者とは、低額所得者、被災者、高齢者、障害者、子育て世帯、外国人等となっている。こうした住宅確保要配慮者に対し、賃貸住宅の賃貸人は、要配慮者の入居を拒まない賃貸住宅として、都道府県等にセーフティネット住宅として登録することができる。住宅の登録に際しては、規模や構造等について一定の基準に適合する必要がある。都道府県等は、登録された住宅の情報を、住宅確保要配慮者等に提供する。住宅確保要配慮者は、居住支援協議会や居住支援法人からのサポートを受けつつ、登録住宅への入居を申し込むことができる仕組みとなっている。

② 専用住宅にするための改修・入居に向けた経済的支援

賃貸人に対しては、登録住宅への改修費の補助が受けられる。入居者の負担の軽減としては、家賃と家賃債務保証料の低廉化に対する補助が

図3-16　新たな住宅セーフティネット制度

※住宅確保要配慮者に対する賃貸住宅の供給の促進に関する法律（住宅セーフティネット法）の一部を改正する法律（平成29年4月26日公布 10月25日施行）

① 住宅確保要配慮者の入居を拒まない賃貸住宅の登録制度

② 専用住宅にするための改修・入居に向けた経済的支援

③ 住宅確保要配慮者と建物のマッチング・入居支援の枠組み

【住宅セーフティネット制度のイメージ】

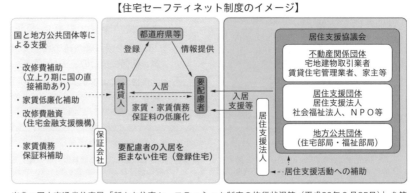

出典：国土交通省住宅局「新たな住宅セーフティネット制度の施行状況等（平成30年9月25日）」を筆者が一部改変

ある。賃貸人や要配慮者の双方の負担感を軽減した仕組みが設けられている。

③　住宅確保要配慮者と建物のマッチング・入居支援の枠組み

　居住支援活動を行う NPO 法人等は、賃貸住宅への入居に関する情報提供や相談、見守りなどの生活支援、登録住宅の入居者への家賃債務保証等の業務を行う居住支援法人として都道府県等が指定できるようになった。また、家賃等の滞納に際し債務保証を行う家賃債務保証について、適正に業務を行うことができ、一定の要件を備える事業者や団体を国が名簿登録をする家賃債務保証業者登録制度を創設した。さらに家賃債務保証業者や居住支援法人が、登録住宅に入居する住宅確保要配慮者に対して家賃債務を保証する場合に、住宅金融支援機構がその保証の保険を引き受ける仕組みを創設した。賃貸人や住宅確保要配慮者の双方の安心感を醸成する仕組みが設けられている。

2　居住支援における精神保健福祉士の役割

1　居住支援の基本的視点

　精神保健福祉士が行う居住支援について、精神保健福祉士の業務指針のなかでは「住居及び生活の場の確保や居住の継続に関して、本人の希望を尊重しながら支援することを通して、障害や疾病があっても健康で文化的な暮らしを実現する[4]」と定義されている。また業務を進めるにあたって、「住み慣れた地域に住み続ける権利を保障する」「どこで誰と暮らすか（中略）本人の意思を尊重する」「居住支援を人と環境の相互作用の視点から捉える」「単に既存資源を当てはめるのではなく、個別性を重視し、生活の質の向上（well-being）を図る」「地域で安心して暮らせるように周囲の理解を促進する」ことの重要性を指針として明示している[5]。これらの視点を踏まえながら、支援のあり方について検討していく必要がある。

　居住支援の対象者として、精神症状が安定し地域生活を希望する人ということになる。しかし、現実には長期入院患者のなかには退院後の生活展望よりも直面する生活不安から、地域生活に消極的な思いをもつ人々もいる。そうした人々の不安を受けとめ、生活意欲を高めることを居住支援の入口として考えることが求められる。また精神障害の特性として、精神疾患が基盤の精神障害であり、症状が不安定となれば生活状

態が大きく変動する面があることも理解し、治療と並行した居住支援の展開が重要である。

　居住支援を必要とする人々の状況について、❶退院後の住居がなかったり、家族等との同居が困難であること、❷家族や居住施設からの自立を目指す状況にあること、❸居住生活を継続するうえで、環境上もしくは生活上の理由により支援サービスの必要性があることのおおむね３点に整理することができる。しかし、抱えた状況からもたらされる思いは人それぞれであることを理解し、まずは本人の思いに寄り添う姿勢が大切である。そして本人が望む生活を明確にし、共有するなかで、希望を生活目標に位置づけながら生き方に寄り添う支援として、住居の確保や居住サービスなどの調整を本人とともに検討していくことが求められる。

　さらに地域で生活していく力についても一定程度の見通しをもつことは、生活の安定性、継続性、発展性を考えるうえでも重要である。居住支援にかかわる個別的生活課題の要素として、門屋は「①身辺能力、②時間管理、③金銭管理、④疾病管理と健康管理、⑤食生活、⑥危機対処、⑦社会関係、⑧居宅管理、⑨日課の確保、⑩友達、セルフヘルプ・グループなど、⑪余暇活動、⑫情報確保と管理」等を挙げている[6]。しかし、これらの生活課題は対処する能力がないと地域生活を始められないというものではない。実際に生活を始めるなかで工夫し経験しながら向上していくものでもあり、環境調整を行うなかで補えるものもある。ストレングス視点で開かれた可能性に目を向けつつ、社会リハビリテーションや福祉的支援を組み合わせ、地域生活を成り立たせる条件整備にこそ、視座を向けていくことが大切である。

　そして個別的・直接的な支援に終始するのではなく、多職種協働による包括的支援を意識していく必要がある。特に長期入院患者や高齢の精神障害者の生活支援を考える際、身体合併症や介護の問題など複雑かつ多元的な課題を抱えていることが多い。こうしたなかで精神保健福祉士には、本人の希望を中心に据えて、国際生活機能分類（International Classification of Functioning,Disability and Health:ICF）の基本的考え方を踏まえながら、各機関や職種との連携調整や支援マネジメントを行う役割に期待が寄せられている。

■2　住居および生活の場の確保支援

　住居および生活の場の確保支援として、精神保健福祉士は、本人が望

む暮らしと生活していく力の見通しをもちながら、どのようにすれば本人の意思を尊重した居住生活が可能となるのか、本人の思いに寄り添いながら住まいのあり方、暮らし方を考えていくことが求められる。

特に精神科病院からの退院支援ということでは、医療機関で働く精神保健福祉士の果たす役割は大きいが、地域移行支援やピアサポーターと連携した退院支援も有効である。地域移行支援は地域の一般指定相談支援事業所が指定を受け、支援を要する障害者に対して、住居の確保等の相談や外出時の同行、体験宿泊など地域の側から迎え入れる取り組みを行っている。ピアサポーターは、同じ病や課題を抱える当事者としての目線から本人に寄り添う相談を行っている。

具体的に退院後の生活のイメージが形成されていくなかで、一人暮らしを希望するならば不動産業者等を通じて民間アパート等を探していくこととなるが、物件の見学や入居の申し込み手続きや契約の留意点、引っ越しの手続きなどを本人が十分に理解できるよう、説明の仕方を考慮する必要がある。また精神保健福祉士が実際に本人に同行して、不動産業者や家主等に安心感をもってもらえるように働きかけることもある。

そうした支援者のかかわりを受けて住居を探す方法として、地域の状況に応じて居住サポート事業を活用する方法や住宅セーフティネット法に基づく居住支援法人のサポートを受けて、セーフティネット住宅を利用する方法も存在する。精神保健福祉士には必要に応じた連携と調整が求められる。また、要件を満たせば公営住宅等の活用も考えられる。

そして、ケア付きの住居の支援サービスを活用するということであれば、グループホームや宿泊型自立訓練、施設入所支援等の障害福祉サービス事業所の利用が考えられる。また高齢の精神障害者に配慮した居住支援サービスとして、特別養護老人ホームや軽費老人ホーム、認知症高齢者グループホームなどがある。それぞれに利用目的や利用対象者像、申請手続きがあり、精神保健福祉士はこうした居住支援に関連する制度やサービスの利用について、本人が十分に理解できるよう、時には見学や体験等を交えることも必要である。そして本人の意思に基づいて、関係機関との調整や連携を行っていくことが求められる。

3 居住の継続支援

居住の継続支援として、精神保健福祉士は本人の望む暮らしの実現を通して生活の質を高める支援を行うこと、住み慣れた地域に暮らし続けることができるように福祉と医療のサービスが切れ目なく提供される支

Active Learning

精神障害がある人のことを自分に置き換えて、居住支援を受ける際に、どのような支援があればより生活が充実するか考えてみましょう。

援体制を構築することが求められる。

　特に家主や不動産業者が抱く思いのなかには、「家賃を滞納しないか」「近隣住民とトラブルを起こさないか」などの不安がある。こうした不安に対して専門職やサポート機関が本人の居住生活に積極的にかかわる姿勢をみせることで安心感につながり、本人の生活の安定のなかでの信頼感から次の新規の住居確保につながることもある。具体的な支援としては、必要に応じた生活支援と本人の生活のペースに合わせた見守りということであるが、それらは個々の精神障害者の支援ネットワークのかかわりとともに、訪問による支援のなかで展開される。

　訪問による在宅支援サービスは、指定一般相談支援事業所が指定を受けて、常時の連絡体制の確保と緊急時の迅速な訪問、関係機関等の連絡調整、一時的な滞在支援などの支援を行う地域定着支援がある。その他に自立生活援助や居宅介護、訪問看護、ACT などがある。

　精神保健福祉士は生活の安定性や継続性を高めるために、医療機関や施設から単身での生活に移行する際に本人の支援ニーズを見極めながらこれらの支援のあり方を検討すること、そのなかでの関係機関との連携による支援が求められる。また危機的な状況に際して本人自らが主体性を発揮して対処できるようになることは重要である。近年、医療機関での休息を目的とした短期入院以外に医療型ショートステイも整備されてきており、地域全体の居住支援機能の強化を目指した地域生活拠点等の整備促進が図られようとしている。これらの活用について、精神障害者の特性に合わせた形で展開できるよう留意する必要がある。

　さらに居住継続の支援を考えるにあたっては、生活の発展性を支える人間関係や社会関係の視点からも考えていく必要がある。単身であれば本人が地域のなかで孤立していないか、ごみ問題等で周辺近隣とトラブルになっていないか、家族との生活や子育て、社会参加の状況に問題はないかなど生活全般をトータルに支えていく視点が求められる。そうした意味で安心・安全を超えた総合的な生活支援の観点から居住の継続支援について考えていくことが求められる。

３　居住支援制度の課題

１　居住支援システムの構築に向けて

　居住支援制度の課題として、居住支援システムの構築に向けて、居住

サポート事業および住宅セーフティネット法をめぐる展開のなかから述べる。

　居住サポート事業は2019（平成31）年4月現在、1741ある市町村のなかで282の市町村が実施しており、実施率は16％と低調である。[7] その背景として、居住サポート事業が相談支援事業の一つとして、地方交付税のなかで運用されており、自治体の裁量のなかで財源確保の問題から取り組みが進まなかったことが挙げられる。また居住サポート事業の事業内容として、入居支援、24時間支援、サポート体制の調整と事業範囲が広く、これらを円滑に実効性ある支援を展開するための体制整備として、不動産業者等との連携構築や各種支援機関とのネットワークの形成、保証人提供等の体制整備までを担い得る事業者は限られること、2012（平成24）年から地域移行支援・地域定着支援のなかで居住サポート事業の取り組み内容の実施が可能となったことも影響しており、全国的に大きな広がりをみせることはなかった。しかし住宅確保の問題は、精神障害者の地域移行の問題に限らず、高齢者や在留外国人等すべての人間にかかわる課題である。身元保証および家賃債務保証といった共通する課題の整理も含めて、住宅施策の充実の観点から2017（平成29）年10月より施行された改正住宅セーフティネット法が動き出しているが、制度の認知度が低いなかで本格化はこれからである。

　改正住宅セーフティネット法の施行の状況として、セーフティネット住宅の登録件数は、2020（令和2）年度までに登録数17万5000戸を目指す目標値が掲げられているが、2020（令和2）年7月31日時点で全国で6万907戸となっており、受付中・審査中を合わせても8万142戸となっている。[8] より登録数を増やしていく必要がある。

　また、低額所得者、被災者、高齢者、障害者、子育て世帯その他住宅の確保に特に配慮を要する者の民間賃貸住宅等への円滑な入居の促進を図るために、住宅確保要配慮者および民間賃貸住宅の賃貸人の双方に対し住宅情報の提供等の支援を実施する居住支援協議会の設置は、2020（令和2）年7月31日時点で47都道府県52市区町を合わせた99協議会となっており、設置促進と積極的な活動の展開が課題である。

　登録住宅の入居者への家賃債務保証、住宅相談など賃貸住宅への円滑な入居に係る情報提供や相談、見守りなど住宅確保要配慮者への生活支援等を担う居住支援法人は2020（令和2）年7月31日時点で全国で331者となっており、これらももっと増やしていく必要がある。

　居住支援システムの構築にあたっては、改正住宅セーフティネット法

を中心に動き出しており、各地域ごとに住宅と福祉の施策間の連携強化を進めること、実働として不動産業者や居住支援法人のネットワーク型による支援を推進すること、自治体による積極的な支援を展開することが今後の発展を考えるうえで重要である。

▋2 居住支援制度と精神保健福祉士の実践課題

　2019（平成31）年3月に示された「精神保健福祉士の養成の在り方等に関する検討会中間報告書」において、精神保健福祉士に求められる役割が示されている。特に精神障害にも対応した地域包括ケアシステムの構築において、医療と福祉の分野のみならず、多分野との連携・協働が必須であること、保健・医療を起点とした基盤整備と福祉等を起点とした基盤整備といった、両軸・多側面からの体制構築が重要であると指摘されている。そのなかでの精神保健福祉士の役割として、多分野・多機関での協議の場においては、「個別支援を実際に担い、ネットワークや社会づくりといった支援体制・基盤の整備を実際に担う」ことが期待されている。そして居住支援制度の今後の方向性として、ソフト面として高齢者・障害者、低額所得者等のさまざまな領域を超えた生活支援や見守りサービスが、ハード面として住宅確保に向けた条件整備を組み合わせて展開していくことが示されている（**図3-17**）。

　そうしたなかで精神保健福祉士は、分野横断的な視座をもちながら精神障害者をはじめとしたメンタルヘルス上の危機にある人々への対応を見据えて居住支援のあり方について考えていく必要がある。そして地域の居住資源や保健医療および福祉サービス、住宅セーフティネット法の対応状況を踏まえて、住宅確保に向けた支援ネットワークの形成、各種支援を行う関係機関との連携体制の構築、地域全体の居住支援システムの構築整備にも関与していくことが重要である。個別的支援にとどまらず、制度を活用しながら、制度をより実効性のあるもの、よいものに変えていく視点が精神保健福祉士には求められている。

図3-17　居住支援の全体像

国のみならず自治体においても、福祉・住宅部局間での情報共有・連携強化を図るとともに、以下に記載している居住に係るハード・ソフトの両施策を一体的に実施するなどにより、居住に困難を抱える者へ必要な支援が届くよう取り組んでいく。

ソフト面の支援例

【高齢者の安心な住まいの確保に資する事業】
空き家等の民間賃貸住宅や集合住宅等に入居する高齢者を対象に、安否確認、緊急時の対応等を行う生活援助員を派遣するなど、地域の実情に応じた、高齢者の安心な住まいを確保するための事業を行う。
※地域支援事業の1メニュー

【自立生活援助】
障害者支援施設やグループホーム等から地域での一人暮らしに移行した障害者等に対し、支援員が定期的に居宅を訪問して日常生活における課題を確認し、必要な助言や関係機関との連絡調整を行う。
※障害者総合支援法に基づくサービス（平成30年4月1日施行）

【生活困窮者地域居住支援事業】
地域に単身等で居住し、親族等の支援が見込めない「孤立した生活」を送る生活困窮者等に対し、住居の確保といった居住支援や訪問などによる見守り・生活支援、これらを通じた互助の関係づくりを行う。
※30年度から予算事業として実施。31年度からは困窮法の一時生活支援事業として実施を目指す（法改正事項）

【社会的養護自立支援事業等】
里親等への委託や児童養護施設等への入所措置を受けていた者に対して、必要に応じて措置解除後も原則22歳の年度末までの間、引き続き里親家庭や施設等に居住するための支援などを提供するとともに、生活・就労相談や、賃貸住宅の賃借契約時等に身元保証を行う。

ハード面の支援例

【新たな住宅セーフティネット制度】
高齢者、障害者、子育て世帯、低額所得者などの住宅確保要配慮者に対し、民間の空き家・空き室を活用した入居を拒まない賃貸住宅（住宅確保要配慮者円滑入居賃貸住宅）の供給を促進する。併せて、専用住宅の改修費や家賃低廉化等への支援や、入居相談や見守りなどの生活支援を行う居住支援協議会や居住支援法人への活動支援等を行う。

出典：国土交通省住宅局「新たな住宅セーフティネット制度の施行状況等（平成30年9月25日）」を筆者が一部改変

◇**引用文献**
1）日本精神保健福祉士協会・日本精神保健福祉学会監『精神保健福祉用語辞典』中央法規出版，p.221，2004.
2）門屋充郎「居住支援」蜂矢英彦・岡上和雄監，安西信雄ほか編『精神障害リハビリテーション学』金剛出版，p.189，2000.
3）同上
4）日本精神保健福祉士協会編著「精神保健福祉士業務指針及び業務分類 第2版」p.63，2014.
5）同上
6）前出2）
7）厚生労働省「障害者相談支援事業の実施状況等について（平成31年調査）」
8）第1回住まい支援の連携強化のための連絡協議会（令和2年8月3日開催）資料3「新たな住宅セーフティネット制度の推進について」

第3章　精神障害者の生活支援に関する制度

学習のポイント

- 精神障害者が働くことの意味を理解する
- 精神障害者に関連する就労支援の法制度を理解する
- 就労を通した自己実現について考える

1 精神障害者と働くこと

1 精神障害者と自立

　精神障害者の支援現場では、利用者から「いつか自立した生活がしたい」と聞くことが多い。支援者はこの「自立した生活」を一人ひとりの状況に応じて捉えなければならない。自立には、「日常的自立」「社会的自立」「経済的自立」があり、そのどこを本人が目指すかである。精神障害は、精神疾患の病状の変化とそれに伴う生活の困難さ（＝障害）とが併存するといわれている。突然の病状悪化に伴い、生活の困難さも増すことも多い。これらは、精神障害者本人の疾患や障害、生き方などによる困難さであり、さまざまな要因が絡みあって存在する。また、精神科医療における長期入院の弊害や精神障害に対する偏見や差別などの社会的態度も自立に大きく影響している。

　2005（平成 17）年に成立した障害者自立支援法により障害者全体の「経済的自立」が目指され、同年改正の障害者の雇用の促進等に関する法律（障害者雇用促進法）によって精神障害者が雇用率に算定されることとなり、精神障害者もその一員として組み込まれていった。しかし、立ち止まって考えたいのは、精神障害者の就労や自立を考えた際に、「本人がどのような暮らしをしたいのか」「どのような希望があるのか」が重要であるということである。

　必ずしも「経済的自立」を目的としている人たちだけではない。日常は、自分でできることと生活支援の利用を使い分け、また就労継続事業等で働くことによって自己肯定感を得ること、社会とのつながりをつくること、仲間との交流が得られることなどを大切にしている人たちもいる。

2 就労支援における精神保健福祉士の視点

精神保健福祉士による就労支援では、「本人がどのような暮らしを希望するのか」という自己決定を支え、働くことがどのような意味があるのかを確認することが重要である。これは、施設での就労、一般就労を問わず変わらない。精神保健福祉士は、就労面だけでなく生活の一体的な支援が重要であると捉え、精神障害者本人の生き方を見つめ、本人全体を支援するという意識が求められる。精神障害者が、本人の希望する生活や生き方を得ていく過程はリカバリーとして捉えることができ、精神保健福祉士はパートナーシップを大切にしながら支援を行っていくことが求められるのである。

Active Learning

何のために働くのか、まずは、あなたの場合はどうなのか考えてみましょう。

2 障害者総合支援法における精神障害者の就労

1 現在の就労施策となるまで

地域における精神障害者の就労の機運が高まったのは、全国的に精神障害者の共同作業所が増えていった1980年代以降であり、それまでの「社会復帰のためのリハビリテーション」という考え方から、精神障害があろうとも「ごく当たり前の生活」を送ることが重要であるという認識が広まっていった。一人の生活者として地域で暮らし、働くこともその「ごく当たり前の生活」として支えられてきたのである。

精神障害者と一口にいっても、個人によってその生き方はさまざまであり、一般就労を希望する人もいれば作業所でゆっくりと働くことを希望する人もいた。一人ひとりの本人らしい生活を獲得していくプロセスは現在のリカバリーの視点に通ずるものである。

障害者の日常生活及び社会生活を総合的に支援するための法律（障害者総合支援法）成立以前の障害者自立支援法の基本理念は、障害があろうとも本人のもてる能力を活かし「自立した生活を送ること」など、「就労や自立」が法律の根幹をなしていた。同時期に、障害者雇用促進法における障害者雇用率制度の対象となり、精神障害者の就労が促進される契機となった。

2 障害者総合支援法における就労系障害福祉サービスの体系

障害者自立支援法の成立により、精神保健福祉法に規定されていた精神障害者社会復帰施設等は障害者自立支援法に移行された。現在の障害

表3-5 障害者の就労支援施策の状況

事業名	事業概要
就労移行支援事業	通常の事業所に雇用されることが可能と見込まれる者に対して、①施設内訓練や職場訓練の提供、②求職活動に関する支援、③職場の開拓、④職場定着の支援を行う。(標準利用期間：2年)
就労継続支援A型事業所	通常の事業所に雇用されることが困難であり、雇用契約に基づく就労が可能である者に対して、雇用契約の締結等による就労の機会の提供や、就労訓練等を行う。(利用期間：制限なし)
就労継続支援B型事業所	通常の事業所に雇用されることが困難であり、雇用契約に基づく就労が困難である者に対して、就労の機会の提供や、就労訓練等を行う。(利用期間：制限なし)
就労定着支援事業	就労移行支援、就労継続支援、生活介護、自立訓練の利用を経て、通常の事業所に新たに雇用され、6か月を経過した者に対して、就労の継続を図るために、相談、指導および助言その他の必要な支援を行う。(利用期間：3年)

出典：厚生労働省資料を基に作成

者総合支援法の就労系障害福祉サービスは**表3-5**のとおりである[1]。

3 就労系障害福祉サービスの状況

❶就労系障害福祉サービスの利用状況と一般就労への移行

　厚生労働省による障害者全体の就労系障害福祉サービスの利用状況では、2018（平成30）年3月時点で就労移行支援事業が約3.3万人、就労継続支援A型事業所が約6.9万人、就労継続支援B型事業所が約24.0万人となっている[2]。また、就労系障害福祉サービスから一般就労への移行は年々増加してきており、2003（平成15）年は1288人であったところ、2017（平成29）年では1万4845人と約11.5倍となっている。就労移行支援事業に関しては、2016（平成28）年の国民健康保険団体連合会のデータでは、利用者の半数が精神障害者となっている。

　一般就労への移行については、就労移行支援事業がその大多数を担い、就労継続支援A型事業所は微増、就労継続支援B型事業所は横ばいである。しかし、就労移行支援事業であっても一般就労への移行が可能となるのは、利用者の5人に1人といった状況でもある。

❷就労系サービスにおける賃金の状況

　表3-6は、全国の就労継続支援A型事業所およびB型事業所の平均工賃を示している。精神障害者の場合、障害特性から病状の悪化や疲れやすさなどにより毎日通うことが難しい利用者もいる。そのため、精神障害者が主たる利用者である事業所では、**表3-6**よりも平均工賃が低いところが少なくない。

★工賃
障害者自立支援法以前、授産施設で働く障害者が仕事で収益を生んだ場合、その一部分を「工賃」として支払うことが義務づけられていた。現在も、その名称が使用されているが、多様な働き方となった障害者施設で、「工賃」という名称を使い続けることには議論の余地がある。

146

表3-6　2018（平成30）年度平均工賃（賃金）

施設種別	月額平均工賃	時間額平均工賃	施設数（箇所）
就労継続支援 A 型事業所	76,887 円	846 円	3,554
就労継続支援 B 型事業所	16,118 円	214 円	11,750

出典：厚生労働省資料

3 障害者雇用促進法における就労支援

1 精神障害者の雇用施策の歴史

　日本の職業リハビリテーションの始まりは、旧・労働省管轄の戦後の傷痍軍人への職業回復から始まっている。1947（昭和22）年の職業安定法の制定に基づき、公共職業安定所での職業指導や職業紹介、また職業訓練等への参加が身体障害者に適用された。1952（昭和27）年に「身体障害者職業更生援護対策要綱」が策定、障害者雇用促進法の前身となる身体障害者雇用促進法が制定された（1960（昭和35）年）。

　精神障害者は長く旧・厚生省の精神保健施策対象であったため、雇用率制度も含めて、障害者雇用促進法における職業リハビリテーションの対象となったのは、身体障害者、知的障害者に非常に遅れてからである。

　1987（昭和62）年に身体障害者雇用促進法から障害者の雇用の促進等に関する法律（障害者雇用促進法）へと名称が変更された。この改正により、障害者雇用率制度に知的障害者が努力義務として算定され、また法律の対象に身体障害者、知的障害者だけでなく精神障害者が初めて明記された。

　精神障害者が障害者雇用率制度に算定されるにあたっては、法改正について三度の研究会が開かれ、❶企業における精神障害者に対する理解が乏しく、雇用管理のノウハウがないこと、❷採用後精神障害者が多く新規雇用が進まない可能性があること、❸本人のプライバシーの侵害や不利益とならないような精神障害の把握や確認方法を考えることなどが議論された。そのため、精神障害者の雇用率制度算定は2005（平成17）年の法改正における「みなし雇用」まで待たなければならなかった。

2 障害者雇用促進法の実際

❶障害者の雇用状況

　厚生労働省が発表した「令和元年 障害者雇用状況の集計結果」による

★採用後精神障害者
事業所等へ採用後に精神障害者となった者や、採用時点では把握せず採用後に精神障害者であることを承知した者をいう。「平成30年度障害者雇用実態調査」によると、障害者となった時点は、事業所の採用前が87.7％、採用後が12.2％となっており、精神障害者の障害者雇用率算定が検討されていた時代とは状況が大きく異なっている。

★みなし雇用
精神障害者が障害者雇用率制度の義務化の対象となったのは、2018（平成30）年度からである。この年まで義務化の対象は身体障害者と知的障害者のみであった。精神障害者は、2005（平成17）年の改正で障害者雇用率の算定に加えられて以降、事業所が精神障害者を雇用した場合に身体障害者もしくは知的障害者を雇用したものとみなされ、雇用率にカウントされてきた。

図3-18 障害者雇用状況の集計結果（民間企業における雇用状況）

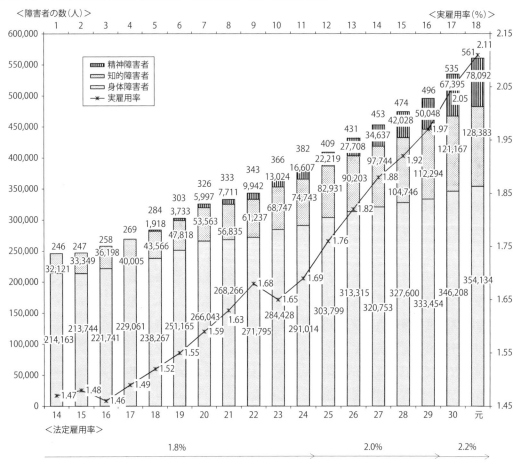

注1：雇用義務のある企業（平成24年までは56人以上規模、平成25年から平成29年までは50人以上規模、平成30年は45.5人以上規模の企業）についての集計である。

注2：「障害者の数」とは、次に掲げる者の合計数である。

平成17年まで	身体障害者（重度身体障害者はダブルカウント） 知的障害者（重度知的障害者はダブルカウント） 重度身体障害者である短時間労働者 重度知的障害者である短時間労働者	平成23年以降	身体障害者（重度身体障害者はダブルカウント） 知的障害者（重度知的障害者はダブルカウント） 重度身体障害者である短時間労働者 重度知的障害者である短時間労働者 精神障害者 身体障害者である短時間労働者 　（身体障害者である短時間労働者は0.5人でカウント） 知的障害者である短時間労働者 　（知的障害者である短時間労働者は0.5人でカウント） 精神障害者である短時間労働者（※） 　（精神障害者である短時間労働者は0.5人でカウント）
平成18年以降 平成22年まで	身体障害者（重度身体障害者はダブルカウント） 知的障害者（重度知的障害者はダブルカウント） 重度身体障害者である短時間労働者 重度知的障害者である短時間労働者 精神障害者 精神障害者である短時間労働者 　（精神障害者である短時間労働者は0.5人でカウント）		

※　平成30年以降は、精神障害者である短時間労働者であっても、次のいずれかに該当する者については、1人分とカウントしている。
　①　通報年の3年前の年に属する6月2日以降に採用された者であること
　②　通報年の3年前の年に属する6月2日より前に採用された者であって、同日以後に精神障害者保健福祉手帳を取得した者であること

注3：法定雇用率は平成24年までは1.8%、平成25年4月以降平成29年までは2.0%、平成30年4月以降は2.2%となっている。

出典：厚生労働省「令和元年 障害者雇用状況の集計結果」

　と、2019（令和元）年6月1日時点における障害者の雇用状況は、民間企業で56万608.5人（実雇用率2.11%）、公的機関で5万9065.5人（同2.3%）、独立行政法人等で1万1612.0人（同2.63%）となっ

ている。民間企業における精神障害者の雇用は年々増加し、7万8092人と過去最高の数値である[3]。しかし、全体の統計をみると、雇用された障害者の60％以上が身体障害者であり、精神障害者は全体の14％でしかないこともわかる。

この雇用者数の状況は、障害者雇用制度に算定した期間が短いことだけが要因ではない。精神障害者の場合、病状が悪化していない状況では一見ほかの社員と変わらぬ仕事ぶりを見せることや、学歴や職歴の高い人たちもいるため即戦力として期待されることもある。精神障害者自身もせっかく働く機会を得られたのだから頑張りたいという気持ちが強いため、自らの疾患や障害への配慮の必要性を伝えることができないこともある。精神障害者、雇用者双方の共通理解がない場合、離職につながりやすい。現在でも、精神障害者の1年以内の離職率が50％という結果もある[4]ことから、入口だけでなく長く働き続けるための取り組みが必要なのである。

❷障害者雇用率制度

障害者雇用率制度は、事業主に対する措置としての雇用義務制度であり、**表3-7**のように定められている。

2018（平成30）年からの精神障害者の雇用義務に伴う急激な雇用率の上昇に鑑み、施行後5年に限り精神障害者を法定雇用率の算定基礎に加えることに伴う法定雇用率の引き上げ分について、本来の計算式で算定した率よりも低くすることを可能とすることが明記された。そのため、改正法が施行された2018（平成30）年4月時点では、雇用率は計算で示された数値より低い2.2％に設定され、2021（令和3）年3月に2.3％に引き上げられた。

また、**表3-8**のように、障害の程度や労働時間により雇用率への算定（カウント）が異なる。

表3-7 障害者雇用率（2020（令和2）年10月現在）

区分	現行	2021（令和3）年3月以降
民間企業	2.2%	2.3%
国、地方公共団体	2.5%	2.6%
都道府県等の教育委員会	2.4%	2.5%
特殊法人等	2.5%	2.6%

出典：厚生労働省資料を一部改変

表3-8　障害者雇用率制度の算定方法

週所定労働時間		30 時間以上	20 時間以上 30 時間未満
身体障害者		1	0.5
	重度	2	1
知的障害者		1	0.5
	重度	2	1
精神障害者		1	0.5※

※ 精神障害者である短時間労働者で、①かつ②を満たす者については、1人をもって1人とみなす。
　①新規雇入れから3年以内の者または精神障害者保健福祉手帳取得から3年以内の者
　②令和5年3月31日までに、雇い入れられ、精神障害者保健福祉手帳を取得した者
出典：厚生労働省資料を一部改変

❸障害者雇用納付金制度

　障害者の雇用に伴う事業主の経済的負担の調整を図るとともに、全体としての障害者の雇用水準を引き上げることを目的に、雇用率未達成企業（常用労働者数100人超）から納付金を徴収している。それをもとに、雇用率達成企業に対して調整金、報奨金を支給するとともに、障害者の雇用の促進を図るために「特定求職者雇用開発助成金」「トライアル雇用助成金」等の助成を行っている。

❹特例子会社制度

　事業主が障害者の雇用に特別に配慮した子会社を設立し、一定の要件を満たす場合には、特例としてその子会社に雇用されている労働者を親会社に雇用されているものとみなし、実雇用率を算定できる。また、特例子会社を有する親会社は、一定の要件を満たす会社（関係会社）についても、特例子会社と同様の実雇用率の算定が可能である。

❺雇用の分野での障害者に対する差別の禁止・合理的配慮の提供の義務化

　2016（平成28）年4月より、すべての事業主を対象として、「雇用の分野での障害者差別の禁止」「雇用の分野での障害者に対する合理的配慮の提供」「相談体制の整備、苦情処理、紛争解決の援助」が義務づけられた。対象となる障害者は障害者手帳をもっている人に限定されず、身体障害、知的障害、精神障害（発達障害を含む）その他の心身の機能の障害があるため、長期にわたり職業生活に相当の制限を受け、または職業生活を営むことが著しく困難な人を対象としている。

❻職場内支援者の確保

　障害者の雇用の安定を図るため、以下の制度が定められている。

・障害者職業生活相談員：障害者の職場適応の向上を図り、その有する

図3-19　障害者雇用納付金制度

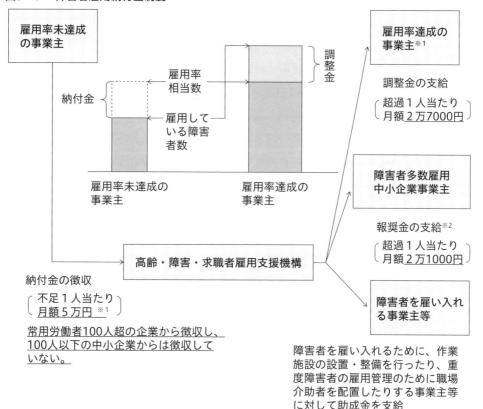

※1　常用労働者100人超
※2　常用労働者100人以下で障害者を4％又は6人のいずれか多い数を超え雇用する事業主
＊　上記のほか、障害者雇用納付金制度においては、在宅就業障害者又は在宅就業支援団体に年間35万円以上の仕事を発注した事業主に対して、特例調整金又は特例報奨金を支給している。
出典：厚生労働省資料を一部改変

能力を最大限に発揮させるよう障害者の特性に配慮した雇用管理を行う。5人以上の障害者を雇用する事業所においては、障害者職業生活相談員を選任し、職場において障害者の職業生活全般に関する相談、指導を行わなければならない。

・障害者雇用推進者：雇用義務が生じる規模以上の企業は、企業における障害者雇用に係る連絡窓口として、障害者雇用推進者を設置するよう努めなければならないとされている。

3 さまざまな就労支援機関

精神障害者を含め、障害者の一般就労や雇用を支援する機関が障害者雇用促進法を主として整備されてきている。

❶公共職業安定所（ハローワーク）

公共職業安定所（ハローワーク）は、障害者の採用や求人・求職者情

報、関連する制度についての相談窓口である。障害者専門の職業相談窓口として専門援助部門に職業相談員と企業の障害者雇用の窓口となる雇用指導官が配置されている。専門援助部門では、求職者と面談し、個々のニーズや障害の状況、技能や適正を把握したうえで、適切な職業選択ができるように職業相談・紹介を行っている。また、企業訪問により、採用後の職場定着支援も実施している。

　精神障害者の求職登録者数が激増し、精神保健福祉士等が精神障害者雇用トータルサポーターとして配置されるようになった。精神障害者雇用トータルサポーターは、カウンセリングや就職に向けた準備プログラムを実施するとともに、事業主に対して精神障害者の雇用に係る課題解決のための相談援助等の業務を実施している。

　また、ハローワークは、「障害者の多様なニーズに対応した委託訓練」（以下、委託訓練）の申し込み窓口でもある。委託訓練は、職業能力開発促進法に基づき、障害のある人たちが就職に必要な基礎的知識や技能を身につけ、雇用の促進が図られるよう企業、社会福祉法人、NPO法人、民間教育機関等が地域の多様な委託先（訓練機関）で職業訓練を行っている。

❷地域障害者職業センター

　地域障害者職業センターは、独立行政法人高齢・障害・求職者雇用支援機構によって全国47都道府県と5支所に設置されており、ハローワークと密接に連携し、障害者の就職や職場定着に関する相談・支援と事業主に対する障害者雇用の相談・支援、関係機関に対する職業リハビリテーションの技術的助言・援助を行う専門機関である。障害者本人だけでなく、雇用側である事業主にも障害者の雇い入れや雇用管理等に対する援助などを行っている。以下は、精神障害者の利用できるサービスである。

① 障害者に対するサービス

(1) 職業指導・職業評価

　障害者職業カウンセラーが就職活動の円滑化と適切な職業選択、職場で働き続けるための相談、援助を行う。また、就職の希望などを把握したうえで職業能力等を評価し、それに基づき職場適応のための必要な支援内容、方法を含む職業リハビリテーション計画を作成する。

ⅰ　地域障害者職業センターとは別に、職業リハビリテーションの調査等を行い、障害者職業カウンセラー、職場適応援助者の養成を行う「障害者職業総合センター」、障害者に対して、職業適正等を理解・把握するための職業評価、就職に必要な技能・知識を習得するための職業訓練を行う「広域障害者職業センター」（全国で2か所）がある。

(2)　職業準備支援

　精神障害者を対象とした社会生活技能等の向上を図るための支援を行う「精神障害者自立支援カリキュラム」、自分に合った働き方やストレス対処をするための支援を行う「気分障害者適応支援カリキュラム」、発達障害者を対象とした職務遂行技能等の向上を図るための支援を行う「発達障害者就労支援カリキュラム」等が実施されている。

②　障害者・事業主双方に対するサービス

(1)　職場適応援助者（ジョブコーチ）による支援事業

　就労先で円滑に職場に適応することができるよう、職場にジョブコーチが派遣され、障害者および事業主に対して障害特性を踏まえた直接的・専門的な支援が行われている。就職直後の集中支援期から半年をめどに、ジョブコーチではなく職場の社員等が本人へ支援（ナチュラルサポート）を行う環境を整えることを目指す。

(2)　精神障害者職場復帰支援（リワーク事業）

　うつ病等により休職している人たちを対象に、職場復帰に向けた事業所・主治医とのコーディネートや、復職に向けたウォーミングアップ等の各種支援を行っている。

❸障害者就業・生活支援センター

　障害者雇用促進法に基づいて設置されており、職業生活における自立を図るために就業およびこれに伴う日常生活支援を行うセンターである。社会福祉法人やNPO法人が実施しており、2020（令和2）年4月現在、全国に335センターがある。

　精神障害者が一般の事業所で雇用されるということは、職場でのストレスだけでなく、日常生活に表れるさまざまな本人の生きづらさが影響することも少なくない。そのため、就業面だけでなく、生活面の両輪を支えることが重要である。

　就業面での支援は、❶就職に向けた準備支援、❷就職活動の支援、❸職場定着に向けた支援、❹障害のある人それぞれの障害特性を踏まえた雇用管理についての事業所に対する助言などがある。

　また、生活面での支援は、①日常生活支援、②地域生活に関する助言などがある。障害者就業・生活支援センターは、仕事と生活の両面の支援を行うといっても、一人ひとりの利用者の両方すべてを支えることは困難である。そのため、ハローワーク等の就労支援機関から精神科医療機関、生活支援を行う各種支援機関等とつながりをもち、本人を中心としたチーム支援を行っているところが多い。

職業能力開発促進法により、労働者が段階的かつ体系的に職業に必要な技能およびこれに関する知識を習得することを目的に、国および都道府県が設置する。コースは、IT に関連するものや調理・清掃サービスに関連するものなど多岐にわたり、それぞれの開発校によってコースは異なる。なお、職業能力開発校は全国 47 都道府県のすべてでは実施されておらず、限定的である。

4 就労支援における精神保健福祉士の役割

近年、精神障害者の就労支援に携わる支援者は精神保健福祉士のような社会福祉専門職だけでなく、作業療法士、看護師、また企業のなかで選任された支援者など多岐にわたっている。そのため、さまざまな支援方法やアプローチによって精神障害者の就労が支えられている。しかし、精神保健福祉士として就労支援に携わる際には、冒頭でも述べたように一人ひとりがどのような暮らしを希望し、どのような将来像を描いているかを聴き取り、就労を通し本人がリカバリーしていく過程を支えていくことが求められる。

1 福祉的就労の実際

就労継続支援 B 型事業所は、精神障害者共同作業所を引き継いで事業を実施しているところが多い。就労継続支援 B 型事業所での仕事は、内職作業等の軽作業や調理・製菓、飲食店の営業や委託の公園清掃等、その地域の実情に沿って幅広く実施されている。

一方、近年では自主製品に力を入れ、利用者本人の特性を活かした制作販売も増えてきている。東京都では、自治体主体で「自主製品魅力発信プロジェクト KURUMIRU」によって、障害者の作った製品が東京都庁の店舗やインターネット等で販売されている。旧来の作業だけでなく、障害のある人たちが地域で活躍する機会でもあり、また工賃の上昇を目指すものでもある。

2 ディーセント・ワークと就労支援

国連の国際労働機関（ILO）は、1999 年にディーセント・ワークという概念を発表した。ディーセント・ワークは、❶雇用の促進、❷社会

的保護の方策の展開および強化、❸社会対話の促進、❹労働における基本的原則および権利の尊重、促進および実現、という四つの戦略的目標を通して「働きがいのある人間らしい仕事」の実現を目指している。このディーセント・ワークの概念は、精神保健福祉士として非常に重要な視点を与えるものである。就労支援の場では、精神保健福祉士の実践理念である「人と環境との相互作用」「地域で暮らす生活者としての視点」「パートナーシップ」「ストレングス」「エンパワメント」といったアプローチが求められるからである。就労支援に携わる精神保健福祉士は、事業所のなかで与えられた仕事をこなすことを日課にするのではなく、地域のなかにも出ていかなければならない。地域との交流のなかで、利用者一人ひとりの可能性をもとに本人らしい働き方を支えていくことが重要である。さらに、支援者と利用者とが事業所の運営を一緒に考え、意思決定を共有することが大切である。

3 ソーシャル・インクルージョンと就労支援

　一般の働く場でもなく、福祉施設でもない第三の働く場としてソーシャルファーム（社会的企業）がヨーロッパを中心に発展してきている。ソーシャルファームは、障害者を中心に一般の事業所で働くことが困難な人たちが働き、労働者としての権利を取り戻す機会にもなり、特に精神障害者の一般就労への有効性が報告されている。就労継続支援Ａ型事業所は、福祉施設としての側面もあるため完全なるソーシャルファームとは言い切れないが、労働法規に基づく契約を結ぶことが「労働者」としての意識や働く意欲を高めることになり、ソーシャル・インクルージョンやリカバリーにもつながる。精神保健福祉士は、支援者でありながら働く仲間として「パートナーシップ」の関係を大切にし、利用者の「リカバリー」を目指した支援を行うことが必要である。

4 就労移行支援事業での就労支援

　就労移行支援事業所では、一般就労のために必要な体力、持久力、集中力や生活の安定を含む就労の準備性を高めるために「作業系」「事務系」「サービス系」などのそれぞれの事業所で検討されたプログラムを実施している。精神障害者の就労支援においては、技術の向上よりは「働くための体力をつけること」「病気とうまく付き合いながら働くこと」「コミュニケーションの向上」といった、障害特性に沿ったプログラムを実施しているところが多い。また、施設内のプログラムだけでなく、一般

の事業所等での職場内実習を通して具体的な就労のイメージを固めていく。

支援者である精神保健福祉士は、本人の希望する職種や働き方をもとに、プログラムを通して本人の課題を検討しフィードバックすることが求められる。本人が希望した仕事があったとしても、現状と希望との乖離がある場合もある。その場合には、丁寧に面接を行いながら主観と客観の擦りあわせを行う必要がある。一方で、本人の働きたいというモチベーションの維持も大切であり、個別性をもったかかわりが重要である。

就労移行支援においては、「マッチング」といわれる求人情報と本人の職務遂行能力との擦りあわせが重要であるといわれるが、それとともに、職務内容だけでなく生活全体を見渡した就労生活をどのように捉えているかを確認することが大切である。

5 精神障害者の就労支援における課題

1 就労継続支援B型事業所の運営と居場所機能

❶居場所機能とは

障害者自立支援法施行に伴い、それまで地域での就労・生活支援の場であった精神障害者共同作業所の多くは、就労継続支援B型事業所に移行していった。精神障害者共同作業所は、自治体によって補助金や運営方法が定められていたが、就労を主とする事業所から居場所機能までそれぞれであった。ある作業所のキャッチフレーズは"ゆっくり、のんびり、へたでいい"といい、精神障害のある本人が無理をせず自分らしく過ごすことが大切な場として存在した。また、精神障害者の障害特性から、週に1日、数時間の利用といったことも当たり前であった。

❷就労継続支援B型事業所の実情

障害者自立支援法の施行以降、障害福祉サービスは補助金制度から給付制度となり、利用者が通所することによって施設に収入が入る仕組みとなった。現在では、多くの事業所が以前の作業所のように、ゆっくりのんびりといった機能をもつことができなくなっている。一方、就労継続支援B型事業所の支援者は、月額工賃維持のために日中も作業を中心に担当することで、きめ細かい利用者への支援に手がまわらないことも増えている。さらに利用者がやりきれなかった作業を残業までして仕上げるといった実態もある。また、事業所によっては施設運営のため、一

定期間通所できることを条件に利用を判断しているところもある。

❸本人らしい働き方を支えること

　現在の障害福祉サービスでは、ゆっくりのんびりとした居場所機能が少なくなり、支援者も"作業をまわす"ことに主を置きがちになっている現状もある。しかし、精神障害者にとって働く場はどのような意味をもつのかという支援の原点に戻ることが必要である。一人ひとりの利用者がどのような生活を望み、そこに就労がどのように位置づけられているかを丁寧に確認し、本人らしく生活していくこと＝リカバリーを支える視点をもった支援を行うことが精神保健福祉士には求められている。

2 就労生活を通した自己実現の支援

❶一般就労後の状況

　精神障害者が障害者雇用率制度に算定されて以降、離職率は大きな課題とされてきた。現在でも、1年間で50％の人たちが離職しており、離職率は高いままである。就労移行支援事業では、就職後半年間のフォローアップが認められ、またその後は障害者就業・生活支援センターが定着支援を担ってきた。また、東京都など一部の自治体では独自の支援センターが設置されたが、全国的ではなく就労後の定着支援は手薄な状況が続いた。このような状況をもとに、障害者総合支援法においては、就労定着支援事業が2018（平成30）年度より実施されている。

❷就労を通した本人の希望する生活を支えること

　精神障害者の就労定着のための課題は、業務内容以上に本人自身の精神疾患に伴う病状の変化や精神障害等による生活の困難さによるところが大きい。就労後順調に働いていたとしても、突然何らかの問題が発生し、仕事がままならなくなることもある。その理由は千差万別だが、家族問題であったり、交友関係であったり、生活の破綻であったりと職場では見えないところで、困難さが生じて仕事に影響が出るのである。

　就労定着支援において精神保健福祉士は、「就労面」だけでなく「就労を通した本人の希望する生活とは何か」といった視点が重要である。そのため、本人の希望と合わせ、本人の全体像や人となりを見立て、本人のもつ生活の困難さに目を向ける必要がある。本節のポイントでもある「就労を通した自己実現」にも通ずるものである。

❸ネットワークによる就労支援

　精神障害者の支援では、本人を中心としたネットワーキングが大切である。先にも述べているように、精神障害者の就労支援は職務内容だけ

あなたの街で精神障害者が就労支援を受けたい場合、どこに相談に行くのでしょうか。あなたの街（市町村）の社会資源を探してみましょう。

でなく、疾患や生活を支えていくことが求められる。そこで、さまざまな支援機関と連携、協働しながら就労を支えていくことで重層的な支援を行うことができる。さらに、雇用先も支援者となるよう関係性をつくっていくことが大切である。就労当初は、雇用先に対して精神障害者を受け入れてもらうための土壌づくりを行い、時が経つにつれ本人の就労を支える協働関係となっていくことが理想である。精神保健福祉士等の外部の支援者には見えない、職場での日常の何気ない変化などに気づくことが危機状況を防ぐことにもなる。

　就労定着支援事業は、就労移行支援事業との連続性だけでなく他事業を利用して就職した障害者も対象となる。定着支援の支援者は就職して一定期間を経た本人と出会うこともある。そのため、本人との関係性をつくることから始め、すでに雇用先と本人とでつくられた関係性に介入していくことになる。事業化されて間もないため、これから実施したうえでの成果や課題が見えてくるだろうが、精神障害者が就労を通した自己実現やリカバリーをしていくための支援を精神保健福祉士は行わなければならない。

◇引用文献
　1）厚生労働省「障害者の就労支援対策の状況」 https://www.mhlw.go.jp/stf/seisakunitsuite/bunya/hukushi_kaigo/shougaishahukushi/service/shurou.html
　2）厚生労働省「障害者の方への施策 就労に向けた支援策」 https://www.mhlw.go.jp/stf/seisakunitsuite/bunya/koyou_roudou/koyou/shougaishakoyou/shisaku/shougaisha/index.html
　3）厚生労働省「令和元年度 障害者雇用状況の集計結果」
　4）障害者職業総合センター「障害者の就業状況等に関する調査研究」2017. https://www.nivr.jeed.or.jp/research/report/houkoku/houkoku137.html

◇参考文献
・谷中輝雄『生活支援──精神障害者生活支援の理念と方法』やどかり出版，1996.
・松井亮輔「障害者の職業リハビリテーションおよび雇用をめぐる国際機関の動き」『職業リハビリテーション』第19巻第2号，2005.
・杉原努「戦後わが国における障害者雇用対策の変遷と特徴その1 ──障害者雇用施策の内容と雇用理念の考察」『社会福祉学部論集4』佛教大学社会福祉学部，2008.
・舘暁夫「精神障害者雇用促進法改正と精神障害者就業生活促進の課題」『リハビリテーション研究』第124号，2005.
・中田英雄「障害を持つ人々の機会均等をめぐって」『筑波大学リハビリテーション研究』第3巻第1号，1994.
・C.ボルザガ・J.ドゥフルニ編，内山哲朗・石塚秀雄・柳沢敏勝訳『社会的企業──雇用・福祉のEUサードセクター』日本経済評論社，2004.
・高齢・障害・求職者雇用支援機構「障害者の方へ」 http://www.jeed.or.jp/disability/person/person01.html
・厚生労働省「平成30年度障害者雇用実態調査結果」 https://www.mhlw.go.jp/content/11601000/000521376.pdf

第4章

精神障害者の
経済的支援

　本章では、精神障害がある人に対する経済的支援について、体系的、かつ、実際的に学ぶことを目指すものである。

　まずは、なにゆえ、精神障害がある人にとって経済的支援が必要であり、また、経済的支援を受けることが、いかに暮らしに有益であるかを理解する。その際、生活支援、さらには、精神保健福祉士の取り組みとして、経済的支援が果たす機能や役割について知ることが大切となる。

　加えて、経済的支援を所得保障と出費の軽減という二つの側面に分けて、整理しつつ、具体的な制度や施策について把握できるようにしたい。そして、本章で挙げている制度や施策のつながりについて考え、説明できるようになることが最終的な目標である。

精神障害者の暮らしに果たす経済的支援の意義と役割

学習のポイント

- 精神障害者の暮らしに果たす経済的支援の必要性について学ぶ
- 精神障害者の生活支援に果たす経済的支援の機能を理解する
- 経済的支援に果たす精神保健福祉士の役割と制度や施策の課題を把握する

1 精神障害者の生活実態から見える経済的支援の必要性

　精神障害がある人は、対人関係の苦手さやコミュニケーション障害等から、就労に支障をきたすことが少なくない。その結果、経済的支援の必要性が生じることになる。このようなことを踏まえ、本節ではまず、精神障害がある人の生活実態を明らかにする。そのうえで、「経済的支援」がもつ意味、そして機能を知ることによって、精神障害がある人に対する経済的支援の意義と役割に迫るものである。

★東京都福祉保健基礎調査「障害者の生活実態」
東京都が障害者施策の基礎資料を得ることを目的に、身体・知的・精神障害、そして、難病がある人へ実施している調査。1973（昭和48）年度から行っており、平成30年度で7回目となる。近年はおおむね5年に1回の割合で実施されている。

1 精神障害者の生活実態

　平成30年度東京都福祉保健基礎調査「障害者の生活実態」★1)（以下、実態調査）では、東京都に在住している精神障害がある人499人から生活実態についての回答を得ている。

❶経済実態

　実態調査では、表4-1に示すように、2017（平成29）年中の【年間収入額（生活保護費を除く）】を問うたところ、「50〜100万円未満」が26.9%、「50万円未満」が14.6%、「収入なし」が18.0%という結果だった。これらの三つの群を合わせると59.5%となる。つまり、年

表4-1　年間収入額（生活保護費を除く）—年齢階級別　　　　　　　　　　　　　　（単位：%）

収入なし	50万円未満	50〜100万円未満	100〜150万円未満	150〜200万円未満	200〜300万円未満	300〜400万円未満	400万円以上	無回答
18.0	14.6	26.9	15.0	5.4	7.8	2.0	3.8	6.4

出典：東京都福祉保健局「平成30年度東京都福祉保健基礎調査『障害者の生活実態』報告書」p.204, 2019.を基に作成

間収入額が100万円未満である精神障害がある人が、全体のうち、約6割を占めているのである。

また、実態調査では、別の設問で【収入の種類（三つまでの複数回答）】を問うたところ、表4-2に示すように、多い順に、「年金・恩給」が47.3％、「賃金・給料」が31.5％、そして、「生活保護費」が25.1％を占めていることがわかった。

これらの調査結果から、精神障害がある人は、約半数が障害年金をはじめとする年金や恩給を受けていることになる。たとえば、障害年金のなかで最も取得者が多いのが、障害基礎年金2級であり、年間支給額が78万1700円（2020（令和2）年度額）となっている。このことを踏まえれば、年間収入が「50万円未満」と「収入なし」を合わせると32.6％というように、全体の約3分の1を占めており、これらの人は無年金者である可能性が高いのである。

精神保健福祉士は、精神障害があるばかりに、年間収入が100万円未満の人が約6割という結果をいかに捉えるのか。このことについては、二つの捉え方があろう。一つは、精神障害がある人の障害特性を鑑みれば想定内だ、というものである。もう一つは、誰もが当たり前のように自己実現を目指し、暮らしを営むなかで、精神障害を負うことによって、約6割もの人が年間収入額が100万円未満になっているという現状は厳しくもあり、釈然としない、というものである。精神保健福祉士には、生活者の視点をもって、後者の捉え方ができる感覚をもち続けてもらいたい。

❷社会参加状況

次に実態調査から、社会参加状況についてみていきたい。表4-3は【趣味や社会活動への参加（複数回答）】について問うたものである。調査結果は、多い順に、「コンサートや映画、スポーツなどの鑑賞、見物」が35.1％、「趣味の活動（スポーツ、文化的）」が31.5％、そして、「活

表4-2　収入の種類（三つまでの複数回答）

（単位：%）

賃金・給料	事業所得	内職収入	家賃・地代	利子・配当	仕送り・小遣い	養育費・慰謝料	年金・恩給	生活保護費	手当	雇用保険	保険金・補償金	作業所等の工賃	その他の収入	収入はなかった	無回答
31.5	1.0	0.6	2.8	1.2	8.6	0.6	47.3	25.1	3.6	1.8	0.2	7.0	4.0	7.8	1.0

出典：東京都福祉保健局「平成30年度東京都福祉保健基礎調査『障害者の生活実態』報告書」p.200, 2019.を基に作成

Active Learning

あなたが精神障害を
負うことになり、
10年が経過してい
るとした場合、表
4-1から表4-4の調
査のどの項目に回答
することになるかに
ついて想像し、記入
してみましょう。

動したいと思うができない」が18.4％となっている。

　この結果から、精神障害がある人は、当たり前の豊かな暮らしを目指して、社会参加を志向していることがわかる。だが、その一方で、これらの活動を望みながらも、2割弱の人が「活動したいと思うができない」というように、実現できていない阻害要因が認められる。そして、そのことについて問うているのが次の設問である。

　表4-4は【社会参加をするうえで妨げになっていること（三つまでの複数回答）】を問うている。調査結果は、多い順に、「経済的な理由」が35.7％、「特にない」が26.3％、「まわりの人の障害者に対する理解不足」が21.8％を占めている。

　この結果から、3分の1以上の人が、社会参加をするうえで妨げになっている理由として、経済的な要因を挙げている。また、「特にない」を3割弱の人が挙げている。これは、明確な理由が思い浮かばないものの、社会参加への一歩が踏み出しづらい要因さえも考えづらい状況にあると、くみ取ることができる。また、周囲の人たちの無理解を挙げている人が2割以上おり、これは、次節の制度利用のところでも出てくるが、差別と偏見に苦しむ精神障害がある人の実情として捉えることができよう。

表4-3　趣味や社会活動への参加（複数回答）　　　　　　　　　　　（単位：％）

コンサートや映画、スポーツなどの鑑賞、見物	レジャー活動	学習活動	趣味の活動（スポーツ、文化的）	ボランティア活動やNPO活動	自助グループなどの活動	参加できる活動場所がない	活動したいと思うができない	活動したいと思わない	その他	無回答
35.1	15.0	14.4	31.5	6.2	3.4	4.6	18.4	15.4	6.0	3.0

出典：東京都福祉保健局「平成30年度東京都福祉保健基礎調査『障害者の生活実態』報告書」p.208，2019. を基に作成

表4-4　社会参加をするうえで妨げになっていること（三つまでの複数回答）　　（単位：％）

経済的な理由	介助者がいない	情報がない	まわりの人の障害者に対する理解不足	障害を理由に施設等の利用を拒否される	適切な相談相手がいない	一緒に行く仲間がいない	ヘルプマークを持っているが、配慮されない	その他	特にない	無回答
35.7	3.8	17.0	21.8	2.8	16.0	18.8	3.4	13.4	26.3	3.2

出典：東京都福祉保健局「平成30年度東京都福祉保健基礎調査『障害者の生活実態』報告書」p.209，2019. を基に作成

2 経済的支援の二つのアプローチ

前述したように、精神障害がある人は、就労に支障をきたすことから
所得保障の必要性が高まることに加えて、障害特性によって、特別な出
費が増えることになる[3]。では、特別な出費とは何か。それは、たとえば、
精神障害がある人のなかには、満員電車が息苦しくて利用できない人が
いる。その場合、移動にタクシーを使わざるを得なくなる。また、発達
障害がある人のなかには、感覚過敏から、口の中に異物を入れると、強
い吐き気を催す人がいる。そのことから、歯磨きがしづらくなり、結果
的に虫歯になり、歯科の治療代がかさんでしまうというものである。こ
のように、障害特性によって生じるものが、特別な出費だといえる。し
たがって、経済的支援には、❶所得保障と❷出費の軽減の二つのアプロー
チが必要となるのである。

❶所得保障

精神障害がある人に対する所得保障とは、基本的に、障害部分に対す
る、国や地方自治体による年金や一時金の給付のことをいう。わかりや
すくいえば、金銭による生活費の補填である。そのようなことからすれ
ば、位置づけが難しいのが生活保護である。前述の表4-2では、社会
保障からの給付としては、「年金・恩給」が47.3%と最も多く、次いで、
「生活保護費」が25.1%となっている。ただし、生活保護は、世帯単位
のもと、貧困状態に対して給付をする位置づけとなっている。かたや、
年金・恩給のなかの障害年金は、個人単位のもと、障害状態に対して給
付をする、というものである。そのようなことからも、生活保護は、い
くら精神障害による生きづらさがあろうとも、保護の補足性の原理に
よって、ほかの世帯員の収入等の影響を受けることから、制度利用がか
なわない人も少なくない。なぜなら生活保護は、障害部分に対する所得
保障ではなく、貧困部分に対するセーフティネットとしての公的扶助に
位置づくものだからである。

このことから、精神障害がある人の障害部分に対する所得保障として
は、障害年金が中心に位置づき、加えて、特別障害給付金、社会手当が
挙げられる。また、雇用保険や労働者災害補償保険（労災保険）につい
ても、精神障害による障害状態が、失業や労働災害等との因果関係につ
いて認められれば、通常よりも多い一時金の支給や、年金が支給される
ことになる。また、自治体によっては、障害部分への独自の手当の条例
等をつくっているところもある。

★**保護の補足性の原理**
生活保護が社会保障の
最後の砦であることか
ら、制度の適用にあ
たっては、利用し得る
❶資産活用、❷能力活
用、❸扶養義務の履行、
❹他法優先、という四
つの可能性を追求する
ことになっている。

❷出費の軽減

　生活費を補填するための経済的支援が所得保障だとすれば、出費の軽減は、生活費の支出を減らす経済的支援だといえる。とはいえ、ここでいう出費の軽減は、精神障害がある人が有する障害特性ゆえに生じる部分について、社会保障として軽減することを意味する。具体的には、精神障害がある人は、疾患と障害の併存という特徴を有する。そのことから、精神科はもとより、ほかの診療科を受診する機会も多く、医療費が暮らしの負担となる。そこで、自立支援医療による精神科の通院費の軽減に加えて、自治体が独自に条例等をつくり、診療科目、さらには、入院や通院を問わず、医療費助成を実施すれば、出費の軽減に大いに貢献することになろう。

　一方で、精神障害がある人が、生活費の出費を惜しみ、外出等を控えれば、生きがいや暮らしの充実が得られないばかりか、身体的および精神的な健康状態を維持しづらくなってしまう。そのようなことからも、公共交通機関の運賃の割引等は意義深いことになる。また、暮らしが広がるためには、通信費の割引、公共施設の割引、税金の減免等も大切だといえる。

　大事なこととして、精神障害がある人は、生きるために、よりよく暮らすために、社会参加が求められ、そのことを前提にしたうえで、社会保障として、出費の軽減が重要なのである。

2 ▶ 生活支援に果たす経済的支援の機能

1 経済的支援の三つの機能

　前述したように、経済的支援は、❶所得保障、❷出費の軽減という二つのアプローチによって成り立つことになる。では、これらの経済的支援は、精神障害がある人の暮らしにいかなる機能があるのか。それが以下の三つの機能だといえる。

❶生活の基礎的部分の保障

　精神障害は、外部障害（眼、耳、肢体等）における機能障害（視覚、聴覚、欠損・可動域等）にみられるような、客観的な障害像を認めにくい。そのことから、周囲の理解を得にくい側面がある。それは、実のところ、精神障害がある人自身にもいえる。ゆえに、「発症前のように働くことを証明できれば、障害が治ったと誰もが認めるだろう」と考え、

★外部障害
「国民年金・厚生年金保険 障害認定基準」（昭和61年3月31日庁保発第15号）（平成29年12月1日改正）で挙げられている、眼、聴覚、鼻腔機能、平衡機能、そしゃく・嚥下機能、音声または言語機能、肢体の七つの障害を基本的に外部障害として位置づけることができる。

図4-1 暮らしを営むための働き方

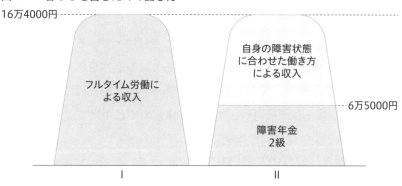

出典：筆者作成

図4-1の I に示すように、仮に単身生活に必要な生活費が月額16万4000円だとすれば、その額すべてを、果敢にフルタイム労働によって得ようとする人がいる。ところが、自身の許容量を超えて働くことを繰り返すため、結果的に長続きせず、自信喪失を重ねてしまうという体験をする人が少なくないのである。

　そのようななか、精神障害がある人は、**図4-1**の II に示しているように、たとえば障害年金2級を受給することによって、6万5000円を生活の基礎的部分に充当し、不足している9万9000円を得る働き方を検討することが可能となる。

　この場合、障害による生きづらさの部分が障害年金によって保障されていることから、❶障害を自ら意識化できることに加えて、❷自らの障害に折り合いをつけて働く、という新たな働き方の創造が可能となる。それは、暮らしを営むために経済的支援が生活の基礎的部分の保障の機能を果たす、というものである。

❷精神および生活の安定

　一方で、疾患と障害が併存している精神障害がある人は、継続的な医療と福祉的支援の両方が必要となる。このことを踏まえ、かつて一人の精神障害がある人が、「精神安定剤より生活安定剤がほしい」と述べた。すると、その話を聞いた別のピアサポーターは、次のように語ったのである。「精神障害者は、生活が安定すれば、精神の安定につながります。ある意味、暮らしには、薬より福祉制度が必要だと言えます[4]」。

　補足すると、この話は、薬と福祉制度を比べているわけではない。従来の精神障害がある人の生活支援の考え方として、医療が適切に継続さ

Active Learning

図4-1の II の状況にある人の障害年金が支給停止になれば、暮らしはどのような変化を遂げるかについて考えてみましょう。

i　総務省「家計調査（2019年（令和元年））」によると単身者の1か月の生活費の平均額は16万3781円となっている。

えすれば生活の安定につながる、というような論理が少なくなかった。それに対して、逆方向に、生活の安定が図られれば、そのことが精神の安定にも影響を及ぼすということを、ここでは述べているのである。

　要するに、経済的な安定は、人々の暮らしに安心感を与えることになろう。その際重要なことは、今と未来である。経済的支援によって、今（目の前）の暮らしが安定し、未来（将来）のめどが立てば、人は安心して今を生きることができるのである。

❸起動装置としての経済的支援

　精神障害がある人が地域生活をおくる場合、❶経済的基盤、❷居場所、❸地域生活支援体制の三つが不可欠だといえる。このことを前提にしつつも、地域生活が、精神科病院の長期入院からの退院直後であれば、より大きな不安がつきまとうことになろう。一方で、❶～❸のうち、いずれか一つの要素が整えば、地域生活が現実味を帯びることになるとすれば、どの要素が優先されるだろうか。それはきっと、❶経済的基盤ではあるまいか。なぜなら、経済的基盤は現実問題であり、その部分が整わないことには暮らしが始まらないからである。また、このことについては、精神障害がある人、家族、支援者ともに共通認識しやすいといえる。もちろん、日中活動としての居場所や、専門職等への相談しやすい仕組みとしての地域生活支援体制も大切である。しかし、❷および❸は、絶対的にそれがなければ暮らしがスタートできないわけではない。

　ところが、経済的基盤は、「絶対になければ困る」という必要条件という側面がある。加えて、現状の暮らしの動機づけの向上、および未来の暮らしのめどを立てることに役立つことからも、経済的支援は起動装置として位置づけることができるといえよう。

■2 経済的支援の意義

　経済的支援は、目の前の精神障害がある人にいかなる効果を果たしているのか。このことについて、直接的効果・間接的効果に分けて述べることにする。

❶直接的効果

①　衣食住の充当

　まず一番に効果を発揮するのは、日々の暮らしの衣食住の充当である。生命レベルでの生きる、安全に暮らすという意味において、衣類や什器の購入、住宅の補修費等に経済的支援を充当することができる。何よりも、食の向上によって、ぜいたくはできないまでも、必要最小限の

食事をしていた人が、定期的に所得保障を得ることによって、一定の暮らしのめどが立てられることから、外食をはじめ、これまでと異なる食事をすることも可能となろう。このことによって、精神障害がある人は、自身の暮らしに対して、視覚的、さらには実際的に暮らしの安定と向上を感じることができるのである。

　以上のことからも衣食住の充当は、精神障害がある人自身にとって、現実的かつ、物理的に効果が伝わりやすいことが特徴だといえる。

②　こづかいの脱却

　一方で、経済的支援の意義は、暮らしの広がりにある。それは、精神障害がある人が、自らの裁量で、自由に使えるお金を得られることが意義深い。前述の実態調査によると、7割近くの人が、家族と同居している。同居している人のなかには、家族からこづかいを受けて暮らしている人がいる。ところがこづかいは、使途に気を遣う側面を否定できない。たとえば、地域活動支援センターにおける昼食代であればこづかいを使いやすいが、仲間との外食代、コンサート代やスポーツ観戦代等にこづかいを使うことには、気を遣うのである。

　そのようななか、障害年金等の経済的支援を受けることによって、こづかいから脱却できれば、こづかいを供給する人の顔色をうかがう必要がなくなる。そして、自らの裁量で使途が検討できるのである。もちろん、その分、責任感も求められることになる。

③　働き方の選択肢の拡大

　人は働くことによって、❶経済的意義、❷精神的意義の両方を得られることになる。ただし、その「働く」には多様な形がある。❶経済的意義を前面に出した働き方としては、報酬を伴う「働く」としてのペイドワークがある。代表的なものは、精神障害があることを事業所に伝えずに働くクローズドによる就労や、精神障害があることを事業所に伝えたうえでの障害者枠での就労等が挙げられる。また、ピアサポートとして、事業所に雇用されたり、普及啓発の講演活動をする場合もある。一方で、報酬を伴わない「働く」としてのアンペイドワークも挙げることができる。これは、セルフヘルプ活動や家事労働、あるいは、独自の体験を活かした創作活動等である。

　そして、これらの「働く」について、より個々人がもつ可能性に迫るとともに、希望する働き方の実現に向けた政策案がベーシックインカムである。ベーシックインカムは、国がすべての国民に一律の手当等を支給することで生活を保障し、多様な働き方の実現を目指すものである。

★ペイドワーク
労働に対して経済的な利益としての報酬を伴うものをいう。ちなみに、その対概念が、「アンペイドワーク」となる。

★クローズドによる就労
企業に勤めるにあたって、障害があることを開示せずに就職することをいう。その理由としては、障害を理由に不採用になるのではないか、賃金が低くなるのではないか、ということが挙げられる。

★アンペイドワーク
一般的には、家事労働をはじめ、育児や介護、地域活動のように、賃金が支払われない労働のことを指す。

★ベーシックインカム
basic（基本的）income（収入）。国が所得制限等の条件を設けずに、すべての国民に生活できるための現金を平等に支給するという制度。そのことによって、多様な働き方が実現できるのではないかと考えられている。

167

ただし、理念は支持されても、財政問題等を考えると、実現することは簡単ではないといえる。

　そのようななか、経済的支援は前述したように、暮らしの基礎的部分を支えることによって、働き方の選択肢の拡大に寄与することになろう。

❷間接的効果

①　現実感の芽生え

　経済的支援によって、精神障害がある人が、障害年金、労災保険の障害給付、心身障害者扶養共済制度等を受給することを通して、自分名義の通帳管理をすることは意義深い。なぜなら、前述の直接的効果の②に挙げたように、家族からのこづかいを脱却し、自らの責任のもと、金銭の使い方を検討する貴重な機会になるからである。

　たとえば、こづかいを得ていたときは、金銭を使い切るという発想だった人が、通帳管理をすることによって、経済観念が身につき、計画的な使い方を考えることにもつながる。定期的に所得保障が通帳に入金（例：心身障害者扶養共済制度が毎月支給、労災保険の障害給付、障害年金ともに年6回、偶数月に支給）されることによって、収入額の範囲のなかで、消費するという考え方および習慣が芽生えることにもなるのである。また、使わなければ貯まることも、経済観念の醸成につながるといえよう。

②　暮らしの広がり

　一方で、人は生存レベルでの衣食住が足りることを暮らしの目標に据えて、生きているわけではない。ところが、前述のこづかい等を使う場合は、生存レベルでの必要な飲食代には暗黙知で周囲の合意を得やすいものの、生活の質の向上としての余暇活動等の暮らしの広がりを志向したものに対しては、使いづらい側面を有する。

　そのようななか、自身の判断で使途が自由になる所得保障を得ることによって、精神障害がある人は、生活の質の向上を目指した余暇活動へと向かいやすくなる。それらを通して、精神障害がある人は、非日常的な体験を重ねることができ、暮らしの広がりにつながるのである。

　加えて、重要な点を指摘したい。それは、精神障害がある人に対して、公共交通機関の利用料が減免となることについての意味である。このことについては、精神障害がある人の運賃が半額になることによって、列車運行会社等の減収を危惧する見方があろう。だが、そうではない。これまで、経済的な支出を恐れ、外出控えをしていた精神障害がある人たちが、新たな客層として、列車等を利用する、という論理である。つま

り、経済的支援が整えば、精神障害がある人たちが、公共交通機関を使い始め、外出機会が増えれば、経済の活性化にもつながるのである。と同時に、精神障害がある人の暮らしが豊かになる。つまり、精神障害がある人に対して、経済的支援が行き届くことは、列車運行会社等の事業者、精神障害がある人の双方にとってメリットが認められるのである。

③　視点の変更による価値観の再構築

これまでかたくなにスティグマ等の関係から、所得保障を拒否していた精神障害がある人が、実際に障害年金を受給することができれば、直接的な衣食住等の現実的な暮らしが向上するとともに、生活の質の向上にもつながる。さすれば、精神障害がある人は、これまで見たことのないような景色を見ることができたりする。さらには、新たな事柄を知ることができたり、多様な価値観に出会えることをも可能となろう。

すると、精神障害がある人のなかには、自らの障害と十分な折り合いがつけられないまでも、これらの体験を通して、新たな境地にたどり着くことになろう。それは、障害の有無という価値観に支配されている自分から、「多くの体験の機会を得よう」という、視点の変更が芽生えるというものである。

つまり、生活の基礎的部分の充実や生活の広がりを通して、「一度きりの人生、障害の有無もさることながら、豊かに生きているか否かを考えることが大切」というように、新たな価値観の再構築が芽生えることになるといえよう。

3　経済的支援に果たす精神保健福祉士の役割と課題

1　社会資源の活用と資源の接合（リンケージ）

❶ディマンドとニーズ、そして、人は変化し成長する

精神障害がある人や、その家族は、精神保健福祉士から見たら、経済的な困窮状態にありながらも、必ずしも経済的支援を受けているとは限らない。それどころか、経済的支援を勧めた精神保健福祉士に対して、感情をあらわにし、拒否する者さえいる。

実は、そのようなときこそ、ソーシャルワーカーたる精神保健福祉士の専門性が重要となる。それは、単に既存の制度の説明に終始するのではなく、目の前の人に向きあうとともに、社会に対しても行動する専門職である。言い換えれば、「たたかう・つくりだす・よりそう」ことに

★かかわり
「ここに・いま」を大切にしつつ、目の前のクライエントがこれまで歩んできた人生を鑑み、その人が未来を想像し、創造できるような関係性を構築していくプロセス。

★社会的支援
専門職や専門機関というフォーマルな社会資源、家族や仲間をはじめとするインフォーマルな社会資源等、社会からの、個別的、あるいは協働的な支援。

価値を見出し、暮らしについて常に思いをはせつつ、行動できる精神保健福祉士だといえる。また、そこで求められるのが「かかわり★」である。精神障害がある人が経済的支援を拒否する理由としては、大きく三つが考えられる。一つめは、国から経済的支援を受けるということは、自らの精神障害を社会的に認めることになるから、という内なる偏見によるものである。二つめは、元来、自身が親等から刷り込まれた「お金は自ら働いて得るものだ」というような既存の価値観に縛られていることによる、社会的支援を受けることへの抵抗である。三つめは、経済的支援の内容がよくわからないので拒否するというものである。

精神保健福祉士に求められるのは、「障害年金は必要ありません」という表明されたディマンドに込められた意味をしっかりと吟味することであろう。一方で、精神障害がある人は、これらの葛藤があるものの、その反面、経済的には困窮していることから、切実に経済的支援を受けたいというニーズをもっている。精神保健福祉士は、これらの両価性があることに目を向けることが重要だといえる。これらのことを踏まえ、支援を続ければ、揺れ動く精神障害がある人の思いを知り得る場面に直面することになろう。それは、かつて、かたくなに経済的支援を拒否していたはずの精神障害がある人からの、「障害年金を受給したい」という、以前とは別人のような相談である。精神保健福祉士は、かかわりを続けることによって「NOは永遠のNOでない」ということと、人は時間や出会いによって、変化し成長を遂げる、ということに気づくことになる。その際、出会いのなかの一人として精神保健福祉士が位置づくことが意義深いといえよう。

❷フォーマル・インフォーマルな社会資源の活用

一方で、スティグマ等の関係から、障害年金受給を躊躇している場合、工夫した社会資源の活用を検討すべきである。たとえば、地域活動支援センターの精神保健福祉士ならば、「経済的支援何でも相談会」のようなプログラムをつくることも意義深い。あるいは、すでに障害年金を受給している人たちを交えて、グループダイナミックスを活用する方法も考えられる。それは、障害年金を受給している人、躊躇している人たちに集まってもらい、「障害年金を実際に活用して変わったこと」「当初受給することの葛藤があった場合、いかなる変化があったのか」等についてグループワークをする、というものである。精神保健福祉士が、これらの機会さえつくれば、精神障害がある人は元来力をもっているので、あとは当事者同士での情報共有が大いに期待できることになろう。

このようにして、精神保健福祉士が社会資源を活用することによって、経済的支援の実践的な取り組みが実現するのである。

❸経済的支援を利用したあとのかかわり

精神障害がある人は、経済的支援をいったん受け始めたとしても、個々の制度に有効期限がある場合、再度書類の提出等を求められることになる。たとえば、障害年金では、2013（平成 25）年度の「精神の障害」の更新手続きにおいて、2650 人が支給停止になっている[8]。そのことからも、精神障害がある人は、いったん障害年金を受給したとしても、その後、継続的に受給できるかという不安が常につきまとうことになる。

したがって、精神保健福祉士は、精神障害がある人が経済的支援を利用したあと、❶継続的に相談してもらえるようにシステム化し、❷今後必要となる書類等の事前提示をし、支援にあたることが重要だといえよう。

2 経済的支援の課題

❶アクセスの困難さ

精神保健福祉士は、100 回目の手続きとして、年金事務所や公共職業安定所（ハローワーク）、市町村役場の担当課に行くことがあろう。ところが、精神障害がある人や家族は、人生において、最初で最後の手続きだったりする。すると、その場に行くことだけで、相当な心労が生じることになる。

また、障害受容の葛藤から、市町村役場に行き、知り合いに会うのを恐れることもある。何よりも、制度や施策を使うことは、「精神障害者としての生き方を選ぶことになる」というように、ためらうこともあるだろう。ただし、これらの不安を精神保健福祉士に対して吐露するとは限らない。なぜなら、「一所懸命かかわってくれているから、こんなことを言ってはいけない」というような思いを抱いていたりするからである。

以上のことからも、精神保健福祉士が行政機関等に同行することは意義深い。また、手続き方法のメモ用紙を渡し、最後に連絡先を記し、「窓口で困ったら連絡してください」と伝えることも大切である。精神保健福祉士には一歩先の未来を想像し、創造性のあるかかわりを期待したい。

★精神の障害
「国民年金・厚生年金保険 障害認定基準」（昭和61年3月31日庁保発第15号）（平成29年12月1日改正）では、障害を全19節に分類している。そのなかで、精神・知的・発達障害は、第8節に「精神の障害」として位置づけられている。

第4章 精神障害者の経済的支援

---

ii 障害年金において、精神の障害や内部障害等では、いったん支給決定されたとしても、有期認定（1〜5年）となることが多い。そのことから、後に日本年金機構から「障害状態確認届」が届き、更新手続きをすることになる。

iii 障害年金は更新手続きにおいて、障害状態が改善したと判定され、支給停止になることがある。また、20歳未満の初診日によって障害基礎年金を受給している者は、所得制限等による支給停止がごくまれにある。

❷制度や施策の絶対量と地域間・障害別格差

　精神障害がある人が利用可能な制度や施策は、法令に基づくものであれば、居住地によって変わることはない。ところが、都道府県や市町村が条例等をつくっていることから、居住地による差が認められる。

　ただし、この場合、二つの観点から検討する必要がある。一つめは、第3節で述べる市バスや地下鉄というような市町村独自の交通システムが、まずは当該地域に存在するのか、ということである。二つめは、その地域に条例等をつくることによって、精神障害がある人がメリットを得られるだろうか、ということである。

　要するに、❶もともと住民が利用可能な社会資源がどの程度整っているのかを前提にして、❷精神障害がある人に対する施策の充実について吟味することが重要だといえる。

　一方で、不平等感を覚えるのが、JR の旅客運賃の割引等における、身体・知的障害との格差である。2020（令和2）年4月現在、3障害のうち、精神障害がある人だけが、JR の旅客運賃の半額割引が適用されていない。

　精神保健福祉士は、まずは社会全体の実情を掌握し、そのうえで、利用可能な経済的支援を精神障害がある人や家族に伝えることが求められる。そして、多くの矛盾等について、問題のありかを把握し、どのようにすれば制度や施策が実現するかについて取り組むことが重要だといえよう。

◇引用文献
　1）東京都福祉保健局「平成30年度東京都福祉保健基礎調査『障害者の生活実態』報告書」pp.200-210，2019.
　2）厚生労働省「年金制度基礎調査（障害年金受給者実態調査）平成26年」
　3）山田耕造「障害者の所得保障」日本社会保障法学会編『講座社会保障法第2巻 所得保障法』法律文化社，p.173，2001.
　4）青木聖久『精神障害者の生活支援——障害年金に着眼した協働的支援』法律文化社，p.31，2013.
　5）前出1），p.168
　6）山森亮『ベーシック・インカム入門——無条件給付の基本所得を考える』光文社新書，pp.21-26，2009.
　7）青木聖久『追体験 霧晴れる時——今および未来を生きる精神障がいのある人の家族15のモノガタリ』ペンコム，pp.207-210，2019.
　8）第7回精神・知的障害に係る障害年金の認定の地域差に関する専門家検討会（平成27年10月15日開催）資料2「障害基礎年金の再認定（平成25年度精神・知的障害）の状況」

所得保障にかかわる経済的支援

学習のポイント

● 所得保障の中核となる障害年金および関連する制度を学ぶ
● 国や地方自治体等に分類しながら社会手当の実際について把握する
● 法令による所得保障の代表的な制度や施策について理解する

　人は社会生活を送るとき、一定の収入が必要となる。だが、その収入のすべてを生活費に充てられるわけではない。なぜなら、収入を得るためには必要経費が生じるからである。そのようなことから、収入から必要経費を差し引いたものが所得となる。本節では、精神障害がある人の所得保障として、国レベル（法令）、都道府県・市町村レベル（条例等）によって運用されている制度や施策について述べる。基本的には、精神障害が支給事由になっているものを取り上げるものである。

1 障害年金（精神の障害）および関連する制度（国レベルの法令）

1 沿革と概要

❶公的年金における障害年金の位置づけ

　公的年金は、老齢、死亡（遺族）、障害の三つの保険事故に対して長期給付をするという代表的な社会保険の一つである。また、1961（昭和36）年の国民皆年金以降、図4-2に示しているように、公的年金制度の仕組みを基本的に2階建てにした。それは、20歳になった学生や自営業者等は、第1号被保険者として国民年金に加入し、三つの保険事故が生じたときに、国民年金のみから基礎年金が支給されるというものである。また、会社員等は、第2号被保険者として厚生年金保険に加入し、三つの保険事故が生じたときに、一定の条件を満たせば国民年金および厚生年金保険の両方から支給されるというものである。ちなみに、第3号被保険者は、第2号被保険者の被扶養配偶者のうち、20歳以上60歳未満の者となっており、第1号被保険者と同じく、国民年金の被保険者となる。

　一方で、第1号被保険者は2階部分として、「国民年金基金」に任意

図4-2　公的年金制度の基本的な仕組み

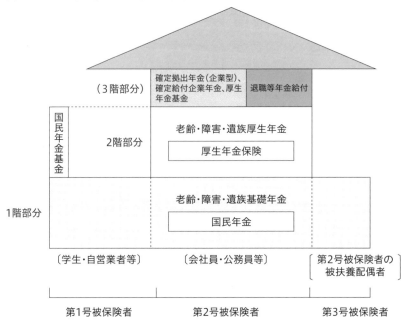

出典：厚生労働省ホームページ「年金制度の体系図」を基に筆者作成

加入できる。また、第2号被保険者は3階部分として、「確定拠出年金（企業型）」「確定給付企業年金」「厚生年金基金」に任意加入できる。さらに従来より、共済年金（2015（平成27）年10月から年金制度の一元化により厚生年金保険）に加入しており、一定の条件を満たした者には、3階部分として「退職等年金給付」がある。

　公的年金は、給付と負担の仕組みをとっており、被保険者は20歳から60歳までの間、国民年金保険料（2020（令和2）年度：月額1万6540円）を支払うことによって、65歳から老齢基礎年金を受給できる、というのが基本となっている。

　そのようななか、20歳前や、被保険者期間中において、傷病を負い、それが障害として認定されたときに支給されるのが、障害基礎年金（国民年金）、あるいは障害厚生年金（厚生年金保険）である。また、被保険者期間中において、被保険者が死亡したときに、遺族に対して支給されるのが遺族基礎年金（国民年金）、あるいは、遺族厚生年金（厚生年金保険）である。

---

i　納付期限は、法令で「納付対象月の翌月末日」と定められている。ただし国は、新型コロナウイルス感染症（COVID-19）の影響により国民年金保険料の納付が困難となった者に対して、免除や猶予が申請できることとしている。

❷公的年金の沿革と実態

公的年金の起源は、1941（昭和 16）年制定の労働者年金保険法にさかのぼる。そこでの支給対象は、終身労務に服し得ない者に廃疾年金を支給するというものだった。その廃疾年金という名称は、1944（昭和 19）年に障害年金に変わっている。[ii]

一方で、1961（昭和 36）年に国民皆年金として、国民年金において障害年金が創設されたが、対象は当初、視覚・聴覚・肢体等という外部障害のみだった。それが、1964（昭和 39）年に内部障害と精神障害が加わり、翌年の 1965（昭和 40）年に知的障害も対象となった。そして、1966（昭和 41）年に全障害へと対象が拡大されているのである。

他方、公的年金として、これまで障害共済年金を受給している者もいるが、共済年金は 2015（平成 27）年 10 月に厚生年金保険に統合されたことから、それ以降、共済年金の被保険者が障害年金の受給要件を満たした場合、障害厚生年金を受給することになった。

障害年金の受給者数は全体で約 194 万 3000 人であり、精神障害を事由にして受給している者は約 60 万 1000 人である。そのうち最も多い障害等級は 2 級である。内訳は、障害基礎年金 2 級が約 36 万 2000人（約 60％）、障害厚生年金 2 級が約 7 万 3000 人（約 12％）となっている。そのことから精神障害では、障害年金 2 級が全体の約 72％を占めていることになる。[1]

❸精神の障害

障害年金を受給するための要件については、法令で詳述されていな

表4-5　認定基準における障害分類

外部障害	［第 1 節］眼の障害、［第 2 節］聴覚の障害、［第 3 節］鼻腔機能の障害、［第 4 節］平衡機能の障害、［第 5 節］そしゃく・嚥下機能の障害、［第 6 節］音声または言語機能の障害、［第 7 節］肢体の障害	［第 9 節］神経系統の障害
精神の障害	［第 8 節］精神の障害	
内部障害	［第 10 節］呼吸器疾患による障害、［第 11 節］心疾患による障害、［第 12 節］腎疾患による障害、［第 13 節］肝疾患による障害、［第 14 節］血液・造血器疾患による障害、［第 15 節］代謝疾患による障害、［第 16 節］悪性新生物による障害、［第 17 節］高血圧症による障害、［第 18 節］その他の疾患による障害	［第 19 節］重複障害

出典：「国民年金・厚生年金保険 障害認定基準」（昭和61年 3 月31日庁保発第15号）（平成29年12月1日改正）を基に筆者作成

---

ii　その経緯は不明だが、労働が現時点および未来にわたっても不能という廃疾がもつ意味が、不適切だと考えられたと推察できる。

第4章　精神障害者の経済的支援

い。そのため、国は1986（昭和61）年に、「国民年金・厚生年金保険障害認定基準」（以下、認定基準）という通知[2]を出し、改正を繰り返しながら、今日に至っている。

認定基準は、**表4-5**に示すように、障害を全19節に分類している。そのなかにおいて、第8節が「精神の障害」である。精神の障害は、精神障害、知的障害という大項目で構成されていた。それが、2011（平成23）年に発達障害が加わり、今日に至っているのである。

2 受給前と受給後

❶新規請求

障害年金を新規請求するためには、「加入要件」「保険料納付要件」「障害状態要件」の三つの受給要件を満たしていることが求められる。

加入要件は、初診日において、国民年金あるいは厚生年金保険の被保険者であることである。ちなみに、初診日が国民年金であれば障害基礎年金、厚生年金保険であれば障害厚生年金が支給される。ただし、国民年金の被保険者であった者で、日本国内に住所を有し、60歳以上65歳未満の者も障害基礎年金（国民年金）の加入要件を満たすことになる。

保険料納付要件は、次の❶～❸のいずれかに該当することが必要となる。❶は20歳前障害。20歳前は公的年金の加入前であるから、保険料納付要件がそもそも問われない、というものである。❷は3分の2要件。これは、初診日の属する月の前々月までの被保険者期間のうち、保険料納付済期間と保険料免除期間の合計が3分の2以上でなければならない、というものである。たとえば、21歳0か月が初診日の場合、初診日の前々月が20歳10か月となる。となると、公的年金は20歳からの加入になるので、20歳から20歳10か月までの10か月間のうち、3分の2以上、つまり、7か月以上が保険料納付済期間、あるいは、保険料免除期間で満たされていたら、保険料納付要件を満たすことになる。最後が、❸直近1年要件。これは、2026（令和8）年3月31日までに初診日のある傷病による障害は、初診日の属する月の前々月までの1年間に保険料の滞納期間がなければよいというものである。

障害状態要件は、診断書作成医師（以下、作成医）によって記載された診断書が、日本年金機構から委嘱された障害認定診査医員（以下、認定医）によって認められることが必要となる。具体的には国民年金の場合は障害年金1・2級、障害厚生年金の場合は1・2・3級に該当していなければならない。

★**保険料納付済期間**
国民年金は定額の保険料を支払わなければならない。厚生年金保険は報酬に応じた保険料が毎月の給料から差し引かれることになっている。このようにして、実際に月単位で保険料を納めた期間のことをいう。

★**保険料免除期間**
2種類がある。❶法定免除は、障害年金1・2級、生活保護の生活扶助を受けている者に対して。❷申請免除は、経済的な理由から市町村に申し出て承認された者に対して。年金額を計算するときは、その期間は保険料を納めたときに比べて2分の1となる。

★**直近1年要件**
障害年金の受給要件の一つ。初診日において65歳未満であり、初診日のある月の前々月までの1年間に保険料の未納がない、というもの。ただし、これらの条件は初診日の前日において満たしていなければならない。

表4-6　障害基礎年金・障害厚生年金の年金額（2020（令和2）年度価額）

障害等級	障害基礎年金	障害厚生年金
1級	977,125円[※1]	障害基礎年金＋報酬比例部分の年金額×1.25[※2]
2級	781,700円[※1]	障害基礎年金＋報酬比例部分の年金額[※2]
3級	—	報酬比例部分の年金（最低保障額586,300円）

※1：障害基礎年金には、18歳未満の子（障害がある子は20歳まで）がいる場合、2人目までは1人につき224,900円、3人目からは1人につき75,000円の子の加算額がつく。
※2：障害厚生年金1・2級を受給する者のうち、配偶者がいる場合、加給年金として224,900円が加算される。
出典：日本年金機構のホームページを基に作成

❷年金額

　障害基礎年金の年金額は、**表4-6**に示しているように、2級が年額78万1700円で、月額にすると約6万5000円となる。1級は、その1.25倍の年額97万7125円で、月額にすると約8万1000円となる。また、2019（令和元）年10月1日より年金生活者支援給付金制度が始まり、障害基礎年金1・2級を受けている者に、等級に応じて月額6288円（1級）、月額5030円（2級）（2020（令和2）年度価額）が支給される。ただし、所得制限がある。

　障害厚生年金の年金額は、2級の場合、障害基礎年金とともに、報酬比例部分の年金額として、障害認定日の属する月までの被保険者期間および平均標準報酬月額を基にして算出した額を受けられることになる。1級は、障害基礎年金に加えて、報酬比例部分の年金額として算出した額の1.25倍の額が受けられる。3級は、報酬比例部分のみの年金額となるが、最低保障額がある。加えて、障害厚生年金には、**300月のみなし計算**がある。それは、たとえば、報酬比例部分の算出額の基となる被保険者期間が24月間（2年分相当）だったとしても、300月（25年分相当）として計算するというものである。

　また、障害年金は請求月の翌月から支払いが開始され、年に6回、偶数月に支給されることになる。

❸更新手続き

　表4-5の第8節に位置づく「精神の障害」は、前述のように、障害年金が支給されたとしても、基本的に**有期認定**となる。それは、認定医が認定診査において、基本的に1〜5年の範囲において再認定をする、というものである。そのことから、たとえば2年の有期認定であれば、2年後の誕生月の約3か月前の月末に**日本年金機構**から障害状態確認届が送られてくることになる。すると、障害年金の受給者は、作成医に診

★障害状態確認届

かつては、現況届と呼ばれていた。障害年金は有期認定の場合、日本年金機構から、1〜5年の範囲のなか、障害状態確認届（診断書）が送られることになっている。それに基づき、受給者は更新設定を受けることになる。

断書の記載を依頼しなければならない。

かたや、障害年金では、**表4-5**の第7節の肢体の障害のうち、欠損障害については基本的に永久認定となる。そのことから、障害年金がいったん支給されれば、更新手続きをする必要はなく、後述するような支給停止という事態は発生しないのである。

❹認定診査のあり方と精神保健福祉士のかかわり

障害基礎年金の認定診査（新規請求・更新手続き）は、2017（平成29）年3月まで都道府県単位で行われていた。ところが、その実態を厚生労働省が調査したところ、精神の障害の新規請求の2010（平成22）～2012（平成24）年度までの認定診査結果は、都道府県間において、最高で6倍以上の格差が認められた。同様に、更新手続きにおいても、2013（平成25）年度の認定診査結果は、都道府県間において、最高で50倍以上の格差が認められている。

これらの事態を踏まえ、厚生労働省は2016（平成28）年9月から「国民年金・厚生年金保険 精神の障害に係る等級判定ガイドライン」を実施した。また、同時に厚生労働省は、作成医に対して、「障害年金の診断書（精神の障害用）記載要領」を作成した。これらによって、作成医が記載すべき留意点や基準、認定診査における基準や方法が示された。ちなみに、2017（平成29）年4月以降、障害基礎年金の認定診査は、障害厚生年金と同様に、中央（東京都）での一括診査となっている。

精神保健福祉士には、精神障害がある人への経済的支援として、障害年金受給支援の積極的な関与が期待される。その際、これまで紹介した制度の概要の知識だけでは、とうてい当事者が望む支援は実現できない。2011（平成23）年に障害年金の診断書に就労欄が設けられて以降、就労との関係と思われる理由で、支給停止になっている者は少なくない。だが本来、障害基礎年金は日常生活を基準にして作成医が診断書を作成し、認定医が診査をすることになっている。ところが、必ずしもそのようになっていない実態も少なくない。これらの現状に対して、精神保健福祉士は、不服申し立て、さらには、支給停止事由消滅届等の知識を用いた実践力が求められているのである。

★**国民年金・厚生年金保険 精神の障害に係る等級判定ガイドライン**
2015（平成27）年に厚生労働省に設置した「精神・知的障害に係る障害年金の認定の地域差に関する専門家検討会」において、等級判定の標準的な考え方を示したもので、2016（平成28）年9月から実施されている。

★**支給停止事由消滅届**
障害年金を受給している者が、更新手続き等で支給停止になることがある。その後、しばらくして、障害状態が障害年金相当の状態になったと判断して、日本年金機構に停止の解除（再開）を求めるために提出する書類のことをいう。

---

iii　年金の決定に不服がある場合は、文書または口頭で、地方厚生局内に設置された社会保険審査官に審査請求ができる。さらに不服がある場合は、社会保険審査会（厚生労働省内）に再審査請求ができることになっている。

3 特別障害給付金

❶経過

　1991（平成3）年3月以前、昼間部の大学生や専門学校生は、国民年金に任意加入扱いとなっていた。そのことから、当時、任意加入をしていた者は1.25％だった[6]。ところが、その間に、傷病を負い、結果的に障害状態になった者は、永久にその傷病を基にした障害年金を受給できないことになる。このことに対して、制度的な不備に異議を唱えた者たちが2001（平成13）年7月より、学生無年金障害者訴訟として、全国9か所で裁判を起こした。第一審では、原告勝訴が続いたりしたが、国の控訴による第二審では逆転敗訴となった。その結果、最大の争点であった国民年金制度の仕組みが憲法違反に当たるかについては、原告の請求が退けられることになったのである。

　このようにして、裁判自体は原告が敗訴になった。しかし、これらの活動が少なからず影響して、2005（平成17）年4月に特別障害給付金制度が誕生したのである。

❷概要と必要な手続き

　特別障害給付金は、公的年金ではなく、障害年金の福祉的措置としての社会扶助に位置づく。ただし、障害年金との関連が強いことから、窓口は市町村役場であり、診査や支給に関する事務は日本年金機構が担う。対象は、任意加入していなかった期間に初診日があり、障害基礎年金1・2級に該当する者である。ただし、65歳に達する日の前日までに障害状態に至った者に限られる。具体的には、1986（昭和61）年3月以前に国民年金の任意加入対象であった被用者年金制度の被扶養配偶者、および1991（平成3）年3月以前に国民年金の任意加入対象であった前述の学生である。2020（令和2）年度の支給額は、障害基礎年金1級相当の者が月額5万2450円、障害基礎年金2級相当の者が月額4万1960円である。支給月は、公的年金と同様に、偶数月となっている。

2 社会手当

　社会手当には、法令に基づく国レベル、条例等に基づく都道府県レベル、および市町村レベルのものがある。以下は、支給要件に何らかの精神障害があることが盛り込まれているものを挙げる。また、都道府県および市町村レベルのものについては、全国の自治体すべてを紹介できな

い。そこで、❶指定都市、❷中核市、❸それ以外の市町村の3種類について、2市町村ずつ合計6か所、およびそれらの市町村がある都道府県4か所の計10か所を挙げるものである。まず、愛知県では、名古屋市（指定都市）、岡崎市（中核市）、岩倉市（10万人以下の市町村）を挙げる。加えて、神奈川県横浜市（指定都市）、兵庫県明石市（中核市）、和歌山県海南市（10万人以下の市町村）、さらには、愛知県、神奈川県、兵庫県、和歌山県を挙げるものである。選定として、本来であれば、首都がある東京特別区を挙げるべきだろう。だが、東京特別区には23区それぞれに条例があり、複雑になることから、それに代えて横浜市を対象とした。また、その他の五つの市町村は、先進的な取り組みをしているか、あるいは、特徴のあるところを選定している。

なお、以下の支給額は、ただし書きがあるものを除き、2020（令和2）年度価額である。

○愛知県	人口	7,483,128人
○神奈川県	人口	9,126,214人
○兵庫県	人口	5,534,800人
○和歌山県	人口	963,579人
•愛知県名古屋市（指定都市）	人口	2,295,638人
•愛知県岡崎市（中核市）	人口	381,051人
•愛知県岩倉市	人口	47,562人
•神奈川県横浜市（指定都市）	人口	3,724,844人
•兵庫県明石市（中核市）	人口	293,409人
•和歌山県海南市	人口	51,860人

注：2015（平成27）年10月1日現在
資料：平成27年国勢調査

1 国レベルの手当

❶特別児童扶養手当

20歳未満の障害のある児童（障害年金1・2級相当）を監護する父母等に手当を支給することで、子育て支援に役立てる制度である。ただし、児童が施設に入所している場合等は支給されない。また、監護する父母等に対して所得制限がある。支給額は、1級が月額5万2500円、2級が月額3万4970円で、支給月は、4・8・12月となっている。加えて、児童扶養手当、障害児福祉手当、児童手当との併給も可能である。

★児童手当
子育て支援として、国から支給されるもの。3歳未満は一律1万5000円、3歳以上小学校修了前は1万円（第3子以降は1万5000円）、中学生は一律1万円となっている。ただし、養育している者の所得によって減額がある。

180

❷障害児福祉手当

　常時介護が必要となる、重度障害のある20歳未満の児童の在宅生活を支援するための制度である。ただし、児童が施設に入所している等の理由で支給されないことがある。また、当該児童やその配偶者、当該児童の生計を維持している扶養義務者に対して所得制限がある。支給額は月額1万4880円で、支給月は、2・5・8・11月となっている。また、特別児童扶養手当、児童扶養手当、児童手当との併給も可能である。

❸特別障害者手当

　常時特別の介護が必要な著しく重度の障害がある20歳以上の者の地域生活を支えるための制度である。ただし、対象者が施設に入所している場合や、対象者が3か月を超えて入院している場合は支給されない。また、対象者やその配偶者、対象者の生計を維持している扶養義務者に対して所得制限がある。支給額は月額2万7350円で、支給月は、2・5・8・11月となっている。

❹児童扶養手当

　基本的には、ひとり親家庭に対する子育て支援の制度である。ただし、その対象の一つとして、父もしくは母が精神障害者保健福祉手帳1級相当の障害があり、かつ、18歳となる学年の年度までの児童（児童が精神障害者保健福祉手帳1・2級相当の障害がある場合は20歳未満）を監護している場合に支給される。ただし、児童が施設に入所している場合や、里親に委託されている場合は支給されない。また、父母または配偶者、扶養義務者に対して所得制限がある。支給額は全額支給の場合、児童1人の場合は月額4万3160円で、児童2人目から月額1万190円、児童3人目から月額6110円で、支給月は2019（令和元）年11月から奇数月の年6回となっている。

▌2　都道府県・市町村レベルの手当：10の自治体の事例

　ここでは、精神障害がある人が対象になっている手当を取り上げる。ただし、紹介はしないものの、身体障害・知的障害がある人についても、同様に一定の基準のもと対象になっていることを断っておきたい。

❶外国人障害者給付金（名古屋市）

　国籍要件や居住要件により、国民年金や厚生年金保険などの公的年金を受けることができない外国人住民、または、外国人であった者で、実際に障害年金を受給していない者となっている。具体的には1982（昭和57）年1月1日時点で、以下の三つの条件を満たせば、月額3万

6000円が支給される。❶日本国内に居住地登録をしていた者、❷20歳以上であった者、❸精神障害者保健福祉手帳1級所持者で、1982（昭和57）年1月1日以前に初診日のある者である。支給月は、2・5・8・11月となっている。

❷岡崎市心身障がい者福祉扶助料（愛知県岡崎市）

障害がある人の暮らしを支えるための制度である。精神障害者保健福祉手帳1級所持者には月額4000円、2級所持者には月額3500円、3級所持者には月額2000円が支給される。ただし、所得制限や施設入所による制限等がある。また、65歳以上で、新規の精神障害者保健福祉手帳取得者は対象外となる。支給月は、4・8・12月となっている。

❸岩倉市心身障害者扶助料（愛知県岩倉市）

障害がある人の暮らしを支えるための制度である。精神障害者保健福祉手帳1級所持者には月額3000円、2級所持者には月額2500円、3級所持者には月額1500円が支給される。ただし、所得制限や高齢者施設入所による制限等がある。また、65歳以上で、新規の精神障害者保健福祉手帳取得者は対象外となる。支給月は、4・8・11月となっている。

❹神奈川県在宅重度障害者等手当（神奈川県）

前述の特別障害者手当と同じく、常時介護が必要な著しく重度の障害がある者の地域生活を支えるための制度である。ただし、6か月以上の在住要件がある。一方で、継続的に3か月を超えて施設や病院に入所・入院していたり、65歳以降に身体障害者手帳・精神障害者保健福祉手帳・療育手帳を取得した者は対象とならない。また、所得制限もある。障害要件として、精神障害者保健福祉手帳1級所持者は、プラスして身体障害者手帳1・2級ないしは療育手帳A1・A2を所持している者等がある。支給額は年額6万円で、支給月は、1月に全額が支給される。

❺在日外国人障害者等福祉給付金（横浜市）

国籍要件や居住要件により、国民年金や厚生年金保険などの公的年金を受けることができない者で、以下の三つのいずれかの条件を満たす者が対象となる。❶1982（昭和57）年1月1日時点で20歳に達しており、障害者となっていた在日外国人または1982（昭和57）年1月1日以降

---

iv　1981（昭和56）年に国民年金法が改正される以前（施行は1982（昭和57）年1月）は、国民年金法に国籍条項があったため、日本国籍を有しない在日外国人は国民年金に加入することができなかった。そのため、障害を負ったにもかかわらず、障害年金を受給できない「外国人無年金障害者」が推定5000人いるといわれている（学生無年金障害者訴訟全国連絡会編『年金がない!?──知ってほしい「無年金障害者」のこと』p.41，クリエイツかもがわ，2003.）。

障害者となったが、その初診日が同日前の在日外国人、❷ 1982（昭和57）年 1 月 1 日時点で 35 歳に達しており、同日から 1986（昭和61）年 3 月 31 日までの間に障害者となった在日外国人または 1986（昭和61）年 3 月 31 日以降障害者となったが、その初診日が同日前の在日外国人、❸ 1961（昭和 36）年 4 月 1 日から 1986（昭和 61）年 3 月 31日までの間に海外在住中に障害者となった日本人。精神障害者保健福祉手帳 1 級を所持している者は月額 4 万 3500 円、2 級を所持している者は月額 3 万 1500 円が支給される。支給月は、3・6・9・12 月となっている。

❻海南市心身障害児福祉年金（和歌山県海南市）

精神障害者保健福祉手帳（等級を問わず）を所持している 20 歳未満の児童を監護する者に対して、子育て支援をするための制度である。支給額は、月額 4000 円で、支給月は、3・9 月となっている。

❼その他

上記に加えて、児童に対する手当の支給条件として、父もしくは母が精神障害者保健福祉手帳 1 級を所持（1 級相当を含む）していることによって利用可能な制度に、愛知県遺児手当（愛知県）、岩倉市遺児手当（愛知県岩倉市）がある。また、ひとり親家庭手当（名古屋市）は、診断書の判定によって、父もしくは母が重度の精神障害と認められることによって支給対象となる。

3 法令による所得保障の関連制度および施策

1 心身障害者扶養共済制度

心身障害者扶養共済制度は、精神障害がある人等を扶養する親等が、存命の間に、毎月一定の掛金（9300 円〜 2 万 3300 円）を支払うことによって、自身が死亡したり、重度障害を負うことになった場合に、当該障害がある人に終身年金が支給されるというものである。まさに、親なきあとに対する代表的な制度だといえる。具体的には、1 口加入だと月額 2 万円、2 口加入だと月額 4 万円の年金が支給されることになる。

支給対象（年金受給予定者）は、❶知的障害、❷身体障害者手帳 1 〜 3 級に該当する障害がある者、❸統合失調症、脳性麻痺、進行性筋萎縮症、自閉症、血友病等の精神または身体に永続的な障害があり、その程度が❶または❷と同程度の者のいずれかに該当する障害があり、将来独

立自活することが困難と認められる者で、年齢は問われない。

保険に加入できるのは、上記の障害がある者を現に扶養している父母、配偶者、兄弟姉妹、祖父母、その他の親族等となっており、65歳未満であることと、障害がある者と同じ都道府県、あるいは指定都市に住所があることとされている。なお、心身障害者扶養共済制度の受給者が生活保護を受給している場合、収入認定されないことになっている。

▎2 労働者災害補償保険

労働者災害補償保険（以下、労災保険）は、業務中および通勤途上の傷病に対して、保険給付が行われる社会保険の一つである。労災保険は、個人ではなく、事業者が保険に加入し、従業員の生活について守ることを目指す。窓口は労働基準監督署となっている。保険給付の種類としては、傷病が治癒する前（変動がある状態）には、療養補償給付、休業補償給付、傷病補償年金がある。また、傷病の治癒後（一定の障害が残った場合）には、障害補償給付がある。

そのようななか、障害基礎年金や障害厚生年金と同一の支給事由による場合は、労災保険給付のほうが、**表4-7**の労災保険支給率表により減額される。ただし、**表4-7**の③障害基礎年金を20歳前障害によって受給している者については、労災保険給付は減額されず、障害基礎年金のほうが支給停止となる。また、減額されるのは、同一の支給事由によるものの場合に限られている。

ちなみに、労災保険の障害補償給付は、第1～7級が障害補償年金（給付基礎日額の313～131日分）、第8～14級が障害補償一時金（給付基礎日額の503～56日分）となっている。そのことから、たとえば、うつ病が労災認定され、労災保険と障害厚生年金ともに2級として認定された場合は、労災保険給付分が73％（ただし、障害厚生年金は100％）に支給調整のうえで、支給されることになる。加えて、労災保険の障害補償給付には、障害特別年金という、労災事故が発生した日以前1年間

Active Learning

あなたが厚生年金保険の被保険者期間中に精神疾患を発症したとすれば、どのような所得保障が利用できるでしょうか。また、その場合、具体的に受給できる額についても計算してみましょう。

表4-7　労災保険支給率表

障害年金 ＼ 労災保険給付	障害補償年金	傷病補償年金	休業補償給付
①障害基礎年金＋障害厚生年金	73%	73%	73%
②障害厚生年金	83%	88%	88%
③障害基礎年金	88%	88%	88%

出典：厚生労働省ホームページを基に作成

に会社から受けたボーナス額を基にしたボーナス特別支給金[*]も支給されることになる。そのことから、さらなる増額が見込まれる。

3 雇用保険

雇用保険は、労働者が失業したとき、求職活動時に支給される基本手当が給付の中心になっている。基本手当を受けるためには、あらかじめ雇用保険の被保険者としての要件を満たさなければならない。具体的には、離職の日以前 2 年間に通算で 12 か月以上の被保険者期間を有することが要件となる。

基本手当日額は、離職直前の 6 か月間の給与（賞与等を除く）を 180 で割った金額（賃金日額）の 50～80％（60 歳以上 65 歳未満は 45～80％）の額となる。そして、最終的に重要になるのが、所定給付日数である。所定給付日数は、一般の受給資格者の場合、**表 4-8** に示すように、年齢を問わず、算定の基礎となる被保険者期間によって 90～150 日間となる。それに対して、**表 4-9** は、一般の受給資格者より、手厚い内容となっている。**特定受給資格者**は、倒産や解雇等によって離職を余儀なくされた者である。また、**特定理由離職者**は、期間の定めのある労働契約が更新されなかった者や、心身の障害等、正当な理由のある自己都合により離職した者である。この場合、離職の日以前 1 年間に被保険者期間が通算で 6 か月以上あれば、支給対象となる。

そのようななか、精神障害がある人は、**表 4-10** に示しているように、**就職困難者**として認められると、より多くの所定給付日数となる。その

★ボーナス特別支給金
労災保険給付において、傷病給付、障害給付、遺族給付が支給される場合、ボーナス額に応じたボーナス特別支給金が併せて支給される。ただし、療養給付や休業給付に対するボーナス特別支給金はない。

表4-8　所定給付日数（一般の受給資格者）

被保険者であった期間／離職日の年齢	1年以上10年未満	10年以上20年未満	20年以上
全年齢	90日	120日	150日

出典：厚生労働省ホームページを基に作成

表4-9　所定給付日数（特定受給資格者または特定理由離職者）

被保険者であった期間／離職日の年齢	1年未満	1年以上5年未満	5年以上10年未満	10年以上20年未満	20年以上
30歳未満	90日	90日	120日	180日	―
30歳以上35歳未満	90日	120日	180日	210日	240日
35歳以上45歳未満	90日	150日	180日	240日	270日
45歳以上60歳未満	90日	180日	240日	270日	330日
60歳以上65歳未満	90日	150日	180日	210日	240日

出典：厚生労働省ホームページを基に作成

表4-10　所定給付日数（障害者等就職困難者）

被保険者であった期間／離職日の年齢	1年未満	1年以上
45歳未満	150日	300日
45歳以上65歳未満	150日	360日

出典：厚生労働省ホームページを基に作成

条件として、基本的には精神障害者保健福祉手帳の所持が必要となる。

　雇用保険には、これらの基本手当の支給を中核にした求職者給付のほかに、就職促進給付、教育訓練給付、雇用継続給付、さらには、雇用保険二事業としての雇用安定事業、能力開発事業がある。とりわけ、就職促進給付の一つである常用就職支度手当は、基本手当の残日数が45日以上あり、また所定給付日数の3分の1以上ある者が、公共職業安定所（ハローワーク）の紹介により、1年以上雇用されることが確実な職業に就職した場合に支給される。

■4 精神障害者保健福祉手帳

　精神障害者保健福祉手帳は、精神疾患（統合失調症、うつ病などの気分障害、てんかん、薬物やアルコールによる急性中毒またはその依存症、高次脳機能障害、発達障害、その他のストレス関連障害などの精神疾患）により、継続的に日常生活または社会生活への制約がある者を対象にして1995（平成7）年に創設された。等級は1〜3級であり、前述の障害年金の等級と基本的には同程度とみなされている。

　精神障害がある人の地域生活では、前述の手当を利用するときや、次節で述べる医療費助成、公共交通機関の割引等において、精神障害者保健福祉手帳の所持が要件になっていることが多い。そのようなことからすれば、精神障害者保健福祉手帳の所持は、経済的支援を活用する際の証明書として捉えることができよう。

◇引用文献
1）厚生労働省「年金制度基礎調査（障害年金受給者実態調査）平成26年」
2）「国民年金・厚生年金保険 障害認定基準」（昭和61年3月31日庁保発第15号）（平成29年12月1日改正）
3）厚生労働省「障害基礎年金の不支給割合（平成22年度〜平成24年度平均）」2015.
4）青木聖久「精神障害者の所得保障──障害年金における日常生活能力と就労能力の評価基準」『社会保障研究』第2巻第4号，pp.455-468，2018.
5）青木聖久・小島寛・荒川豊・河野康政「精神障害者の就労が障害状態確認届の審査に及ぼす影響──実態と支援者が取り組むべき方途」『日本福祉大学社会福祉論集』第130号，pp.89-116，2014.
6）学生無年金障害者訴訟全国連絡会編『年金がない!?──知ってほしい「無年金障害者」のこと』pp.38-40，クリエイツかもがわ，2003.

第3節 経済的負担の軽減

学習のポイント

- 精神障害者の経済負担を軽減する制度や施策を体系的に理解する
- 精神障害者が利用可能な医療に関する制度や施策について学ぶ
- 精神障害者の生活の安定や社会参加に資する制度や施策について学ぶ

1 医療に関する制度や施策（国レベルの医療制度や施策）

1 医療保険

❶国民皆保険

日本の医療保険は、1961（昭和36）年以降、国民がいずれかの医療保険に加入する国民皆保険体制をとっている。仕組みとしては、すべての国民が医療保険の被保険者となり、医療機関を受診した際に保険証を提示することにより、実際にかかった費用の一部負担で済むというものである。その医療保険は、職域保険と地域保険に分類することができる。

職域保険は、会社員等の一般の被保険者およびその扶養親族を対象とした健康保険（全国健康保険協会管掌健康保険（協会けんぽ）*・組合管掌健康保険）と、公務員や船員等とその扶養親族を対象にした共済組合*と船員保険がある。

地域保険は、個々の市町村が運営し、自営業や無職の者等が基本的に世帯単位で加入する市町村国民健康保険と、特定の職種（医師、歯科医師、理容美容業等）ごとに設立されている国民健康保険組合がある。

また、2006（平成18）年に老人保健法が全面改正され、高齢者の医療の確保に関する法律が成立し、65歳から74歳までの者は前期高齢者と位置づけられ、国民健康保険等に加入することになった。また、75歳以上の者は、後期高齢者と位置づけられ、後期高齢者医療制度に加入することになっている。

❷給付内容

① 療養の給付

健康保険、国民健康保険等において中心となるのは、傷病に対する診察、薬剤または治療材料の支給、処置、手術その他の治療、療養に伴う

★全国健康保険協会管掌健康保険（協会けんぽ）

中小企業等で働く者は、従来、政府管掌健康保険に加入していたが、2008（平成20）年より、全国健康保険協会管掌健康保険となった。略称として、「協会けんぽ」と呼ばれている。

★組合管掌健康保険

単独の企業（主に大企業）、または同業種で複数の企業が共同して設立している健康保険組合。この組合はさらに「単一健康保険組合」と「総合健康保険組合」に分類されており、協会けんぽと比べると、手厚い給付内容となっている。

★後期高齢者医療制度

75歳（寝たきり等の場合は65歳）以上の者が加入する独立した医療保険制度。従来の老人保健制度に代わって2008（平成20）年より開始されており、対象となる高齢者は個人単位で保険料を支払うことになる。

医療保険における療養
の給付では、直接診察
や看護行為を受けるこ
とをいう。社会福祉で
は、直接ソーシャル
ワーカーの相談支援、
介護サービスを受ける
ことをいう。ちなみに、
別の給付形態として、
現金給付が挙げられ
る。

世話等の現物給付である。

② 入院時食事療養費

　被保険者が入院となれば、療養の給付と併せて、食事の給付が受けら
れることになる。その場合、入院期間中の食事の費用は、健康保険や国
民健康保険から支給される入院時食事療養費と被保険者が支払う食事療
養標準負担額で賄われることになる。

③ 訪問看護療養費

　在宅で、看護師等から訪問看護を受けたときは、訪問看護療養費が受
けられる。

④ 入院時生活療養費

　療養病床に療養を目的として入院した65歳以上の者（特定長期入院

図4-3　健康保険の保険給付の種類と内容

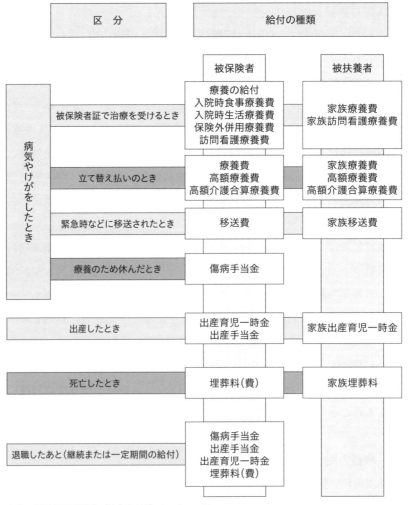

出典：全国健康保険協会（協会けんぽ）ホームページ

被保険者）に対して、食事や温度、照明などの適切な療養環境に資するための生活療養に要する費用について、入院時生活療養費が支給される。

また、健康保険の保険給付は、**図 4-3** に示しているように、被扶養者への家族給付、療養時の休業保障としての傷病手当金、出産や死亡に対する保険給付等もある。ただし、**図 4-4** に示すように、療養の給付や療養費、家族療養費等を受けた場合、年齢等に応じて医療費の自己負担割合が異なる。そのことから、仮に精神科病院の入院時の医療費（保険対象部分）が 50 万円（月単位）とすれば、基本的に 3 割負担となり、35 万円が医療保険の適用となり、自己負担は 15 万円となる。

❸高額療養費

医療保険の適用があったとしても、前述のように、とりわけ入院した場合には医療費が高額になることがある。その場合、**表 4-11** に示すように、同じ月内において、自己負担限度額を超える場合は高額療養費を申請することができる。また、高額療養費は世帯合算されるとともに、医療機関ごとに計算されることになる。ただし、同じ医療機関でも、診療科単位、入院と外来は分けて計算される。

たとえば、前述のように入院費（50 万円）の自己負担額が 15 万円だった者が、**表 4-11** の区分④だとすれば、高額療養費を申請することによって、15 万円－ 5 万 7600 円＝ 9 万 2400 円が返戻され、自己負担額は 5 万 7600 円となる。また、現時点から過去 1 年間に、5 万 7600 円を

★世帯合算
高額療養費には「世帯合算」という制度があり、1 か月の自己負担額が 2 万1000円（家族が全員70歳未満）を超えた人が家族のなかに複数人いる場合、その医療費を合計して申請できるというもの。

図4-4　医療費の自己負担割合

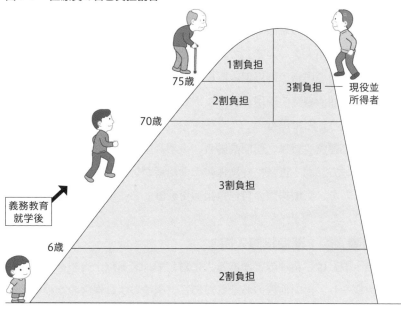

出典：筆者作成

第4章 精神障害者の経済的支援

表4-11 高額療養費の自己負担限度額（70歳未満の区分）

平成 27 年 1 月診療分から

所得区分	自己負担限度額	多数該当※2
区分① （標準報酬月額 83 万円以上） （報酬月額 81 万円以上）	252,600 円 +（総医療費※1 − 842,000 円）× 1 %	140,100 円
区分② （標準報酬月額 53 万〜79 万円） （報酬月額 51 万 5000 円以上〜 81 万円未満）	167,400 円 +（総医療費※1 − 558,000 円）× 1 %	93,000 円
区分③ （標準報酬月額 28 万〜50 万円） （報酬月額 27 万円以上〜51 万 5000 円未満）	80,100 円 +（総医療費※1 − 267,000 円）× 1 %	44,400 円
区分④ （標準報酬月額 26 万円以下） （報酬月額 27 万円未満）	57,600 円	44,400 円
区分⑤（低所得者） （被保険者が市区町村民税の非課 税者等）	35,400 円	24,600 円

※ 1：総医療費とは保険適用される診療費用の総額（10割）である。
※ 2：診療を受けた月以前の 1 年間に、3 か月以上の高額療養費の支給を受けた（限度額適用認定証を
　　　使用し、自己負担限度額を負担した場合も含む）場合には、4 か月目から「多数該当」となり、
　　　自己負担限度額がさらに軽減される。
注：「区分①」または「区分②」に該当する場合、市区町村民税が非課税であっても、標準報酬月額で
　　の「区分①」または「区分②」の該当となる。
出典：全国健康保険協会（協会けんぽ）ホームページを一部改変

超えた月が 4 回あれば、多数該当として扱われ、4 回目からの自己負担
額は 4 万 4400 円にさらに減額される。とはいえ、一時的にせよ高額の
医療費を医療機関の窓口で支払うことは、精神障害がある人および家族
にとって負担が大きい。そこで、国民健康保険の場合は限度額適用認定
証、健康保険の場合は健康保険限度額適用認定証の交付を受けることに
よって、高額療養費の適用を受けたあとの自己負担額のみを医療機関の
窓口で支払うことで済む。

　また、高額療養費は、前期高齢者、後期高齢者においても同様の制度
がある。一方、同一世帯に介護保険の受給者がいる場合、高額介護合算
療養費として、医療保険の自己負担額を軽減することができる。

2 措置入院・緊急措置入院

　措置入院とは、精神障害がある人に対して、2 名以上の精神保健指定
医が診察をし、自傷他害のおそれがあり、医療および保護のために入院
が必要と判断した場合にとられる強制入院である。また、緊急措置入院

★高額介護合算療養費
医療保険と介護保険の
両方を利用している世
帯が、高額な自己負担
になる場合の負担を軽
減する仕組み。両方の
保険の自己負担額を合
算し、限度額を超えた
場合、それぞれの制度
別に按分計算され、保
険者から支給される。

は、72時間に限り、1名の精神保健指定医が、前述と同様の判断を下した場合にとられる強制入院のことをいう。

措置入院・緊急措置入院に要する費用は、まず医療保険が優先的に使用され、そのうえで残りの自己負担分に対して、国が4分の3、都道府県（指定都市）が4分の1を負担する。ただし、本人、配偶者、生計を一にする絶対的扶養義務者の市町村民税の所得割の額が年額56万4000円を超える場合は、月額上限2万円の自己負担金が生じることになる。[1]

3 医療観察

心神喪失等の状態で重大な他害行為を行った者の医療及び観察等に関する法律（医療観察法）は、心神喪失等の状態で重大な他害行為を行った者に対して、継続的かつ適切な医療ならびにその確保のために必要な観察および指導を行うことによって、病状の改善、再発の防止を図り、社会復帰を促進することを目的としたものである。

その際、医療観察法に要する医療費は、基本的に入院費および通院費ともに国から支出される。そのため、本人の費用負担は発生しない。ここが、前述の措置入院の、医療保険優先とは異なる取扱いとなっている。

4 自立支援医療

障害者の日常生活及び社会生活を総合的に支援するための法律（障害者総合支援法）において、精神障害がある人の通院について規定してい

表4-12　自立支援医療（精神通院医療）の自己負担上限額

所得区分	世帯所得状況	月額負担の上限額	
		上限額に達するまでの負担割合は1割	加えて、「重度かつ継続」に該当
生活保護	生活保護を受給している世帯	0円	
低所得1	市町村民税が非課税／本人の収入が80万円以下	2,500円	
低所得2	市町村民税が非課税／本人の収入が80万円を超える	5,000円	
中間所得1	市町村民税（所得割）が3万3000円未満	「高額療養費」の上限額	5,000円
中間所得2	市町村民税（所得割）が3万3000円以上23万5000円未満		10,000円
一定所得以上	市町村民税（所得割）が23万5000円以上	自立支援医療の対象外	20,000円※

※　2021（令和3）年3月31日までの経過的特例
注1：「重度かつ継続」は、以下の①～③のいずれかに該当する者。
　①　統合失調症、躁うつ病、うつ病、てんかん、認知症等の脳機能障害、薬物関連障害（依存症等）。
　②　3年以上の精神医療の経験のある医師により、集中的・継続的な通院医療を要すると判断された者。
　③　受診者の属する医療保険の世帯が高額療養費における多数該当となっていること。
注2：本人の収入には、障害年金が想定されている。
出典：厚生労働省ホームページを基に作成

るのが、自立支援医療（精神通院医療）であり、対象は統合失調症、うつ病等の精神疾患を有する者である。また、通院には、精神科デイケア、デイ・ナイトケア、重度認知症デイケア、訪問看護も対象となる。

通院における自己負担は、自立支援医療の利用によって、1割負担が原則となる。ただし**表4-12**に示すように、本人が加入している医療保険の同一世帯の者の所得等に応じて、負担上限額が決められている。

以降は、第2節と同様、精神障害がある人に特化して、医療費助成、生活の安定や社会参加に資する制度や施策について紹介していく。

⟩2 医療に関する制度や施策（自治体レベルの医療費助成）

前述したように、精神障害がある人が医療機関を利用するときは、基本的には医療保険を優先的に使うことになる。次に、法令による自立支援医療等によって軽減を図り、そして、最後に適用されるのが、自治体レベルの医療費助成である。ただし、その状況は千差万別であることから、第2節と同様の10の自治体を取り上げることにしたい。

■ 四つの都道府県および六つの市町村の医療費助成の状況
❶精神疾患に対する医療費助成の取り組み

表4-13に示すように、愛知県は精神障害者保健福祉手帳（以下、手帳）1・2級所持者を対象にして、精神疾患のみに対する医療費助成の

Active Learning

あなたが暮らしている、あるいは、勤務している市町村の医療費助成の実態を調べ、表4-13に書き込んでみましょう。

表4-13　精神障害者保健福祉手帳所持者の医療費助成の10の自治体の状況

| | 愛知県 | | | 神奈川県 | 兵庫県 | 和歌山県 |
	名古屋市	岡崎市	岩倉市	横浜市	明石市	海南市
通院：精神疾患	1・2級			1級	—	1級
	1・2級	1・2・3級	1・2級	1級	—	1・2級
入院：精神疾患	1・2級			—	—	1級
	1・2級	1・2・3級	1・2級	—	—	1・2級
通院：精神疾患以外	—			1級	1級	1級
	1・2級	1・2・3級	1・2級	1級	1・2級	1・2級
入院：精神疾患以外	—			—	1級	1級
	1・2級	1・2・3級	1・2級	—	1・2級	1・2級

注：各自治体の上段が都道府県、下段が市町村の医療費助成の適用範囲。網掛けは、都道府県の医療費助成の範囲を超えて支給しているもの。
出典：筆者作成

要綱がある。そのことから、手帳1・2級所持者に対して、名古屋市（指定都市）や岡崎市（中核市）、岩倉市が実施主体となって医療費助成を実施する場合、費用の2分の1を愛知県が負担する。ただし、実務上は弾力的な運用がなされることもある。また、岡崎市については、手帳3級所持者まで対象にしていることから、この部分については、全額岡崎市の負担となっている。

　明石市（中核市）は、兵庫県ともに、精神疾患に対する医療費助成を実施していない。一方、和歌山県は手帳1級所持者に対して精神疾患に対する医療費助成の要綱を定めている。それに対して、海南市は手帳1・2級所持者に対して医療費助成を実施している。そのことから、手帳1級所持者には県が2分の1を負担するものの、手帳2級所持者については海南市が全額費用負担をしているのである。

　一方、神奈川県は手帳1級所持者への通院における医療費助成の要綱がある。ただし、愛知県、兵庫県、和歌山県と異なり、指定都市や中核市に対しては、医療費助成において、費用の3分の1を負担することにしている。そのことから、横浜市は、医療費助成に要する費用の3分の2を負担しているのである。

　また、神奈川県や指定都市である横浜市、川崎市および相模原市には「精神障害者入院医療援護金」という独自制度がある。これは、精神保健及び精神障害者福祉に関する法律（精神保健福祉法）に基づき精神病床等に現に入院している精神障害がある人に、月額1万円を扶助する、というものである。ただし、所得制限や市町村独自の医療費助成との併給制限（神奈川県実施の場合）がある。

❷精神疾患以外の医療費助成の取り組み

　愛知県は精神疾患以外に対して医療費助成の要綱がない。そのことから、名古屋市（指定都市）や、岡崎市（中核市）、岩倉市は全額を市の負担によって医療費助成を実施していることになる。

　また、神奈川県および横浜市（指定都市）は、手帳1級所持者に対して、通院についてのみ精神疾患以外の医療費助成がある。一方で、明石市（中核市）は、精神疾患以外の医療費助成について手帳1・2級所持者を対象にして実施している。ところが、兵庫県は手帳1級所持者のみに対して医療費助成の要綱をつくっていることから、手帳1級所持者のみの医療費助成の2分の1を県が負担することになる。そのことから、手帳2級所持者の医療費助成は、明石市が全額負担をしているのである。

　一方、和歌山県は手帳1級所持者に対して医療費助成の要綱がある。

それに対して、海南市は手帳1・2級所持者に対して医療費助成を実施している。そのことから、手帳1級所持者の費用負担については県が2分の1を負担し、2級所持者については海南市が全額負担をしている。

❸精神障害がある人に対する医療費助成の取り組み状況

前述のように、都道府県が医療費助成の条例や要綱等をつくることによって、基本的に市町村は2分の1等の費用負担で済むことから、実施しやすくなる。実際、2019（令和元）年8月より和歌山県が手帳1級所持者に対する医療費助成の要綱を新たにつくったことによって、それ以降、和歌山県のすべての市町村が手帳1級以上の医療費助成の実施に至っている。

一方、国全体の手帳の2018（平成30）年度における取得者割合をみると、1級が約12％、1級に2級を加えると約71％となる[2]。そのことから、少なくとも、1・2級を対象にすることが望ましいといえる。全国を見渡すと、1・2級の手帳所持者を対象にして医療費助成について要綱を作成している都道府県は、山梨県、岐阜県、奈良県である。これらの3県では、すべての市町村が手帳1・2級所持者に対する医療費助成の条例等をつくっている。ゆえに、都道府県の取り組みは意義深い。とりわけ、奈良県においては、これらの医療費助成の実現のため、精神障害がある人、家族、精神保健福祉士等で、「あすならプロジェクト」を結成し、勉強会や実態調査をはじめとするソーシャルアクション等を展開したことが功を奏し、2014（平成26）年に、奈良県が手帳1・2級所持者に対する医療費助成の実現に至っているのである[3]。ちなみに、手帳1級所持者に対してのみではあるが、大阪府は2018（平成30）年4月より市町村への医療費助成の要綱をつくり、東京都は2019（平成31）年1月より直轄事業として医療費助成を開始している。

3 ▶ 生活の安定・社会参加のための制度や施策

1 公共料金・通信費の減免

❶NHK放送受信料の減免

手帳所持者が属する世帯の全員が市町村民税非課税であれば、NHK放送受信料が全額免除になる。また手帳1級を所持している者が世帯主でかつ契約者である場合は、NHK放送受信料が半額免除になる。

❷電話番号無料案内

　手帳所持者が、電話帳の利用が困難だとし、事前の申し込みによって、電話番号無料案内（104番）を受けることができる。

❸携帯電話の使用料の減免

　手帳所持者の携帯電話の使用料の減免については、通話にかかる基本料金の割引や、各種事務手数料が無料というものがある。ただし、携帯電話のプラン等は、複雑多岐にわたることから、各携帯電話会社に問い合わせ、用途に合わせて相談する必要がある。

2 公共交通運賃の割引

　精神障害がある人の公共交通運賃については、身体・知的障害がある人と比べ、差がある。とりわけ、JR各社では、身体・知的障害がある人には、たとえば、片道100kmを超える乗車料金の半額を助成しているが、精神障害がある人には適用がない。同様に、ほかの民間事業者においても、精神障害がある人に対して、運賃の割引を適用しているところは少ない。

　これらの状況を踏まえ、全国精神保健福祉会連合会（みんなねっと）では、2014（平成26）年に「交通運賃割引推進プロジェクトチーム」をつくり、精神障害がある人の公共交通運賃の割引について取り組み、国に対して請願を出した。その成果として、第198回国会に付託されていた「精神障害者の交通運賃に関する請願」は、衆議院・参議院の国土交通委員会において、2019（令和元）年6月26日に採択された。

　そして、国土交通省総合政策局長は、同年10月3日に、精神障害がある人の運賃割引を実施するよう通知を出し、関係事業者等への周知を促している。[4] その通知に別添資料とされていたのが、**表4-14**である。

❶鉄道運賃の割引

　表4-14に示しているように、鉄軌道事業者において、手帳による運賃の割引は、公営事業者では11者すべてが実施している。その内容を反映したものが、**表4-15**である。なお、**表4-15**には、2018（平成30）年4月から民間の事業者に運営を譲渡した大阪メトロ（地下鉄等を運営）も加えた12自治体を掲載している。

　表4-15から、12自治体すべてが、手帳所持者に対して、何らかの運賃割引（無料・1割負担・半額負担）をしていることがわかる。ただし、これらの運賃割引を受けるためには、基本的に事前の手続きが求められる。そのうえで、たとえば、熊本市では市の発行する「さくらカー

表4-14　公共交通機関における精神障害者に対する運賃割引等の実施状況

平成31年4月1日現在

	公営事業者		民営事業者		計		導入率
	導入事業者	総事業者	導入事業者	総事業者	導入事業者	総事業者	
鉄軌道事業	11 者	11 者	80 者	165 者	91 者	176 者	51.7%
乗合バス事業 (※1)	20 者	23 者	835 者	2,273 者	855 者	2,296 者	37.2%
旅客船事業	33 者	59 者	143 者	341 者	176 者	400 者	44.0%
航空事業	–	–	16 者	23 者	16 者	23 者	69.6%

	法人 (※2)		個人		計		導入率
	導入事業者	総事業者	導入事業者	総事業者	導入事業者	総事業者	
タクシー事業 (※3)	3,085 者	16,713 者	20,758 者	32,273 者	23,843 者	48,986 者	48.7%

※1　乗合バス事業の事業者数は平成31年3月31日現在の数字である。
※2　タクシー事業の法人事業者数は、福祉限定事業者も含まれる。
※3　タクシー事業の事業者数は平成31年3月31日現在の数字である。

【参　考】平成18年の協力依頼実施前の精神障害者割引導入事業者数
○平成18年11月、厚生労働省より、国土交通省に対する「精神障害者に対する各種運賃および料金に係る割引サービス等の運用の拡大（協力依頼）」通知を受け、同年12月、国土交通省より各公共交通事業者および団体に対し、精神障害者割引導入協力依頼文を初めて通知した。

平成18年4月1日時点

	公営事業者	民営事業者	計
鉄軌道事業	12 者	30 者	42 者
乗合バス事業	27 者	115 者	142 者
旅客船事業	0 者	2 者	2 者

	法人	個人	計
タクシー事業	570 者	558 者	1,128 者

※タクシー事業の法人事業者数には、福祉限定事業者も含まれる。
※乗合バス事業、タクシー事業については、平成18年3月31日現在の数字である。

出典：「障害者に対する公共交通機関の運賃割引等に関する協力について（依頼）」（令和元年10月3日国総安政第58号）別添

Active Learning

経済的支援の活用とスティグマは、どのような関係にあるかについて、精神保健福祉士の機能や役割も含めて考えてみましょう。

ド」および「おでかけ IC カード」、鹿児島市では市の発行する「友愛パス」の持参が必要となる。また、多くの自治体は、精神障害がある人が事前の手続き（年に1回程度）をすることによって、IC カード等によって自動改札を利用できるようにしている。そのことによって、手間が省けることと、何よりも、毎回の利用時に手帳を提示することから生じるスティグマの除去につながると考えられるのである。

　一方、手帳による割引を実施している民間事業者は**表4-14**に示しているように、165者のうち80者というように、半分を下回る。そのようななか、注目すべきこととして、民間大手私鉄の西日本鉄道（西鉄）

表4-15　精神障害者保健福祉手帳所持者に対する地下鉄・市電等の運賃割引の状況

市町村名：鉄軌道 ＼ 精神障害者保健福祉手帳 等級	1級	2級	3級	市町村外の居住者の適用	備考
札幌市：地下鉄、路面電車	△（介△）	△（介△）	△（介△）	△	
函館市：市電	○	○	△	×	施設等に通所していない場合、年間使用上限あり
仙台市：地下鉄	△	△	△	△（ただし、宮城県内居住者）	
東京都：都電、都営地下鉄、日暮里・舎人ライナー	○	○	○	×	
横浜市：市営地下鉄、金沢シーサイドライン	○	○	○	×	年額1,200円（20歳未満は年額600円）の利用者負担金が必要
名古屋市：地下鉄、ゆとりーとライン、あおなみ線	○（介○）	○（介○）	○	△	
京都市：市営地下鉄	○（介○）	○	○	×	
大阪市：地下鉄	○（介○）	○	△	×	12歳未満の者は等級によらず、介護者も含めて無料
神戸市：市営地下鉄、ポートライナー、六甲ライナー	○（介○）	○	○	×	
福岡市：福岡市地下鉄	○（介△）	△	△	△	1級の手帳所持者で無料になるにあたっては、所得制限あり
熊本市：熊本市電、熊本電鉄	◇	◇	◇	△	
鹿児島市：市電	○（介△）	○（介△）	○（介△）	△	

注：○は無料。◇は1割負担。△は半額負担。（介○）は介護者1人も無料。（介△）は介護者1人も半額割引。なお、鉄軌道の表記は、各市町村のホームページ等を基に掲載している。
出典：筆者作成

が2017（平成29）年4月から、手帳所持者への半額割引を開始していることを挙げたい。

❷乗合バス運賃の割引

　表4-14に示しているように、乗合バス事業者については、手帳による割引が、2006（平成18）年4月時点で142者の導入だったのが、2019（平成31）年4月時点で855者というように、13年間で飛躍的に増加している。とはいえ、乗合バス事業者全体からすれば割引を実施しているのは4割弱となっている。

　みんなねっとでは、バスについても、鉄道と同様に取り組みを続けている。それによると、特徴的なこととしては、JR関係各社、大手私鉄が、鉄道での割引適用がないなかでも、バス料金については割引適用を実施しているところが存在していることにある。

　表 **4-14** に示しているように、旅客船事業者については、手帳による割引が、2006（平成 18）年 4 月時点で 2 者の導入だったのが、2019（平成 31）年 4 月時点で 176 者というように、13 年間で飛躍的に増加している。船舶における手帳による割引を実施しているフェリー会社の適用をみると、等級を問わず半額割引とし、さらに 1 級の手帳所持者については、介護者 1 名も同様に半額の割引があるというものである。

　表 **4-14** に示しているように、タクシー事業者についても、手帳による割引が、2006（平成 18）年 4 月時点で 1128 者の導入だったのが、2019（平成 31）年 4 月時点で 2 万 3843 者というように、13 年間で飛躍的に増加している。割引の手順としては、事前にタクシー事業者が国土交通大臣の認可を受け、そのうえで、タクシーの運転手が利用者から手帳を確認することによって、事業者負担によって 1 割を軽減する、というものである。

　表 **4-14** に示しているように、航空事業者については、手帳による割引を実施しているところが、23 者のうち 16 者というように、約 7 割となっている。ところが、航空事業者は日本航空（JAL）グループと全日本空輸（ANA）グループの 2 社が市場の大半を占めている。

　そのようななか、JAL が 2018（平成 30）年 10 月 4 日、ANA が 2019（平成 31）年 1 月 16 日の予約分から、等級を問わず、手帳を所持する者と介護者 1 名の割引を行う決定をしたのである。

▌3 公共施設の利用料の減免

　文化施設、駐輪場、駐車場をはじめ、各施設が独自に、手帳所持者に対する割引を決めている。たとえば、手帳提示によって、東京都内にある国立の美術館では国立新美術館、国立科学博物館は無料だが、国立劇場、国立演芸場は適用がない。

　名古屋市の各施設では手帳提示によって、市営駐車場の使用料が無料になるところと半額になるところがある。名古屋市営の文化施設は手帳提示によって、名古屋城、白鳥庭園、徳川園、名古屋市美術館をはじめ、基本的に無料となっている。また、名古屋市の公共施設では、減免の対象を市内居住者に限定していない。ただし、これらの適用範囲については、施設ごとに確認する必要がある。

4 税金控除

❶所得税の障害者控除

精神障害がある人は、**表4-16**に示しているように、手帳の等級によって、所得税の障害者控除として27万円あるいは40万円が受けられる。

また、障害者である親族を扶養している者が受けられる特例として、同一生計配偶者、または、扶養親族が障害者の場合は、手帳の等級によって27万円あるいは40万円が所得金額から差し引かれる。さらに、特別障害者と同居している場合は、75万円が控除される。

なお、障害年金は非課税なので、所得税がかからない。

❷住民税の障害者控除

住民税も所得税と同様に、**表4-16**に示しているように、手帳の等級によって、障害者控除として26万円あるいは30万円が受けられる。また、同居している同一生計配偶者、または扶養親族が特別障害者である場合は53万円が控除される。

一方、生活保護の生活扶助を受けていたり、障害がある人で前年の合計所得金額が125万円以下の場合、住民税は非課税となる。

❸相続税の障害者控除

表4-16に示しているように、手帳の等級によって、相続税として、相続してから85歳に達するまでの年数に、10万円あるいは20万円を

★所得税
所得税は、収入から所得控除を引いた金額（課税所得）に対して、一定の税率で課される税金で、次のような計算式となる。所得税＝課税所得×税率－税額控除額。そのことから、障害者控除は出費の軽減に役立つ。

★住民税
住民税は、行政サービスを維持するために必要な経費を分担して支払う税金。道府県民税と市町村民税の二つを合わせたもので、その年の1月1日現在の居住地に納税されることになる。

第4章 精神障害者の経済的支援

表4-16　精神障害者保健福祉手帳を所持していることによる税金控除

特例の区分	障害者 （精神障害者保健福祉手帳 2・3級）	特別障害者 （精神障害者保健福祉手帳 1級）
所得税の障害者控除	27万円を控除	40万円を控除
住民税の障害者控除	26万円を控除	30万円を控除
相続税の障害者控除	障害者が85歳に達するまでの年数1年につき10万円を控除	障害者が85歳に達するまでの年数1年につき20万円を控除
贈与税の非課税	信託受益権の価額のうち3,000万円まで非課税	信託受益権の価額のうち6,000万円まで非課税
心身障害者扶養共済制度に基づく給付金の非課税	・給付金→非課税（所得税） ・相続や贈与による給付金を受ける権利の取得→非課税（相続税・贈与税）	
少額貯蓄の利子等の非課税	350万円までの預貯金等の利子等→非課税（所得税）	
少額公債の利子の非課税	350万円までの国債および地方債の額面の合計額の利子→非課税（所得税）	

出典：国税庁ホームページを基に加筆修正

乗じた分が障害者控除される。たとえば、手帳1級を所持している者が、45歳時に相続、または遺贈によって法定相続人となった場合、40年（85歳－45歳）×20万円＝800万円が納税すべき額から控除されることになる。

❹贈与税の非課税（特定贈与信託）

精神障害がある人に、親族等が財産を贈与した場合、信託業務を担う金融機関との間に「特定障害者扶養信託契約」を結ぶことによって、手帳1級所持者は6000万円、手帳2・3級所持者は3000万円までが非課税となる。

❺少額貯蓄の利子等の非課税制度（通称：障害者等のマル優）

手帳を所持している精神障害がある人が、❶預貯金、❷合同運用信託、❸特定公募公社債等運用投資信託、および❹一定の有価証券の4種類の貯蓄の元本の合計額が350万円までの場合、利子が非課税となる。

❻少額公債の利子の非課税制度（通称：障害者等の特別マル優）

手帳を所持している精神障害がある人が保有する国債および地方債の額面の合計額が350万円までについては、利子が非課税となっている。また、これは上記の「障害者等のマル優」とは別枠となっている。

❼自動車税（軽自動車税）・自動車取得税等の減免

手帳1級を所持している者と生計を一にする家族が、自動車を所有する場合の自家用車に対する税金が減免される。具体的には、障害がある人1人につき、1台の自動車が対象となり、家族が本人に対して同行支援等をするために所有する自動車（軽自動車）の自動車税（軽自動車税）および自動車取得税が減免される。

◇引用文献
1）「「精神保健及び精神障害者福祉に関する法律による措置入院患者の費用徴収額、麻薬及び向精神薬取締法による措置入院患者の費用徴収額及び感染症の予防及び感染症の患者に対する医療に関する法律による入院患者の自己負担額の認定基準について」の一部改正について」（令和元年5月23日厚生労働省発障0523第1号）
2）厚生労働省「平成30年度衛生行政報告例」
3）精神障害者の福祉医療を実現する奈良県会議「あすならプロジェクト──運動の記録」2016.
4）「障害者に対する公共交通機関の運賃割引等に関する協力について（依頼）」（令和元年10月3日国総安政第58号）

第5章

精神障害者と
生活困窮

　本章では、生活困窮の状態にある人に対する制度の仕組みの全体像を把握するとともに、実際的な制度の運用の方法等について学ぶことを目的とする。一方で、生活困窮について学ぶことが、なぜ、精神障害者支援、さらには精神保健福祉分野とつながるのかを理解する。

　精神障害者は疾患と障害が併存していたり、思春期頃に発症したりする人等も多く、生活困窮に陥ることが少なくない。その場合、現に貧困状態にある人に対しては生活保護制度の運用が考えられる。一方で、その段階まで至らない人に対しては、どのような制度や施策があるのか。これらのことを踏まえ、精神障害者と生活困窮との関係に着眼し、精神保健福祉士がいかに支援をするのか等について理解を深めることが目標である。

1 生活困窮と精神保健福祉

第5章では、日常生活に困難を抱えた人たちを経済的に支える仕組みについてみていく。つまり、食費、光熱水費、医療費の支払等に困ったとき、困りそうで心配なとき、何ができるのか学ぶということである。それではなぜ、精神障害者の支援において、そのような仕組みを学ぶ必要があるのだろうか。それは、精神障害者の安心した生活のために、経済的支援が重要な役割を果たしているからである。

生活費や医療費の確保は、生活の基盤であり安心感をもった日常生活に直結するものである。また、現時点では経済的に困っていなかったとしても、「貯金が尽きてしまったらどうなるのだろうか」「仕事を辞めることになったらどうなってしまうのだろうか」という将来的な不安があれば、安心して生活することは難しい。そのようなとき、支援制度の存在を知れば、安心感を取り戻すこともできる。

私たちは、お金に困ったときにどのような支援があり、その利用に際して誰に相談すればよいのか、理解できているだろうか。障害ゆえに困難を抱えた精神障害者本人やその家族が、その困難を抱えながら、支援制度を調べ、相談先を確認し、窓口に赴き、自分たちの生活状況を相談し、申請書等をそろえ、場合によっては要否判定を待つ。それが、相当の労力を要することは想像に難くない。

そのような場面で、精神保健福祉士は、精神障害者と制度をつなぐ役割を果たすことができる。必要だと考えられる制度の利用を提案し、利用に関する相談に応じ、申請時の書類作成の支援もできる。そのためには、制度についての正確で十分な理解が不可欠である。

併せて、経済的支援制度を利用する精神障害者の心情にも寄り添う必

要がある。どのような目的をもった制度であれ、それを利用するということ自体が、「自分はその支援対象そのものになってしまった」と感じさせてしまうことがある。経済的支援制度であれば、それを利用すること自体によって、「私はお金に困っている人間だ」と強く意識させてしまうかもしれない。この場合、そのような自分を受け入れられなければ、制度を利用することができず、利用に至ったとしてもそこには苦しみが伴うことを意味している。

　支援制度は、生活のなかで活かされてこそ意味がある。学習にあたっては、第1章第3節で示したような精神障害者の生活のイメージをもちながら、その制度が利用されたとき精神障害者の生活にどのような変化が起こるのか常に意識することが重要である。

2 生活保護制度

1 概要

　経済的支援として最初にみていくのは生活保護制度である。後述するように同制度は、本人の努力やほかの社会保障制度の支援等があっても、

図5-1　被保護世帯数、被保護人員、保護率の年次推移

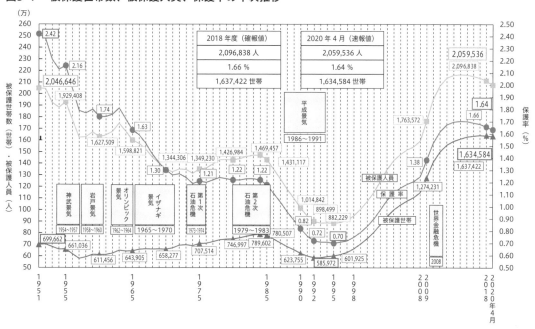

資料：被保護者調査（月次調査）（厚生労働省）（2011年度以前の数値は福祉行政報告例）
出典：厚生労働省編『厚生労働白書 令和2年版』p.284, 2020.

図5-2　最低生活費の体系

資料：社会福祉士養成講座編集委員会編『新・社会福祉士養成講座㉑ 資料編 第9版』中央法規出版, p.104, 2017. を一部改変

出典：日本ソーシャルワーク教育学校連盟編『新・精神保健福祉士養成講座⑥ 精神保健福祉に関する制度とサービス 第6版』中央法規出版, p.212, 2018.

　　　　一定レベルの生活水準を維持できない経済状況に陥った者を対象とするセーフティネットである。同制度の保護の対象者（被保護者）の数は、2018（平成30）年度は209万6838人（保護率1.66%[1]）と、2015（平成27）年度以降減少傾向にはあるが、今もって高い数値にある。歴史的にみても明らかなように、被保護者数は景気の波に左右されており、

図5-3 世帯類型別被保護世帯数の年次推移

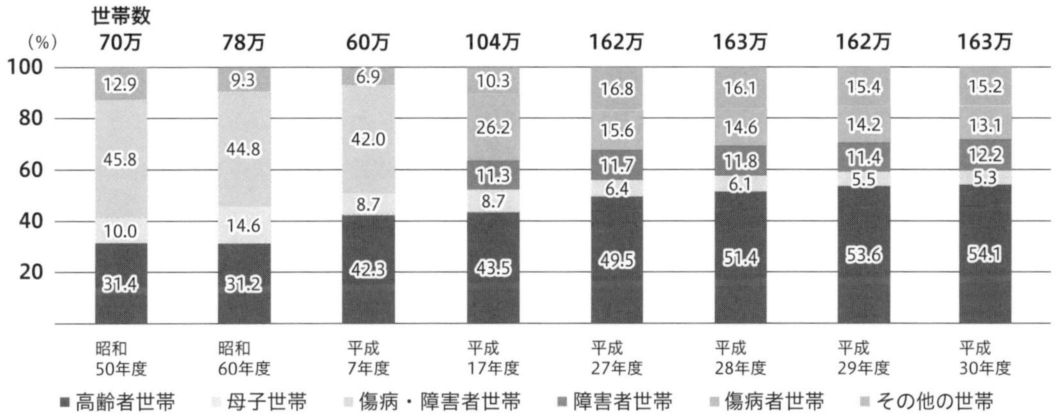

世帯数 (%)	70万	78万	60万	104万	162万	163万	162万	163万
	12.9	9.3	6.9	10.3	16.8	16.1	15.4	15.2
	45.8	44.8	42.0	26.2	15.6	14.6	14.2	13.1
				11.3	11.7	11.8	11.4	12.2
	10.0	14.6	8.7	8.7	6.4	6.1	5.5	5.3
	31.4	31.2	42.3	43.5	49.5	51.4	53.6	54.1
	昭和50年度	昭和60年度	平成7年度	平成17年度	平成27年度	平成28年度	平成29年度	平成30年度

■高齢者世帯　■母子世帯　■傷病・障害者世帯　■障害者世帯　■傷病者世帯　■その他の世帯

資料：厚生労働省「被保護者全国一斉調査（個別調査）」（平成17年度以前），厚生労働省「福祉行政報告例」（平成17年度以前），厚生労働省「被保護者調査」（平成27年度以降）

社会的状況が生活困窮を生み出す一因であることがわかる（**図5-1**）。生活保護制度では、このような被保護者に対して、それぞれの世帯のニーズに応じた支援が行われる（**図5-2**）。

　生活保護制度における支援の中核を担うのは、福祉事務所である。生活保護の利用を希望する場合は、本人の居住地（または現在地）を管轄する福祉事務所の生活保護を担当する部署が相談や申請の窓口となる。福祉事務所のない町村の場合は、都道府県が担当となるが、町村役場でも申請の手続きができる。

　生活保護制度はその利用に際して、社会保険における保険料のような拠出は求めず、その費用はすべて税金による。たとえば、保護費の4分の3は国が、残り4分の1は被保護者の居住地を管轄する福祉事務所を設置する自治体（居住地が明らかでない場合は都道府県）が負担することになる。

　また、生活保護制度の対象は、高齢者世帯が半数以上を占め、近年では困窮に至った理由が多岐にわたる「その他の世帯」が増加傾向にある（**図5-3**）。

2 目的

　生活保護法（昭和25年法律第144号）は、その第1条において、「日本国憲法第25条に規定する理念に基き、国が生活に困窮するすべての国民に対し、その困窮の程度に応じ、必要な保護を行い、その最低限度の生活を保障するとともに、その自立を助長することを目的とする」と

★**福祉事務所**
社会福祉に関する業務を行う第一線の行政機関であり、都道府県および市は必置、町村は任意設置となる（社会福祉法第14条）。所長、指導監督を行う所員、現業を行う所員、事務員から構成され、指導監督を行う所員と現業を行う所員は社会福祉主事でなければならない（同法第15条）。

Active Learning

健康で文化的な暮らしとは、どのような状態のことを指すのでしょうか。精神障害者の地域生活の具体的な場面を挙げて説明してみましょう。

定めている。前記にある日本国憲法第25条は、第1項で「すべて国民は、健康で文化的な最低限度の生活を営む権利を有する」こと、第2項で「国は、すべての生活部面について、社会福祉、社会保障及び公衆衛生の向上及び増進に努めなければならない」と定めている。このことから、生活保護法は、日本国憲法第25条が規定する生存権を具体的に実行するための方策であるといえる。

3 原理

生活保護法には、根幹となる四つの基本原理が定められている。

❶国家責任の原理（法第1条）

最初の原理は、国家責任の原理である。ここでは、法第1条の目的である最低限度の生活の保障と自立の助長については、国が責任をもって行うことを明文化している。

❷無差別平等の原理（法第2条）

次に、無差別平等の原理である。ここでは、「この法律の定める要件を満たす限り、この法律による保護を、無差別平等に受けることができる」（法第2条）とし、規定の要件を満たしていれば、貧困状態になった理由を問わず、保護の請求権を無差別平等に保障している。

❸最低生活の保障の原理（法第3条）

次に、最低生活の保障の原理である。「この法律により保障される最低限度の生活は、健康で文化的な生活水準を維持することができるものでなければならない」（法第3条）と定めている。つまり、辛うじて生きていられるレベルでの生活の保障ではなく、「健康で文化的な生活水準」を保つことができる生活を保障しているのである。

❹保護の補足性の原理（法第4条）

最後に、保護の補足性の原理である。同原理は、❶要件について定めた法第4条第1項、❷優先について定めた第2項、❸「前2項の規定は、急迫した事由がある場合に、必要な保護を行うことを妨げるものではない」ことを定めた第3項から構成される。ここでは、第1項と第2項について説明する。

① 保護の要件（第1項）

第1項では、「保護は、生活に困窮する者が、その利用し得る資産、能力その他あらゆるものを、その最低限度の生活の維持のために活用することを要件として行われる」とし、❶資産の活用、❷能力の活用、❸その他あらゆるものの活用が、保護の要件であるとしている。この要件

を満たしていることが、前述の無差別平等の原理において、保護請求権が無差別平等に認められるための条件となる。

(1)　資産の活用

　　資産には、土地、家屋、生活用品等が含まれ、それらが最低生活の内容にそぐわなければ、売却や貸与によって代金を得て、それを生活費に充てる必要がある。しかし、そのような資産をすべて処分しなければならない、ということではない。

　　最低限度の生活を維持するため実際に使用されており、処分より所有しているほうが生活維持や自立助長に効果がある場合や、現在使用されていなくても将来的に使われることが確実で、処分するより保有しているほうが生活維持や自立助長に効果がある場合等は、保有が認められている。

　　たとえば、現在暮らしている土地や家屋については、高額で売却されることが見込まれない限りは保有が認められるし（要保護世帯向け不動産担保型生活資金の対象を除く）、家電や家具なども利用の必要があるものは保有が認められている。

(2)　能力の活用

　　稼働能力がある場合には、最低限度の生活の維持のために稼働能力を活用することが保護の要件となる。しかし、稼働能力があり、仕事をしたいという意思があっても、実際に就労する場所が見つからない場合は、能力を活用していない、とはみなされない（ほかの要件を満たしていれば、保護の対象となる）。

(3)　その他あらゆるものの活用

　　そのほかにも、社会手当や生活福祉資金貸付制度などの活用を検討する必要がある。

② **保護に優先するもの（第2項）**

第2項では、「民法（明治29年法律第89号）に定める扶養義務者の扶養及び他の法律に定める扶助は、すべてこの法律による保護に優先して行われる」とし、❶扶養義務者の扶養、❷その他の法律に定める扶助は、保護に優先するものであると規定されている。

(1)　扶養の優先

　　ここでいう扶養義務者の範囲は、夫婦、直系血族、兄弟姉妹、特別の事情のある三親等内の親族であり、これらの者による扶養が保護に優先されることになる。これらの者のうち、夫婦相互間と未成熟の子（義務教育修了前の子）の親については、扶養義務が強く求められて

★**要保護世帯向け不動産担保型生活資金**
生活福祉資金貸付制度の一つであり、原則65歳以上の高齢者世帯であり、同制度を利用しなければ世帯が生活保護を要する状態になる場合、所有する居住用不動産を担保として生活資金を貸し付ける制度のこと。

第**5**章　精神障害者と生活困窮

207

図5-4　扶養義務者の範囲

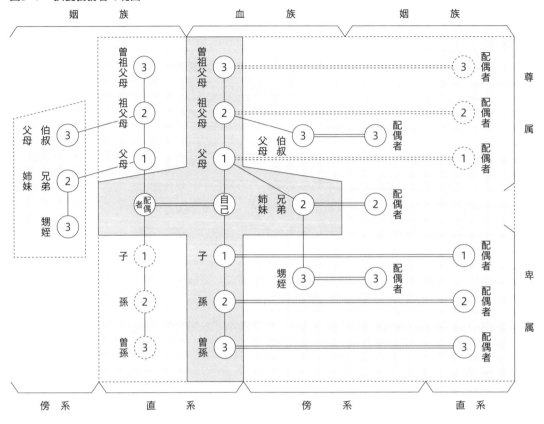

　　　　　絶対的扶養義務者（民法第877条第1項）

　　　　　相対的扶養義務者（民法第877条第2項）

①　配偶者は、継親の場合等であること。

子①は、先夫の子、後妻の連れ子等である。

出典：『生活保護手帳 2020年度版』中央法規出版，p.252，2020.

いる（**図 5-4**）。

　　たとえ扶養義務者がいたとしても、要保護者がドメスティック・バイオレンス（DV）の被害者であるなど扶養義務者に照会すること自体が不適切であったり、扶養義務者の扶養能力が不十分で扶養を求めることが困難であったりするときがある。扶養義務者による扶養が行われていなくても、ほかの要件を満たしていれば生活保護の対象となる。

(2)　他法他施策の優先

　　ほかの法律や制度（たとえば、精神保健及び精神障害者福祉に関する法律（精神保健福祉法）、障害者の日常生活及び社会生活を総合的に支援するための法律（障害者総合支援法）、国民年金法、雇用保険法、生活福祉資金貸付制度等）による支援を受けられる場合は、それらが

★要保護者
実際の保護の対象となっているか否かにかかわらず、保護を必要とする状態にある者のことであり、保護の申請中の者も受給中の者も含まれる（生活保護法第6条第2項）。なお、実際に保護の対象となっている者は、被保護者という（同法第6条第1項）。

保護に優先する。

4 原則

前述の四つの原理に基づき、実際に保護を実施するために以下の四つの原則が定められている。

❶申請保護の原則（法第7条）

保護は、要保護者、その扶養義務者、その他の同居の親族が申請することによって開始するのが原則である。なお、要保護者が急迫した状況下（緊急時）の場合は、申請のない保護も可能である。

❷基準及び程度の原則（法第8条）

保護は、厚生労働大臣が定めた基準で要保護者の需要を測定し、本人の金銭・物品でその基準を満たすことができない場合、その不足分を補う程度で行われる。この基準は、要保護者の年齢、世帯構成、所在地域、その他の事情を考慮し、最低限度の生活を保障するのに十分で、かつ、これを超えないものとされる。

そのため、保護の要否を判断するには、保護の補足性の原理を用いても世帯の状況がこの基準以下の状態であるのか、支給に際しては、この基準をどの程度、下回っているのか確認する必要がある。その確認のために、資力調査（ミーンズテスト）が行われる。

❸必要即応の原則（法第9条）

保護は、要保護者の年齢、健康状態等を考慮して、有効かつ適切に行うのが原則である。保護は、画一的に行われるのではなく、要保護者の状況を勘案して行われる。

❹世帯単位の原則（法第10条）

保護は、世帯を単位として、保護の要否や程度を判断するのが原則である。同法における世帯とは、住居と生計を同一にしている生活共同体のことである。保護は、原則として、困窮している個人に対してではなく、生活をともにしている（住居と生計を同一にしている）者全員の状況を勘案したうえで、保護の要否や程度が判断され、支給も世帯に対して行われる。ただし、出稼ぎや入院などで短期間、居住を別にしている場合は、居住をともにしていなくても同一世帯として認定されたり、長期的な入院・入所中の世帯員の扶養のため、世帯全体が高負担となる場合等は、別世帯とみなされたりする（世帯分離）など、例外もある（詳細は、『生活保護手帳』で確認することができる）。また、場合によっては、個人を単位として世帯とすることもできる。

★世帯分離
本来ならば同一世帯として扱われる世帯員を分け、個別の世帯として扱うこと。たとえば、長期入院患者のいる3人世帯について、長期入院患者1人により構成される世帯とその他の世帯員2人による世帯の二つの世帯として扱う。

★生活保護手帳
生活保護業務従事者に活用される生活保護法、生活保護法施行令、生活保護法施行規則、関連省令、保護の実施要領が記載された手帳のこと。毎年、必要な改訂を行い、発行されている。

5 保護の種類

　保護には、❶衣食住、光熱費に対応する扶助である生活扶助、❷義務教育における教科書、学用品、通学用品、学校給食費等に対応する扶助である教育扶助、❸家賃、間代、地代等と補修費等の住宅維持費に対応する扶助である住宅扶助、❹医療サービスに対応する医療扶助、❺介護サービスに対応する介護扶助、❻分べんに関する費用に対応する出産扶助、❼就労に必要な技能の習得（高等学校での就学も含む）等に関する費用に対応する生業扶助、❽火葬・埋葬や納骨等の葬祭に要する費用に対応する葬祭扶助の8種類が設けられている。

　ここでは、精神障害者支援においてかかわりが深い、生活扶助、住宅扶助、医療扶助について取り上げる。

❶生活扶助

　生活扶助は、衣食、光熱水費等に対応する扶助であり、世帯の1か月分の基準生活費が金銭として前払いされる（金銭給付）のが原則である。基準生活費は、衣類費や食費のように個人別に消費する費用の世帯合算である第1類費と、光熱水費のように世帯全体で消費する第2類費で構成される。1か月以上入院している者や障害者総合支援法における障害者支援施設に入所している者については、この第1類費、第2類費に代えて、入院患者日用品費が支給される。これに加えて、冬季には暖房費等として冬季加算額が支給される。

　上記の生活費のほかに、障害者や妊産婦等の特別な需要があるものに対しては、加算が行われる。加算には、妊産婦加算、障害者加算、介護施設入所者加算、在宅患者加算、放射線障害者加算、児童養育加算、介護保険料加算、母子加算がある。

　ここでは、障害による特別な需要に対応する加算である障害者加算について取り上げる。障害者加算では、障害の程度と在宅者の場合は級地（入院患者・施設入所者等は級地によらず定額）により、支給される金額が異なる（級地制度）。

　障害者加算の障害程度の判定は、原則として身体障害者手帳、国民年金証書等によって行うが、これらを所有していない場合は、精神障害者保健福祉手帳（ただし、当該手帳の交付または更新された年月日が当該障害の原因となる傷病の初診日から1年6か月を経過していること）を用いることができる。その場合、手帳の1級が国民年金法施行令別表の1級、手帳の2級が国民年金法施行令別表の2級に相当する（**表5-1**）。

　そのほかにも、被災や入院等による臨時的な特別の需要がある場合に

★**金銭給付**
金銭の給与または貸与によって保護を行うこと（生活保護法第6条第4項）。

★**級地制度**
地域における物価等による生活水準の違いを考慮し、市町村を6区分（1級地－1、1級地－2、2級地－1、2級地－2、3級地－1、3級地－2）にして、保護基準額に差を設ける制度のこと。1級地－1から3級地－2に至るにしたがい逓減する。

表5-1 障害者加算額（月額）（2020（令和 2）年10月 1 日時点）

		身体障害者障害程度等級表 1・2 級 国民年金法施行令別表 1 級	身体障害者障害程度等級表 3 級 国民年金法施行令別表 2 級
在宅者	1 級地	26,810 円	17,870 円
	2 級地	24,940 円	16,620 円
	3 級地	23,060 円	15,380 円
入院患者、社会福祉施設・ 介護施設入所者		22,310 円	14,870 円

出典：筆者作成

は、一時扶助の利用が可能である。一時扶助としては、被服費、家具什器費、移送費、入学準備金、就労活動促進費などが設けられている。

たとえば、長期入院や入所から地域生活に移行するときに、被保護者が布団や被服を用意できない場合は被服費、最低生活費に必要な家具什器がない場合は家具什器費で対応する。また、アルコールや薬物依存症の者が断酒会等の自助グループの活動に継続的に参加する場合の交通費は移送費で対応する。

12 月には年末に増加する需要に対応するため、期末一時扶助が加算される。

生活扶助は、被保護者の居宅で行われることが原則であるが、それが難しい場合には、被保護者の希望により、後述する救護施設、更生施設に加えて、2020（令和 2）年度より日常生活支援住居施設（第 3 節参照）での入所支援が行われている。

❷住宅扶助

家賃、間代、地代等については、級地ごとに月額で、補修費等の住宅維持費については年額で限度額が設けられている。家賃、間代、地代等がこの限度額を超える場合は、都道府県、指定都市、中核市ごとに特別基準が設けられており、この基準を限度額として実費が支給される。

一人暮らしの者が入院によりアパート等を空ける場合には、6 か月以内に退院する見込みがある場合、6 か月を限度に住宅費が支給される（病状の変化によりさらに 3 か月以内の延長も可能）。

❸医療扶助

国が開設した医療機関については厚生労働大臣が、それ以外の医療機関については都道府県知事が指定した医療機関（指定医療機関）にて、国民健康保険と同様の診療方針による医療サービスを現物給付で受けることができる。対象となるのは、診療、調剤、治療材料、手術、通院に

Active Learning

あなたが居住している市町村において、あなたが精神障害者保健福祉手帳 2 級を所持することになり、単身生活をするとした場合の月額の生活保護費を計算してみましょう。

★現物給付
金銭給付以外の方法による保護のこと。医療や介護サービス、入所者の支援、物品の給与または貸与等として行われる（生活保護法第 6 条第5項）。

要する交通費等である。また、あん摩・マッサージ、はり・きゅう、柔道整復の施術費用も対象となる。第1章第3節事例1のように、精神科病院入院中に生活保護の申請につながるケースもある。

　生活保護に関しては、前述のように他法他施策が優先されるため、障害者総合支援法の自立支援医療（精神通院医療）の対象となる場合は、精神通院医療の利用が優先される。

　医療扶助の申請にあたっては、指定医療機関から医療要否意見書の提出を受けた福祉事務所が医療券を発行し、この医療券を指定医療機関に提出して診療を受けることになる（調剤については、調剤券を指定薬局に提出する）。また、後発医療品（ジェネリック医薬品）を使用することができる場合は、原則、後発医療品が調剤される。

　2019（令和元）年の医療扶助実態調査によると、医療扶助による入院患者の疾病分類で最も多いのが「精神・行動の障害」（33.0%）であり、その入院期間もほかの傷病と比較して長期間（5年以上は85.6%）である（**図5-5、図5-6**）。

6 保護施設

　生活保護法では、保護施設として、❶救護施設、❷更生施設、❸医療保護施設、❹授産施設、❺宿所提供施設が規定されている。なかでも、救護施設は、「身体上又は精神上著しい障害があるために日常生活を営むことが困難な要保護者を入所させて、生活扶助を行うことを目的とする施設」（法第38条第2項）として、多くの精神障害者が利用している。また、救護施設では、精神保健福祉士を加配した場合、加算措置がとられるなど、精神保健福祉士による専門性の高い支援が期待されている。

7 収入認定

　前述のように、保護は補足性の原理（法第4条）をとっており、収入があればそれを最低生活費の一部として活用することになる。そのため、被保護世帯に実際に支給される保護費は、最低生活費から収入認定された金額を差し引いたものになる。

　この収入には、稼働によるものだけでなく、年金、手当、仕送り、贈

i　全国救護施設協議会によれば、利用者の41.1%が精神障害（「平成28年度全国救護施設実態調査報告書」（2016（平成28）年10月1日現在）。全国救護施設協議会ホームページ　http://www.zenkyukyo.gr.jp/institut/institut.htm

図5-5　入院―入院外・傷病分類別一般診療件数の構成割合

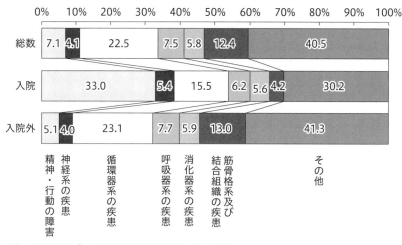

出典：厚生労働省「令和元年医療扶助実態調査 結果の概要」

図5-6　入院期間・傷病分類別一般診療件数の構成割合（入院）

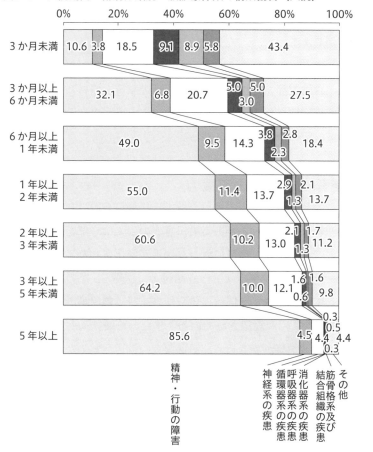

出典：厚生労働省「令和元年医療扶助実態調査 結果の概要」

表5-2　支給額（月額）の例（2020（令和2）年10月1日時点）

一人暮らし、43歳、障害基礎年金2級の場合

		1級地―1	2級地―1	3級地―1
		東京都区部	富山市	宮崎県延岡市
保護費	生活扶助基準額	77,240円	71,460円	68,430円
	障害者加算	17,870円	16,620円	15,380円
	住宅扶助※	53,700円	33,000円	29,000円
保護費の合計		148,810円	121,080円	112,810円
障害基礎年金による収入		65,141円	65,141円	65,141円
実際の支給額		83,669円	55,939円	47,669円

※右記の金額以内の実費が支給される。
出典：筆者作成

与等も含まれる（物品の場合は金銭に換算する）。しかし、収入であっても、出産・就職・結婚の祝い金や葬祭の香典等の社会通念上収入として認定することが適切ではないものや、心身障害者扶養共済制度による年金などは収入として認定されない。**表5-2**は、障害年金のみ収入がある場合の例である。

　また、収入認定にあたっては、給与収入の場合は社会保険料、所得税、労働組合費、通勤費等、自営業の場合は店舗の家賃、原材料費、仕入れ代などの実費が控除される。さらに、稼働による収入がある場合は、勤労控除として一定の金額が控除される。

■8 被保護者に対する就労支援

　被保護者に対しては、以下のような就労支援施策が設けられている。

　生活保護法には、就労収入がある被保護者の収入の一部を仮想的に積み立て、その者が安定した職業に就き、保護が廃止されたときにその積み立て分を一括して支給する就労自立給付金（法第55条の4）や、被保護者に対して就労に関する情報提供や助言を行う被保護者就労支援事業（法第55条の7）が規定されている。また、一時扶助として、早期に就労による保護脱却ができそうな被保護者の就労活動のための就労活動促進費が設けられている。

　そのほかにも、就労のために日常生活習慣の形成や基礎技能の習得等

ⅱ　被保護世帯に支給される保護費は、最低生活費から収入認定分が差し引かれた金額となるため、稼働収入のすべてが収入として認定されると収入の分だけ支給額が減額されることになる。それでは、被保護者の勤労意欲を削ぎかねないため、勤労控除を設けることで、収入が上がるほど、被保護世帯の手元の金銭が若干増える仕組みとなっている。

の準備が必要な被保護者に対する被保護者就労準備支援事業や、被保護者・児童扶養手当受給者・住居確保給付金受給者・生活困窮者等を対象とした生活保護受給者等就労自立促進事業（第2節参照）がある。

9 権利と義務

被保護者には三つの権利が保障され、四つの義務が課されている。

被保護者の権利として、正当な理由がなければすでに決定された保護を不利益に変更されることがない不利益変更の禁止（法第56条）、保護金品等を課税されることがない公課禁止（法第57条）、給与された保護金品等や進学準備給付金またはこれらを受ける権利を差し押さえられることがない差押禁止（法第58条）が定められている。

被保護者の義務として、保護等の権利を譲渡できない譲渡禁止（法第59条）、能力に応じた勤労、健康の保持増進、生計状況の把握と支出の節約等生活の維持向上に努める生活上の義務（法第60条）、収入・支出・生計状況の変動、居住地・世帯構成の変動の際には届け出る届出の義務（法第61条）、保護の実施機関からの指導や指示には従う義務がある指示等に従う義務（法第62条）が定められている。

10 不服申立て

保護の決定、変更等に不服がある場合は、不服申立てを行うことができる。その場合は、まず、都道府県知事に対して、処分を知った日の翌日から3か月以内に審査請求を行うことになる。その裁決に不服がある場合は、厚生労働大臣に対して、裁決があったことを知った日の翌日か

図5-7　生活保護制度における不服申立ての手順

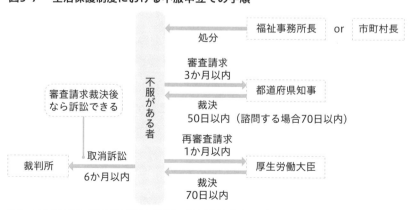

出典：社会福祉士養成講座編集委員会編『新・社会福祉士養成講座⑯ 低所得者に対する支援と生活保護制度 第5版』中央法規出版, p.98, 2019.

ら1か月以内に再審査請求を行うことができる。

　また、生活保護法においては、処分の取消しは、審査請求の裁決を経たあとでなければ行政事件訴訟を提起することができないとする審査請求前置主義がとられている（図5-7）。

3　自立支援プログラム

　2005（平成17）年度より、自立支援プログラムが導入された。これは、保護の実施機関が管内の被保護世帯の状況を把握して、被保護者の状況や自立阻害要因を類型化し、その類型ごとに支援プログラムを作成し、それに基づき組織的な支援を実施するものである。支援プログラムでは、就労による経済的自立（就労自立）だけでなく、自身での健康・生活管理などの日常生活における自立（日常生活自立）や、地域社会の一員としての生活を送ること（社会生活自立）などが目指され、被保護者のさまざまな課題（傷病・障害、社会的入院、ＤＶ、虐待、多重債務、元ホームレス等）に対応するため、多様で幅広いプログラム（個別支援プログラム）が用意される。

4　生活保護制度の動向と課題

　生活保護制度は、社会保障制度の底を支えるセーフティネットであるため、我が国の社会保障制度の最低ラインの明確化であるともいえる。社会福祉にかかわる者として、生活保護制度の動向には注視していく必要がある。

　近年の動向のうち精神保健福祉に関係するものとしては、2012（平成24）年1月より後発医療品（ジェネリック医薬品）の支給促進、2018（平成30）年10月より後発医薬品の支給が原則化されたこと（法第34条第3項）や、物価下落を勘案するとして、生活扶助基準額の段階的な見直しが、2013（平成25）年～2015（平成27）年に引き続き、2018（平成30）年10月以降にも3年をかけて行われていること、等を挙げることができる。

　このような見直しと併せて、2015（平成27）年4月には、生活保護制度に至る前段階での自立支援施策を強化するため、生活困窮者自立支

援法が施行された（第 2 節参照）。

5 生活保護制度における精神保健福祉士の役割

　これまでみてきたように、生活保護制度は、自身の稼働収入や資産、親族の助力、ほかの社会保障制度の支援をもってしても、健康で文化的な生活水準を維持できない状態となって初めて、活用されるものである。したがって、保護の対象となるはずの生活困窮者が保護から漏れてしまったり、保護の対象となっていても保護が適切に行われていなかったりすれば、その者の生存権が侵害されているということになる。このような観点からも、生活保護制度に関する知識は、精神保健福祉士が利用者の権利擁護を行ううえで必要不可欠なものである。

　また、生活保護において目指されるのは、就労自立による保護の廃止だけではない。たとえば、退院後、一人暮らしを始めた利用者が、生活保護による経済的な支えを得て、安心して地域生活を送ることも、生活保護の重要な機能であることを十分に理解しておく必要がある。

　保護実施の中心となるのは、福祉事務所の現業員（ケースワーカー）である。ケースワーカーとなった精神保健福祉士は、当然として、業務を担う者として十分な制度の理解が必要である。しかし、生活保護制度が保障するものが、私たちが人として生きていく権利であることを鑑みると、ケースワーカー以外の精神保健福祉士にとってもその制度の重要性が理解できよう。

　目の前にいる利用者は、健康で文化的な生活を維持しているだろうか。利用者の生活に寄り添う精神保健福祉士として、自身のもつアドボカシーの機能を再確認しなければならない。

◇引用文献
　1）厚生労働省「平成30年度被保護者調査」

◇参考文献
　・『生活保護手帳 2019年度版』中央法規出版，2019.
　・全国救護施設協議会ホームページ

生活困窮者自立支援制度

学習のポイント

● 生活困窮者自立支援法の概要について理解する
● 他機関との連携の重要性について理解する

1　生活困窮者自立支援制度

1　概要

　近年、生活保護の被保護者数が増加するとともに、生活保護受給に至った理由が多様化していることなど（第1節参照）、生活困窮者がもつ個別の課題に対応した支援の必要性が顕在化してきた。これらについては、自治体が独自に就労支援や学習支援を行うことなどで対応していたが、国全体として生活困窮者の支援に取り組むことが求められるようになった。このような状況を受け、生活保護制度の見直し（第1節参照）と併せて、生活保護に至る前段階での自立支援施策を強化することを目的とした生活困窮者自立支援法（平成25年法律第105号）が、2013（平成25）年12月に成立し、2015（平成27）年度より施行された（**図5-8**）。

　生活困窮者自立支援法により、生活困窮者に対する自立の支援は、一人ひとりの就労状況や心身の状況、地域社会からの孤立等の状況に応じ、包括的かつ早期になされることになった（法第2条第1項）。さらに、その支援は、地域の福祉、就労、教育、住宅などの業務を行う関係機関や民間団体との緊密な連携、支援体制整備のうえでなされると規定された（法第2条第2項）。このように、生活困窮者自立支援制度では、個人の状況に合わせ、包括的かつ早期に、多様な関連機関や民間団体と連携しながら生活困窮者の自立が支援される。

　この制度において、都道府県、市、福祉事務所を設置する町村（以下、福祉事務所設置自治体）は、必須事業として自立相談支援事業の実施と住居確保給付金の支給、任意事業として就労準備支援事業、一時生活支援事業、家計改善支援事業等の実施を行う。加えて、都道府県知事、指定都市市長、中核市市長は、就労訓練事業（いわゆる「中間的就労」）

Active Learning

精神障害者が、生活困窮者自立支援制度につながるには、どのような経過をたどるかについて考えてみましょう。

図5-8　生活困窮者自立支援法の概要

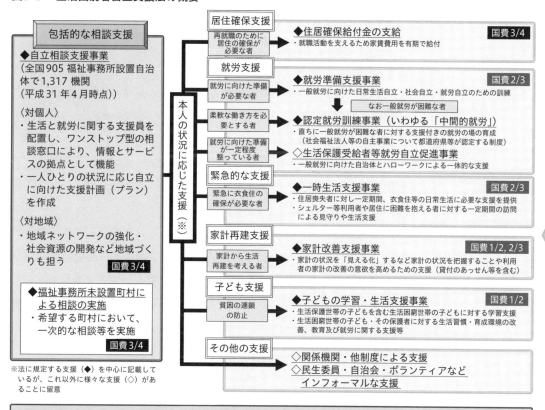

出典：厚生労働省編『厚生労働白書 令和2年版』p.285，2020.

の認定を行う。

　住居確保給付金の支給と就労訓練事業の認定を除き、事業の運営は、福祉事務所設置自治体が直営するか、社会福祉法人・社会福祉協議会・特定非営利活動法人（NPO法人）等に委託して行われる。2018（平成30）年度の生活困窮者自立支援制度の実施状況調査集計結果によると、自治体の委託による事業の実施は、委託と直営の併用を含めると、自立支援事業では64.9％、就労準備支援事業では92.0％となっている。また、主な委託先は、自立相談支援事業では社会福祉協議会（76.2％）が最も多く、就労準備支援事業ではNPO法人（30.3％）、社会福祉協議会（27.8％）の順となっている。[1]

　各事業に要する費用の国庫負担割合は、自立相談支援事業、住居確保給付金の支給は4分の3、就労準備支援事業、一時生活支援事業、家計改善支援事業（就労準備支援事業と家計改善支援事業を効果的・効率的に行った場合）は3分の2以内、家計改善支援事業、子どもの学習・生

活支援事業、その他の生活困窮者の自立の促進に必要な事業については2分の1以内となる（法第15条）。

2 対象

同制度の対象となる生活困窮者とは、就労・心身の状況、地域社会との関係性等の事情で、「現に経済的に困窮し、最低限度の生活を維持することができなくなるおそれのある者」（法第3条第1項）のことである。そのため、子どもの学習・生活支援事業を除き、生活保護の要保護者（最低限度の生活を維持できず保護が必要な状態にある者）は、原則、同制度の対象とはならない。

具体的には、預貯金があり当面の生活費はそれで賄える（生活保護の対象とはならない）が、就労状況が不安定で、将来的に最低限度の生活維持が困難になることが予想される者等が対象として想定される。

ここからは、生活困窮者自立支援制度の各事業についての基本的な事項を整理する。それらの解説では、厚生労働省社会・援護局による各事業の手引きやガイドラインを中心に用いた。厚生労働省のホームページからもダウンロードできるので、支援の実施や留意点などを確認し、学びを深めてほしい。

3 自立相談支援事業（必須事業）

自立相談支援事業とは、就労支援やその他の自立に関する問題について、本人や家族その他の関係者からの相談に応じ、情報提供、助言、関係機関との連絡調整等を行う事業のことである（法第3条第2項）。利用に際して所得や資産の具体的な要件はなく、経済的な問題を抱える者に幅広く利用してもらうワンストップ型の相談窓口となっている（図5-9）。

図5-9　自立相談支援事業の概要

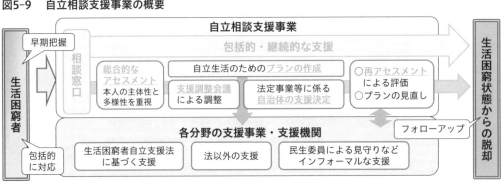

出典：厚生労働省社会・援護局地域福祉課生活困窮者自立支援室「生活困窮者自立支援制度について」（平成27年7月）

図5-10 自立相談支援事業の体制

自立相談支援事業の体制について

○ 自立相談支援機関において、以下の 3 職種を配置することを基本とする。
※ 各職種には主に以下のような役割が求められるが、自治体の規模等によっては、相談支援員が就労支援員を兼務することなども可能である。しかしながら、それぞれの役割に縛られ過ぎるのではなく柔軟に対応することも重要である。

職種	主な役割
主任相談支援員	○相談支援業務のマネジメント ・支援の内容及び進捗状況の確認、助言、指導 ・スーパービジョン（職員の育成） ○高度な相談支援（支援困難事例への対応等） ○地域への働きかけ ・社会資源の開拓・連携 ・地域住民への普及・啓発活動
相談支援員	○相談支援全般 ・アセスメント、プランの作成、支援調整会議の開催等一連の相談支援プロセスの実施、記録の管理、訪問支援等（アウトリーチ） ○個別的・継続的・包括的な支援の実施 ○社会資源その他の情報の活用と連携
就労支援員	○就労意欲の喚起を含む福祉面での支援 ○担当者制によるハローワークへの同行訪問 ○キャリア・コンサルティング ○履歴書の作成指導 ○面接対策 ○個別求人開拓 ○就労後のフォローアップ 等

出典：厚生労働省社会・援護局地域福祉課生活困窮者自立支援室「生活困窮者自立支援制度について」（平成27年 7 月）

生活困窮者から相談を受けた自立相談支援機関は、利用者の状況をアセスメントしニーズを把握したうえで、支援調整会議の開催や自立支援計画の策定を行う。この自立支援計画を踏まえ、利用者は、生活困窮者自立支援法による支援（就労準備支援事業、家計改善支援事業、一時生活支援事業、子どもの学習・生活支援事業、認定就労訓練事業）やその他の法律による支援（障害者の日常生活及び社会生活を総合的に支援するための法律（障害者総合支援法）による就労支援サービス、生活保護受給者等就労自立促進事業等）等のサービスを利用することになる。自立相談支援機関に配置される主任相談支援員、相談支援員、就労支援員は、利用者の相談に応じるとともに、それらのサービスを提供する事業者等とも連携しながら利用者を支援する（**図 5-10**）。

4 住居確保給付金の支給（必須事業）

住居確保給付金とは、離職等により経済的に困窮し、住居を失った、または家賃が払えない等の理由で住居を失いそうである場合、給付金を支給することで住居を確保し、就職を支援するものである（法第 3 条第

3項)。

　対象となるのは、❶主たる生計維持者が、離職・廃業後2年以内であるか、もしくは、個人の責任・都合によらず給与等を得る機会が離職・廃業と同等程度まで減少していること、❷申請日の属する月の世帯収入合計額が、基準額（市町村民税の均等割が非課税となる額の12分の1の額）と、1か月の家賃額（上限額あり）の合計額を超えていないこと、❸申請日における世帯の金融資産の合計額が自治体で定める額を超えていないこと、❹公共職業安定所（ハローワーク）に求職の申し込みをし、誠実かつ熱心に常用就職を目指した求職活動を行うこと、の要件のすべてを満たしている者である（施行規則第10条）。その者に対して、家賃の月額（上限額あり）が原則3か月間（最長9か月間）支給される（施行規則第12条）。給付金は、原則、受給者本人ではなく、住居の貸主である賃貸人が受領する（代理受領）（施行規則第17条）。支給事務は福祉事務所設置自治体が行い、相談や受付等の業務は自立相談支援機関が行う。

5 就労準備支援事業（任意事業）

　就労準備支援事業とは、一般就労が難しいと考えられる生活困窮者に対し、就労に向けた準備段階として、就労に必要な基本的知識や能力を向上させるための訓練を行う事業のことである（法第3条第4項）。就労準備支援事業者は利用者ごとに就労準備支援プログラムを作成し、これに基づき、通所方式や、場合によっては合宿方式を用いながら支援を行う。

　具体的には、❶規則正しい起床・就寝等や身だしなみを整えるなど基本的な生活習慣を身につけることを目指す日常生活自立に関する支援、❷挨拶や基本的コミュニケーション、地域とのかかわりなどに必要な社会的能力を向上させる社会生活自立に関する支援、❸就労体験や模擬面接等を通して一般就労に向けた基礎的な技能や能力の習得を目指す就労自立に関する支援が、利用者の状況に応じて、最長1年間、行われる（都道府県等が必要と認める場合は、1年を超える支援期間の設定も可能である）。

　障害者の就労支援においては、障害者総合支援法による就労移行支援事業や就労継続支援事業等の利用が基本となるが、就労準備支援事業による支援が適切である場合、本人が希望し、障害者就労支援施策を利用

---

i　❹については、新型コロナウイルス感染症（COVID-19）の流行により、当面の間、誠実かつ熱心な求職活動のみが要件（2020（令和2）年11月現在）。

していないのであれば、就労準備支援事業を利用できる。

6 家計改善支援事業（任意事業）

　家計改善支援事業とは、生活困窮者が、自らの家計状況を把握し家計改善への意欲を向上させるための支援と生活資金貸付けのあっせんを行う事業のことである（法第3条第5項）。利用に際しては、自立相談支援事業と同じく所得や資産についての具体的な要件はなく、生活困窮者の相談に幅広く応じている。

　家計改善支援事業者は、❶家計管理に関する支援、❷滞納（家賃、税金、公共料金等）の解消や各種給付制度等の利用支援、❸債務整理に関する支援（多重債務者相談窓口との連携等）、❹貸付けのあっせん等を行う。

7 一時生活支援事業（任意事業）

　一時生活支援事業では、住居がないか、住居を失うおそれのある所得が一定水準以下の生活困窮者に対して、一定期間（原則3か月間、最長6か月間）、宿泊場所・食事・衣類等の提供等が行われる（法第3条第6項第1号）。さらに、2018（平成30）年の法改正により、前述の支援を受けて退所した者や現在の住居を失うおそれのある地域社会から孤立した生活困窮者に対して、一定期間（原則1年間）、訪問による情報提供や助言その他日常生活を営むために必要な支援を行う事業が追加され、翌年度より施行された（法第3条第6項第2号）（**図5-11**）。

図5-11　一時生活支援事業の概要

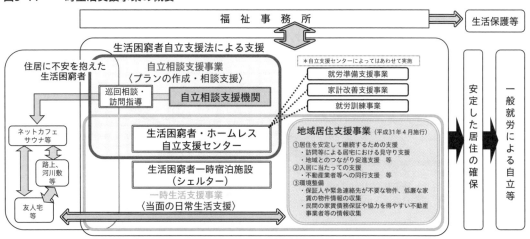

出典：自主避難者等への支援に関する関係省庁会議（令和元年7月5日開催）資料8「生活困窮者自立支援制度の概要（厚生労働省）」を一部改変

▌8 子どもの学習・生活支援事業（任意事業）

子どもの学習・生活支援事業とは、生活困窮者である子どもに対する学習の援助のほか、2018（平成30）年の法改正で付加された生活困窮者である子どもの生活習慣や育成環境改善についての子どもとその保護者に対する助言、生活困窮者である子どもの進路選択や教育・就労の問題についての子どもとその保護者に対する相談、情報提供、助言、関係機関との連絡調整を行う事業（2019（平成31）年4月施行）のことである（法第3条第7項）。なお、貧困の連鎖を未然に防ぐため、生活保護受給世帯もこの事業の対象に含まれる。

▌9 就労訓練事業の認定

就労訓練事業とは、一般就労の継続が困難な生活困窮者に対して、就労の機会の提供や、就労に必要な知識や能力の向上のための訓練を行う事業のことである（法第16条第1項）。この事業は、一般就労と福祉的就労の中間となる、いわゆる「中間的就労」として位置づけられる。都道府県知事は、この事業を適切に行うに足る一定の基準を満たした法人（社会福祉法人、消費生活協同組合、NPO法人、営利企業等）を認定し、認定された法人がこの事業を自主事業として行う（認定就労訓練事業）。

この事業を行う法人は、就労機会の提供のほかに、就労支援の責任者となる就労支援担当者を配置し、就労支援プログラムの策定や利用者の就労等の状況把握、相談、指導、助言、自立相談支援機関やその他の関係者との連絡調整等を行う。

図5-12　就労訓練事業（いわゆる「中間的就労」）の支援のイメージ

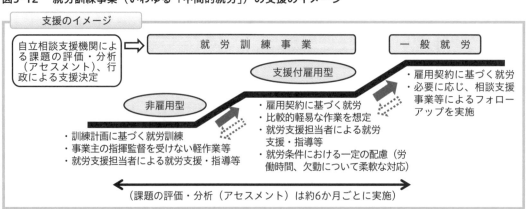

出典：厚生労働省社会・援護局地域福祉課生活困窮者自立支援室「生活困窮者自立支援制度について」（平成27年7月）

利用者は、雇用契約を行わず就労体験を提供する非雇用型か、雇用契約をしたうえで支援を受けながら就労する支援付雇用型により、就労訓練をしながら一般就労を目指す（図 5-12）。

2 生活困窮者自立支援制度と 関係制度等との連携

生活困窮者自立支援制度は、複雑化した生活困窮者の課題にも対応できるよう、包括的な支援の実施を目指している。そのため、福祉事務所と生活保護制度との連携にとどまらず、多様な関連機関、団体、制度との連携が不可欠となる。

たとえば、就労支援においては、自立相談支援機関と公共職業安定所（ハローワーク）との連携も重要になる。ハローワークは、生活保護受給者等就労自立促進事業を行うにあたり、地方自治体に常設の窓口を設置、または、巡回相談を行うなどワンストップ型の支援体制を整備し、生活保護受給者、児童扶養手当受給者、住居確保給付金受給者や自立相談支援事業の支援を受ける生活困窮者に対して、地方自治体と協働で就労自立を促進していく。支援に際しては、利用者ごとに、就労支援チームが組織され、就職支援ナビゲーターや福祉部門担当コーディネーター等が配置される。

また、障害者からの相談には、障害者保健福祉施策を十分に踏まえた対応が必要となる。たとえば、自立相談支援機関の利用者に疾患や障害が疑われる場合には、本人の同意のうえで、医療機関の窓口への同行や障害福祉サービス事業所の見学の同行などが必要となる場合もある。そのとき、自立相談支援機関と医療機関・障害福祉サービス事業所の相互理解や連携が不可欠であることはいうまでもない。障害者保健福祉関係者においても、生活困窮者自立支援制度を理解し、利用者支援に積極的に役立てていく必要がある。

そのほかにも、生活福祉資金貸付制度（第 3 節参照）をはじめ、ひとり親家庭等福祉対策・児童相談所施策、介護保険制度、労働基準行政、年金制度、教育施策、矯正施設出所者支援、多重債務対策担当分野、子ども・若者育成支援施策、居住支援協議会の活動、地域福祉施策等、多様な制度・施策が、生活困窮者自立支援制度と関連しており、相互間の連携を図りながら生活困窮者支援が行われる。

生活困窮者自立支援制度における精神保健福祉士の役割

Active Learning

生活保護制度と生活困窮者自立支援制度との相違点を挙げてみましょう。

　1950（昭和25）年制定の生活保護法と比べると、生活困窮者自立支援制度は、経済的な問題を抱える者を対象とした支援施策としては、比較的新しいものだといえる。現在は、2018（平成30）年の法改正にみられるように、制度拡充が見込まれる黎明期にある。今後、この制度を生活困窮者支援の柱として充実させていくためには、精神保健福祉士だからこそ把握し得る生活困窮者の課題を示し、制度の改善を要望していくことが重要になる。そのためにも、ミクロ・メゾ・マクロの視点と実践が求められる。

　また、制度の拡充にあたっては、支援内容の充実だけでなく、各事業を担う事業者の増幅や潜在的な利用者のアウトリーチによる掘り起こしなども積極的に行う必要がある。今後、精神保健福祉士が所属する社会福祉法人や社会福祉協議会などが各事業の委託先となる可能性も十分に考えられ、連携先として各事業を捉えるだけでなく、事業の担い手になることも想定すべき制度である。

◇引用文献
　1）厚生労働省「平成30年度 生活困窮者自立支援制度の実施状況調査集計結果」 https://www.mhlw.go.jp/content/000363182.pdf

◇参考文献
　・厚生労働省社会・援護局地域福祉課生活困窮者自立支援室「生活困窮者自立支援制度について」（平成27年7月） https://www.mhlw.go.jp/file/06-Seisakujouhou-12000000-Shakaiengokyoku-Shakai/2707seikatukonnkyuushajiritsusiennseidonituite.pdf
　・「生活困窮者自立支援制度に関する手引きの策定について」（平成27年3月6日社援地発0306第1号）別添1「自立相談支援事業の手引き」，別添2「就労準備支援事業の手引き」，別添3「一時生活支援事業の手引き」，別添4「家計改善支援事業の手引き」
　・「生活困窮者自立支援法に基づく認定就労訓練事業の実施に関するガイドラインの改正について」（平成30年10月1日社援発1001第2号）別添「生活困窮者自立支援法に基づく認定就労訓練事業の実施に関するガイドライン」
　・「生活困窮者自立支援制度と関係制度等との連携について」（平成27年3月27日事務連絡）
　・「生活保護受給者等就労自立促進事業の実施について」（平成25年3月29日雇児発0329第30号・社援発0329第77号）

低所得者対策

学習のポイント

- 低所得者対策の概要とその重要性について理解する
- 低所得者対策における支援者の役割について理解する

1 低所得者対策の概要

　最低生活水準を維持できない者を対象とした生活保護制度（第1節）や将来的に生活保護受給に至る可能性がある者を対象とした生活困窮者自立支援制度（第2節）と比べると、第3節で取り上げる低所得者対策は重要性が低い施策に感じられるかもしれない。

　低所得者対策として行われるのは、「あと少し生活費に余裕があれば職業訓練に通って安定した就労を目指せる」「少しの間、安く住める住居があればその間に仕事を探せる」といった「あと少し」「少しの間」の支援である。この「あと少し」「少しの間」の公的支援は、困難さを感じる期間を短縮化するとともに、その後に発生するかもしれない経済的困難の未然防止の役割をもつ。このような貧困状態にさせないための支援は、生活困窮者支援の最前線にあるといえる。

　低所得者対策は、各自治体で独自の施策も行われているが、第3節では、全国的な取り組みであり、かつ、精神保健福祉士の業務に関係の深い、❶経済的支援（生活福祉資金貸付制度、求職者支援制度）、❷居住支援（無料低額宿泊所）、❸生活支援（無料低額診療所、法律扶助、災害救助）について取り上げる。

2 経済的支援

1 生活福祉資金貸付制度

❶概要

　生活福祉資金貸付制度は、低所得者、障害者、高齢者が安定した生活を送れるようにするため、資金の貸付けと必要な相談支援を行い、経済

的自立と生活意欲の助長促進、在宅福祉と社会参加の促進を図る制度である（「生活福祉資金の貸付けについて」（平成 21 年 7 月 28 日厚生労働省発社援 0728 第 9 号）別紙「生活福祉資金貸付制度要綱」（以下、要綱）第 1）。「借りやすく、かつ貸しやすく」の基本方針により、貸付利子は無利子か連帯保証人がなくても 1.5%（不動産担保型生活資金を除く）と設定されている。

　この制度は、1955（昭和 30）年、民生委員による低所得者に対する支援強化を求める全国的な運動により創設された（当時は世帯更生資金貸付制度）。1990（平成 2）年、現行の生活福祉資金貸付制度と名称変更されたあとも、数度の変更、再編を経て現在に至っている。

　このような経緯もあり、民生委員には、都道府県・市町村社会福祉協議会や福祉事務所等と連携した広報・周知活動、利用に関する情報提供と助言、都道府県・市町村社会福祉協議会の要請による世帯の調査と生活実態の把握、自立更生に関する生活全般にわたる相談支援等の協力が求められている（要綱第 16）。

❷実施主体（要綱第 2）

　実施主体は、都道府県社会福祉協議会であり、貸付けの審査や決定等を行う。業務の一部は、市町村社会福祉協議会、特に必要と認められるときは、厚生労働大臣が定める者（2020（令和 2）年改正により追加）に委託することができ、委託を受けた市町村社会福祉協議会等は、広報活動、窓口業務、相談支援等を行う。

❸貸付対象（要綱第 3）

　貸付けの対象は、以下の世帯である。

① 低所得世帯

　他所から資金の貸付けを受けることが困難な世帯（市町村民税非課税程度）

② 障害者世帯

　身体障害者手帳、療育手帳、精神障害者保健福祉手帳の交付を受けた者や、それらと同程度と認められる者（現に障害者の日常生活及び社会生活を総合的に支援するための法律（障害者総合支援法）によるサービスを利用している等）が属する世帯

③ 高齢者世帯

　65 歳以上の高齢者が属する世帯

❹貸付資金の種類（要綱第 4）

　貸付資金の種類は、総合支援資金、福祉資金、教育支援資金、不動産

表5-3　生活福祉資金貸付条件等一覧

資金の種類			貸付条件				
			貸付限度額	据置期間	償還期限	貸付利子	保証人
総合支援資金	生活支援費	・生活再建までの間に必要な生活費用	（2人以上）月20万円以内 （単身）　　月15万円以内 ・貸付期間：原則3月（最長12月）	最終貸付日から6月以内	据置期間経過後10年以内	保証人あり無利子 保証人なし年1.5%	原則必要 ただし、保証人なしでも貸付可
	住宅入居費	・敷金、礼金等住宅の賃貸契約を結ぶために必要な費用	40万円以内	貸付けの日（生活支援費とあわせて貸し付けている場合は、生活支援費の最終貸付日）から6月以内			
	一時生活再建費	・生活を再建するために一時的に必要かつ日常生活費で賄うことが困難である費用 就職・転職を前提とした技能習得に要する経費 滞納している公共料金等の立て替え費用 債務整理をするために必要な経費　等	60万円以内				
福祉資金	福祉費	・生業を営むために必要な経費 ・技能習得に必要な経費及びその期間中の生計を維持するために必要な経費 ・住宅の増改築、補修等及び公営住宅の譲り受けに必要な経費 ・福祉用具等の購入に必要な経費 ・障害者用の自動車の購入に必要な経費 ・中国残留邦人等に係る国民年金保険料の追納に必要な経費 ・負傷又は疾病の療養に必要な経費及びその療養期間中の生計を維持するために必要な経費 ・介護サービス、障害者サービス等を受けるのに必要な経費及びその期間中の生計を維持するために必要な経費 ・災害を受けたことにより臨時に必要となる経費 ・冠婚葬祭に必要な経費 ・住居の移転等、給排水設備等の設置に必要な経費 ・就職、技能習得等の支度に必要な経費 ・その他日常生活上一時的に必要な経費	580万円以内 ※資金の用途に応じて上限目安額を設定	貸付けの日（分割による交付の場合には最終貸付日）から6月以内	据置期間経過後20年以内	保証人あり無利子 保証人なし年1.5%	原則必要 ただし、保証人なしでも貸付可
	緊急小口資金	・緊急かつ一時的に生計の維持が困難となった場合に貸し付ける少額の費用	10万円以内	貸付けの日から2月以内	据置期間経過後12月以内	無利子	不要
教育支援資金	教育支援費	・低所得世帯に属する者が高等学校、大学又は高等専門学校に修学するために必要な経費	<高校>月3.5万円以内 <高専>月6万円以内 <短大>月6万円以内 <大学>月6.5万円以内 ※特に必要と認める場合は、上記各上限額の1.5倍まで貸付可能	卒業後6月以内	据置期間経過後20年以内	無利子	不要 ※世帯内で連帯借受人が必要
	就学支度費	・低所得世帯に属する者が高等学校、大学又は高等専門学校への入学に際し必要な経費	50万円以内				
不動産担保型生活資金	不動産担保型生活資金	・低所得の高齢者世帯に対し、一定の居住用不動産を担保として生活資金を貸し付ける資金	・土地の評価額の70%程度 ・月30万円以内 ・貸付期間 借受人の死亡時までの期間又は貸付元利金が貸付限度額に達するまでの期間	契約終了後3月以内	据置期間終了時	年3％、又は長期プライムレートのいずれか低い利率	要 ※推定相続人の中から選任
	要保護世帯向け不動産担保型生活資金	・要保護の高齢者世帯に対し、一定の居住用不動産を担保として生活資金を貸し付ける資金	・土地及び建物の評価額の70%程度（集合住宅の場合は50%） ・生活扶助額の1.5倍以内 ・貸付期間 借受人の死亡時までの期間又は貸付元利金が貸付限度額に達するまでの期間				不要

出典：厚生労働省ホームページ

担保型生活資金の4種類であり、項目ごとに貸付条件が定められている（**表 5-3**）。

2020（令和2）年3月より、新型コロナウイルス感染症（ＣＯＶＩＤ-19）の影響による経済的困窮者への支援として、生活福祉資金の特例貸付が設けられた。

緊急小口資金では、貸付対象を拡大し、貸付上限額も引き上げた。具体的には、新型コロナウイルス感染症の影響による休業等で収入が減少し、緊急かつ一時的な資金が必要となった世帯に対し20万円以内の貸付けが行われる。その際、据置期間は従来の2か月以内から1年以内に、償還期限は従来の12か月以内から2年以内に延長される。

また、総合支援資金（生活支援費）として、新型コロナウイルス感染症の影響による失業等で収入が減少し、生活の立て直しが必要な世帯も貸付対象とし、2人以上世帯の場合は月額20万円以内、単身世帯の場合は月額15万円以内の金額を原則3か月間、据置期間を従来の6か月以内から1年以内に延長したうえでの貸付けが行われている。

❺生活困窮者自立支援制度との連携

生活困窮者自立支援法の施行（2015（平成27）年4月）に伴い、総合支援資金と緊急小口資金の貸付けに際しては、原則として自立相談支援事業の利用が要件となった。また、別制度とはなるが、臨時特例つなぎ資金貸付制度についても、同様に、自立相談支援事業の利用が要件となっている。

2 求職者支援制度

❶概要

求職者支援制度とは、職業訓練の実施等による特定求職者の就職の支援に関する法律（求職者支援法）（平成23年法律第47号）に規定する、雇用保険を受給できない求職者の就労支援のために、職業訓練の提供や職業訓練受講給付金の支給等を行う制度である（法第1条）。この制度の中核となるのは、公共職業安定所（ハローワーク）であり、訓練の受講申し込み、給付金の申請の受付、訓練中や訓練修了後の就職支援等を行う。

❷特定求職者

この制度の対象となる特定求職者（法第2条）は、❶ハローワークに求職の申し込みをしていること、❷雇用保険法の被保険者や基本手当の受給資格者でないこと、❸労働意欲と能力があること、❹職業訓練等を

★**臨時特例つなぎ資金貸付制度**

住居のない離職者で、離職者支援のための公的給付制度（失業等給付、生活保護等）、または公的貸付制度（生活福祉資金総合支援資金等）の申請が受理されている者に、それらの給付を受け取るまでの間の生活費（上限10万円）を迅速に貸し付ける。実施主体は都道府県社会福祉協議会。

行う必要があると公共職業安定所長が認めたこと、の要件のすべてを満たす者である。

たとえば、雇用保険に未加入だった、基本手当（雇用保険法）の支給期間が終了しても就職先が見つからなかった、自営業を廃業した、就職先が見つからないまま学校を卒業した、等がこれに当たる。[1]

❸求職者支援訓練

求職者支援訓練は、求職者支援法が規定する厚生労働大臣の認定を受けた民間教育訓練機関が実施する職業訓練のことである（法第4条）。対象となるのは、ハローワークで作成した就職支援計画に基づいて受講の指示を受けた特定求職者とその他ハローワークが受講の必要性を求めた求職者であり、原則無料（教科書等は除く）で訓練を受けることができる（施行規則第2条）。

❹職業訓練受講給付金

職業訓練受講給付金とは、特定求職者に対する、求職者支援訓練や公共職業訓練（雇用保険法）の受講支援を目的とした給付金である（法第7条）。本人や世帯収入等一定の要件を満たす場合、これらの訓練の受講期間中に、❶職業訓練受講手当として月額10万円、❷通所手当として職業訓練実施機関までの交通費（上限額あり）、❸寄宿手当として、月額1万700円（寄宿が必要な場合のみ）が支給される（施行規則第10条〜第12条の2）。

3 居住支援：無料低額宿泊所

無料低額宿泊所は、社会福祉法第2条第3項第8号に規定する「生計困難者のために、無料又は低額な料金で、簡易住宅を貸し付け、又は宿泊所その他の施設を利用させる事業」を行う施設のことである。無料か低額での居室の提供と併せて、食事や日常生活を支援するためのサービス等が有料で提供される場合もある。生計困難者の居住確保を目的とした施設であるが、入所者の半数が入所直近に路上生活をしていたり、入所者の9割が生活保護の被保護者であったりと、実態としては、経済的に困窮しており、かつ、生活能力やアパートを借りるための保証人等の問題で一人暮らしをすることが困難だが、施設入所の基準は満たしていないといった者の居住面でのセーフティネットとして機能している。[2]

前述のような状況下にある無料低額宿泊所の入所者には、人権擁護が

強く求められるはずであるが、その運営は第二種社会福祉事業に位置づけられており、運営主体が限定されていない。また、一部の施設が、いわゆる「貧困ビジネス」により摘発されるなど、設備や運営の基準をより厳格化していくことが要請されていた。

このような背景から、2018（平成 30）年の社会福祉法改正により、住居を提供する第二種社会福祉事業（社会福祉住居施設）については、都道府県が条例で運営基準を定めることになった（社会福祉法第 68 条の 5）（施行は 2020（令和 2）年）。これにより、無料低額宿泊所の設置・運営の基準もより詳細で明確なものに改正された。

2020（令和 2）年 4 月より、無料低額宿泊所のなかでも、被保護者の日常生活を支援するための体制が整備されていると都道府県知事が認めた施設については、生活保護法第 30 条第 1 項ただし書きに基づく日常生活支援住居施設として生活扶助を行うことになった。

低所得者の居住支援は、第 1 章第 3 節事例 2 のホームレス支援団体のような民間団体によって支えられてきた面が強い。誰しもが安心して住める場所をもつという人として当たり前の権利を保障するために、国・地方自治体による支援のもと、関連機関・団体の連携が今後いっそう、重要となってくる。

4 ▶ 生活支援

1 無料低額診療所

無料低額診療所は、社会福祉法第 2 条第 3 項第 9 号に規定する「生計困難者のために、無料又は低額な料金で診療を行う事業」を行う医療機関のことである。全国 703 か所（2018（平成 30）年度）の医療機関で、通院や入院で診療が行われている（表 5-4）。無料低額診療所には、医療ソーシャルワーカーが必置であり、医療上、生活上の相談支援も行われている。

利用は、ホームレス、避難中のＤＶ被害者、不法滞在状態の外国人など、医療費の支払が困難な者に広く開かれている。本人が国民健康保険や健康保険等の被保険者証を所有しておらず全額を自己負担しなければならないような場合はもちろん、公的医療保険の被保険者として 3 割の自己負担をしなければならない場合であっても、医療費の支払が困難であれば当然としてこの事業の対象となり得る。その場合、医療費の全額

Active Learning

あなたの居住地の近くにある無料低額診療所を調べ、どのような手続きをすれば実際に無料・低額診療が受けられるかをまとめてみましょう。

表5-4 無料低額診療事業の実施状況の概要（平成30年度実績）

1 実績

	診療事業	対前年度比
同事業による患者（入所者）数（人）	7,608,773	＋41,652
施設数（か所）	703	＋16

2 実施施設の内訳

(1) 法人類型　（か所）

	診療事業	対前年度比
社会福祉法人	201	＋8
公益社団・財団法人	134	＋6
一般社団・財団法人	44	－3
医療法人	124	－1
医療生協	188	＋8
その他	12	－2

※ 社会医療法人は、医療法人に分類
※ その他：宗教法人等

(2) 診療事業における診療施設の内訳　（か所）

病院	358
診療所	345

(3) 診療事業における診療施設の院内調剤施設の有無　（か所）

有	446	無	257

3 診療事業の実施施設の取り組み（サービス）の内訳

(1) 選択事業の実施施設数　（か所）

特殊疾患患者の入院体制の整備	249
介護体制の整備・必要費用の負担	200
福祉施設の経営・密接な連携	497
夜間・休日診療	444
離島・へき地、無医地等への診療班の派遣	64
特別養護老人ホーム等職員に対する研修	203

(2) 無料低額診療患者（外来）への調剤　（か所）

	全体	院内調剤施設が有
全て院外	298	66
全て院内	208	202
患者の経済状況上、薬剤負担が困難な場合は院内	68	66
薬剤の種類によっては院内	31	26
診療時間内は院外、時間外は院内	41	36
保有している調剤を提供等	0	0
その他	57	50

（その他の主な内容）
・薬剤の種類や患者の経済状況により院内
・基本は院内だが、患者の希望により院外

出典：厚生労働省「無料低額診療事業等に係る実施状況の報告：調査の結果（令和元年度）」を一部改変

や3割を自己負担するのではなく、本人の経済状況に応じた金額（無料か低額）の支払で医療サービスが受けられる。

　しかし、保険薬局での調剤は、無料低額診療事業の対象外となるため、院内に調剤施設がない等の理由で院内処方が行われなければ、多くの場合、患者が薬剤の全額を自己負担することになる。北海道旭川市、青森市、高知市、那覇市などで、調剤費の全額または一部助成が行われているが、一部の自治体の取り組みにとどまっている。

▌2 法律扶助

　雇用、借金、婚姻、扶養、相続での紛争にまつわる民事事件や犯罪行為による刑事事件のような法的解決が求められる場面において、動揺な

く対応するのは、多くの場合、困難であろう。このような法律紛争の解消にあたって、私たちに不利益が発生しないように行われる公的な支援が法律扶助である。

　我が国において、法律扶助の中核となるのは総合法律支援法（平成16年法律第74号）が規定する日本司法支援センター（法テラス）である。法テラスは、法制度や相談窓口に関する情報の無料提供、収入等が一定以下の者の無料法律相談援助・弁護士等の費用（着手金、実費等）の立て替え（民事法律扶助業務）、犯罪被害者の支援、国選弁護人候補の指名等の国選弁護等関連業務、法律家が地域にいない等の司法過疎への対策業務を行っている。[3]

　法テラスが行う業務の一つに、特定援助対象者法律相談援助がある（総合法律支援法第30条第1項第3号）。高齢や障害等により認知機能が十分でない者（特定援助対象者）が法的なトラブルにあったとき、本人を支援する者（特定援助機関*の支援者）の申し込みにより、法テラスが弁護士や司法書士を本人の自宅や施設に派遣し法律相談に当たらせる。本来であれば、民事法律扶助は、本人による申し込みが原則なのだが、自発的に相談の申し込みが難しい特定援助対象者の権利擁護のため、支援者からの申し込みによって、本人の資力を問わずに相談援助が行われる（ただし資力が一定以上の場合は法律相談料の自己負担を要する）。

★特定援助機関
地方公共団体、社会福祉協議会、地域包括支援センター、介護保険法・障害者総合支援法上のサービス事業者、児童福祉法上の支援事業者、医療ソーシャルワーカーが所属する医療機関、生活保護法上の保護施設など（民事法律扶助業務運営細則第9条の3）。

3 災害救助

　災害時においては、利用者だけでなく支援者自身も被災者となるかもしれない。緊急下での支援に備え、自分自身も含めた地域、所属組織等の災害時の対応について、事前に検討しておくことが重要である。ここでは、災害救助に関する基本的な事項の解説にとどめるが、利用者や所属機関の状況に応じて、さらに踏み込んだ学習が求められる。

　障害者基本法が障害者福祉施策の基本理念について定めているように、災害救助においてもその基本理念を示した災害対策基本法（昭和36年法律第223号）が、国や地方自治体の責務、防災に関する計画の作成と実施、総合的防災行政の整備、財政金融措置等、防災から復旧に至るまでの支援基盤について規定している。

　災害発生による応急的な救助や被災者の保護について定めたのが、災害救助法（昭和22年法律第118号）である。災害救助法による救助は、都道府県知事または救助実施市の長が行うが、その一部を市町村長に委任することができる（災害救助法第2条、第2条の2、第13条）。具

★救助実施市
防災体制、財政状況等を勘案し、円滑かつ迅速に災害救助ができるものとして内閣総理大臣が指定した市のこと（災害救助法第2条の2）。

体的には、以下の救助が行われる（同法第 4 条）。

・避難所・応急仮設住宅の供与

・炊き出しその他による食品の給与、飲料水の供給

・被服、寝具その他生活必需品の給与・貸与

・医療、助産

・被災者の救出

・被災した住宅の応急修理

・生業に必要な資金、器具、資料の給与・貸与

・学用品の給与

・埋葬

・死体の捜索・処理

・障害物の除去

　また、都道府県と救助実施市は、災害に備え、救助に要する費用や備蓄品の購入費用として、災害救助基金を積み立てておかなければならない（同法第 22 条）。

　復旧期においては、住宅に被害を受けた被災世帯に対して被災者生活再建支援金（被災者生活再建支援法）、災害により死亡した者の遺族に対して災害弔慰金（災害弔慰金の支給等に関する法律）、災害により重度の障害を受けた者に対して災害障害見舞金（災害弔慰金の支給等に関する法律）の支給が行われる。また、生活福祉資金貸付制度においては、既存の貸付けのほかに、特例として東日本大震災（2011（平成 23）年）や熊本地震（2016（平成 28）年）の被災世帯に対して、手続きを簡略化し据置期間や償還期限を延長した貸付けが行われている。

　被災直後の救出や炊き出しといった支援が、非常に重要であることは、誰からも理解されやすいであろう。しかし、災害における支援は、その先にある被災者一人ひとりの日常生活の回復まで続き、場合によっては長期間に及ぶこともある。防災から復興に至る中長期的な視点から、一人ひとりに寄り添う支援とはどうあるべきなのかを考える必要がある。

5 低所得者対策における精神保健福祉士の役割

　低所得者対策については、上記以外にも自治体独自の施策が設けられている。身近な自治体の施策を把握し、支援に活用するのはもちろんで

第 5 章 精神障害者と生活困窮

あなたが居住する市町村独自の低所得者対策について調べてみましょう。そのうえで、必要な低所得者対策の施策を設計してみましょう。

あるが、その改善や新しい施策の必要性について自治体に働きかけるのも精神保健福祉士の重要な役割の一つである。

　信頼関係が築かれている間柄でも「お金に困っている」と打ち明けるのは難しい場合がある。経済的な問題があってもスティグマを感じて誰にも相談できず、食事が十分にとれない状態に至って、ようやく、公共料金の滞納で電気・水道が止められているような生活状況が把握されることもある。生活の変化を見逃さず、そこに潜む経済的な問題を発見し、貧困の未然防止につなげることが重要である。

◇引用文献
1）厚生労働省・都道府県労働局・ハローワーク「求職者支援制度があります！」 https://www.mhlw.go.jp/content/000657587.pdf
2）厚生労働省「無料低額宿泊事業を行う施設に関する調査について（平成27年調査）」 https://www.mhlw.go.jp/file/04-Houdouhappyou-12002000-Shakaiengokyoku-Shakai-Hogoka/0000134574.pdf
3）法テラスホームページ　https://www.houterasu.or.jp/

◇参考文献
・生活福祉資金貸付制度研究会編『生活福祉資金の手引 令和元年度版』全国社会福祉協議会，2019.
・内閣府政策統括官（防災担当）避難生活担当、被災者生活再建担当「災害救助法の概要（令和2年度）（応急修理制度拡張版）」 http://www.bousai.go.jp/taisaku/kyuujo/pdf/siryo1-1.pdf
・首相官邸「新型コロナウイルス感染症に関する緊急対応策──第2弾」 https://www.kantei.go.jp/jp/content/000060756.pdf
・全国社会福祉協議会「新型コロナウイルス感染症を踏まえた生活福祉資金制度による緊急小口貸付等の特例貸付を行っています」 https://www.shakyo.or.jp/coronavirus/shikin20200324.pdf

索引

た～と

ら～ろ

山口　弘幸（やまぐち・ひろゆき）———————————————— 第 3 章第 3 節
長崎ウエスレヤン大学現代社会学部教授

吉池　毅志（よしいけ・たかし）———————————————— 第 2 章第 4 節
大阪人間科学大学人間科学部准教授

最新 精神保健福祉士養成講座

4　精神保健福祉制度論

2021年2月1日　　　初 版 発 行
2024年2月1日　　　初版第3刷発行

編　集　　一般社団法人日本ソーシャルワーク教育学校連盟
発行者　　荘村明彦
発行所　　中央法規出版株式会社
　　　　　〒110-0016　東京都台東区台東3-29-1　中央法規ビル
　　　　　TEL 03（6387）3196
　　　　　https://www.chuohoki.co.jp/

印 刷・製 本　株式会社アルキャスト
本文デザイン　株式会社デジカル
装　　　帳　株式会社デジカル
本文イラスト　イオジン　小牧良次
装　　　画　酒井ヒロミツ